Corinna Oswald | Janina Meeß

Kinder und Jugendliche aus suchtbelasteten Familien

Methodenhandbuch

Herausgegeben vom Caritasverband Schaumberg-Blies e. V.

Laden Sie dieses Buch kostenlos auf Ihr Smartphone, Tablet und/oder Ihren PC und profitieren Sie von zahlreichen Vorteilen:

- **kostenlos:** Der Online-Zugriff ist bereits im Preis dieses Buchs enthalten
- **verlinkt:** Die Inhaltsverzeichnisse sind direkt verlinkt, und Sie können selbst Lesezeichen hinzufügen
- **durchsuchbar:** Recherchemöglichkeiten wie in einer Datenbank
- **annotierbar:** Fügen Sie an beliebigen Textstellen eigene Annotationen hinzu
- **sozial:** Teilen Sie markierte Texte oder Annotationen bequem per E-Mail oder Facebook

Aktivierungscode: omkj-2022

Passwort: 4900-6687

Download App Store/Google play:

- **App Store/Google play** öffnen
- Im Feld **Suchen Lambertus+** eingeben
- **Laden** und **starten** Sie die **Lambertus+ App**
- Oben links den Aktivierungsbereich anklicken um das E-Book freizuschalten
- Bei **Produkte aktivieren** den **Aktivierungscode** und das **Passwort** eingeben und mit **Aktivieren** bestätigen
- Mit dem Button **Bibliothek** oben links gelangen Sie zu den Büchern

PC-Version:

- Gehen Sie auf **www.lambertus.de/appinside**
- **Aktivierungscodes** oben anklicken, um das E-Book freizuschalten
- **Aktivierungscode** und **Passwort** eingeben und mit **Aktivieren** bestätigen
- Wenn Sie Zusatzfunktionen wie persönliche Notizen und Lesezeichen nutzen möchten, können Sie sich oben rechts mit einer persönlichen E-Mail-Adresse dafür registrieren
- Mit dem Button **Bibliothek** oben links gelangen Sie zu den Büchern

Bei Fragen wenden Sie sich gerne an uns:
Lambertus-Verlag GmbH – Tel. 0761/36825-24 oder
E-Mail an info@lambertus.de

SOZIAL | RECHT | CARITAS

Corinna Oswald | Janina Meeß

Kinder und Jugendliche aus suchtbelasteten Familien

Methodenhandbuch

Bibliografische Information der Deutschen Nationalbibliothek
Die Deutsche Nationalbibliothek verzeichnet diese Publikation in der Deutschen Nationalbibliografie; detaillierte bibliografische Daten sind im Internet über dnb.d-nb.de abrufbar.

Für die Vollständigkeit und Richtigkeit
übernimmt der Herausgeber keine Gewähr.

2., aktualisierte Auflage 2022
www.lambertus.de
Umschlaggestaltung: Nathalie Kupfermann, Bollschweil
Druck: Elanders GmbH, Rheinbreitbach
ISBN: 978-3-7841-3409-3
ISBN ebook: 978-3-7841-3410-9

Inhalt

Vorwort zur zweiten Auflage

Annemarie Jost

Zu Beginn dieses Jahrtausends begann das Thema „Kinder psychisch kranker oder suchtbelasteter Eltern“ an Fahrt zu gewinnen: Präventionsprojekte wurden ins Leben gerufen, Fachliteratur erschien und Selbsthilfebewegungen griffen die familiären Fragen insbesondere von Suchtbelastung verstärkt auf. Kommunale sowie landesweite Arbeitskreise begannen, sich in Kooperation zwischen Jugendhilfe und Suchthilfe/Psychiatrie den betroffenen Kindern und Jugendlichen zu widmen. Viele engagierte Sozialarbeiter*innen und Psycholog*innen riefen auf Projektbasis lokale Initiativen ins Leben, boten Kindergruppen an, vernetzten sich über die Grenzen der Hilfesysteme hinweg und engagierten sich in der Öffentlichkeitsarbeit. Die erste Auflage des vorliegenden Buches bot aus der Praxis für die Praxis eine vielfältige Methoden- und Materialsammlung, die von erfahrenen Psycholog*innen oder Sozialarbeiter*innen in der Einzel-, Gruppen- und Familienarbeit eingesetzt werden konnte. Durch die gute Resonanz wurde innerhalb von 3 Jahren nun eine neue Auflage möglich.

Diese 2. Auflage enthält noch weitere Bausteine für die Arbeit mit den betroffenen Kindern und Jugendlichen, viele hilfreiche zusätzliche Verweise auf Broschüren, Bücher und Spiele und greift nun auch das Thema FASD (Fetale Alkohol-Spektrumstörungen) deutlicher auf. Die Bedeutung der Berücksichtigung von Kindern und Jugendlichen, die bereits während der Schwangerschaft mit Alkohol belastet wurden und dadurch lebenslange Beeinträchtigungen davontragen, wird erst langsam im Hilfesystem erkannt. Schätzungsweise sind jedoch bis zu 1 % der deutschen Bevölkerung vor derartigen Beeinträchtigungen betroffen; und in der Jugendhilfe ist der Anteil von Klient*innen mit FASD um ein Vielfaches höher. Mit dieser Auflage werden nun sowohl Präventionsmöglichkeiten als auch psychoedukative Gesichtspunkte zum Themenkomplex FASD dargestellt. Besondere Aufmerksamkeit findet dabei das Thema „Alkohol und Schwangerschaft“, das mit konkretem Anschauungsmaterial bereits in der Pubertät aufgegriffen werden kann. Weiterhin wird auch die heikle Frage „Wie vermittelt man den betroffenen Kindern ihre Beeinträchtigung, ohne die leibliche Mutter zu stigmatisieren?“ nicht ausgespart. In diesem Zusammenhang sind bereits einige Bücher, Broschüren und Filme entwickelt worden, auf die in den kommentierten Quellensammlungen verwiesen wird. Ich freue mich sehr, dass die Sensibilität für die besonderen Bedarfe der Menschen mit FASD in der Arbeit mit Kindern, Jugendlichen und Erwachsenen zunimmt.

Ich möchte an dieser Stelle auch kurz ausführen, was sich seit der 1. Auflage dieses Buches zum Thema Kinder aus psychisch oder suchtbelasteten Familien auf Bundesebene getan hat: 2017 beauftragte der Deutsche Bundestag die Bundesregierung, eine interdisziplinäre und interministerielle Arbeitsgruppe „Kinder psychisch und suchtkranker Eltern“ einzuberufen. Die Arbeitsgruppe sollte relevante Problemstellungen identifizieren und Lösungsmöglichkeiten aufzeigen, um die Situation betroffener Kinder, Jugendlicher und ihrer Familien zu verbessern, wie:

- Schnittstellen zwischen den Sozialgesetzbüchern identifizieren,
- förderliche Rahmenbedingungen für den Aufbau und die Verstetigung von regionalen Kooperationen unterschiedlicher Akteure und Leistungsträger herausarbeiten, mit dem Ziel, ein funktionierendes lokales Hilfesystem zu etablieren,
- Best Practice-Modelle identifizieren und Vorschläge für eine bessere Kooperation zwischen den Akteurinnen und Akteuren vor Ort unterbreiten, die Hilfen für Kinder und Familien mit einem psychisch kranken Elternteil anbieten,
- ggf. Regelungslücken in der Zusammenarbeit der Hilfesysteme ermitteln.

Die Arbeitsgruppe legte im Dezember 2019 ihren Abschlussbericht mit 19 Empfehlungen zur Verbesserung der Situation von Kindern psychisch und suchtkranker Eltern vor. Seither ist zwar das eine oder andere berücksichtigt worden, jedoch wurden einerseits Initiativen durch die Maßnahmen gegen die Ausbreitung des SARS-CoV2-Virus verzögert oder ausgebremst, zum anderen blieben die gesetzlichen Veränderungen überschaubar:
Einige Empfehlungen wurden teilweise im Kinder- und Jugendstärkungsgesetz berücksichtigt. Das Thema findet nun zudem verstärkte Berücksichtigung in den Weiterbildungen von Ärzt*innen und Psychotherapeut*innen; einige Anpassungen der ärztlichen Gebührenordnung erfolgten bzw. werden vorbereitet. Das Thema „psychische Gesundheit im familiären Kontext“ fand Eingang in nationale Präventionsforen. Aus Förderprogrammen wie z. B. des GKV-Bündnisses konnten von lokalen Akteur*innen Mittel zur Suchtprävention bei vulnerablen Zielgruppen eingeworben werden. Bezüglich anderer Empfehlungen verwies die (damalige) Bundesregierung auf das Bundesteilhabegesetz und die bereits bestehenden Gesamtplanverfahren in Eingliederungshilfe bzw. Rehabilitation. Von der Bundesregierung wurde zudem bei einer Reihe von Empfehlungen auf die Zuständigkeit der Länder und Kommunen verwiesen. Allerdings blieb der von der Expert*innengruppe geforderte Handlungsrahmen für Kommunen bislang aus. Auch die Situation der Begleitkinder in der Rehabilitations- oder Krankenhausbehandlung ihrer Eltern und die schwierige Finanzierung von weitergehenden Hilfen für die Begleitkinder wurde noch nicht entschlossen angegangen.

Durch die verstärkte Aufmerksamkeit für das Thema „Kinder psychisch und suchtkranker Eltern“ konnten sich bestehende Projekte weiterentwickeln und neue ins Leben gerufen werden, wiederum jedoch häufig ohne langfristige finanzielle Planungssicherheit. Auch Aufklärungs- und Anti-Stigma-Projekte stellten sich neu auf. Aktionswochen fanden statt. NACOA setzte das bereits begonnene Engagement engagiert fort, und die BzgA und andere Akteur*innen entwickelten zusätzliche Materialien. Onlineplattformen wie „KidKitnetworks – Hilfeangebote für Kinder psychisch erkrankter Eltern“ oder „COA.KOM“ wurden – durch Bundesmittel gefördert – (weiter)entwickelt. Ein Wermutstropfen dabei ist jedoch, dass auch diese Initiativen entgegen den Empfehlungen der Expert*innenkommission ohne langfristige Planungssicherheit arbeiten.

In Zeiten von Corona werden zugleich viele Gruppenangebote vor Ort ausgebremst. Auch dieser Problematik widmet sich die vorliegende Neuauflage: Es gilt, die Beziehung zur Zielgruppe engagiert aufrecht zu erhalten, Gruppenangebote auch als Spaziergänge und bewegungsorientierte Außenaktivitäten zu konzipieren und das Methodenspektrum in der Arbeit mit Kindern und Jugendlichen zu erweitern. Hinzufügen möchte ich noch, dass gerade diejenigen, die sich für benachteiligte Zielgruppen engagieren, laut und deutlich formulieren sollten, wie notwendig eine ganzheitliche bio-psycho-soziale Unterstützung von Kindern und Jugendlichen ist, die von den gegen die Pandemie gerichteten Maßnahmen besonders hart getroffen wurden. Hierbei ist besonders an Kinder zu denken, die während der Pandemiemaßnahmen von häuslicher Gewalt oder Vernachlässigung betroffen waren und deren außerhäusliche Unterstützungssysteme weggebrochen sind. Die große Bedeutung von Ernährung und Bewegung – auch zur Stärkung des Immunsystems – bedarf darüber hinaus einer besonderen Beachtung, ohne hierbei jedoch die Verantwortung für Bewegungsmangel und Übergewicht zu sehr zu individualisieren. Die Arbeit mit Einzelnen, Gruppen oder Familien bedarf der Untersetzung durch förderliche Rahmenbedingungen auf kommunaler, Landes-, Bundes- und globaler Ebene, damit möglichst viele Kinder einen Nährboden vorfinden, der es ihnen erlaubt, ihr Potenzial zu entfalten und liebevolle Beziehungen zu gestalten.

Cottbus, den 16.12. 2021

Annemarie Jost, Jahrgang 1959, ist Fachärztin für Psychiatrie, tiefenpsychologisch orientierte Psychotherapeutin, systemisch-lösungsorientierter Coach und marte meo-Supervisorin. Sie lehrt und forscht als Professorin für Sozialpsychiatrie an der Brandenburgischen Technischen Universität Cottbus-Senftenberg. Einer ihrer Forschungsschwerpunkte ist derzeit FASD.

Vorwort zur ersten Auflage

Dieses Buch ist ein Glücksfall, denn es kommt genau zur richtigen Zeit. Jahrzehntelang waren Kinder aus suchtbelasteten Familien „vergessene Kinder".[1] Der deutsche Gesetzgeber, die Krankenkassen und Rentenversicherungsträger hatten sie vergessen, als sie in den 1970er-Jahren nach der Anerkennung des Alkoholismus als Krankheit die Versorgung von Suchtkranken regelten. Was sie übersahen: Sucht ist eine Krankheit, die neben dem Betroffenen auch dessen Angehörige und vor allem die Kinder massiv und oft mit lebenslangen Auswirkungen schädigt. Folglich hatten die schätzungsweise drei Millionen betroffenen COAs (**C**hildren **o**f **A**lcoholics/**A**ddicts) in Deutschland[2] fürderhin keinen Anspruch auf Beratung und Hilfe – zumindest solange sie nicht selbst bereits Anzeichen von Sucht oder psychischer Krankheit zeigten. Menschen, die auf die Not der Kinder hin ein Hilfeangebot für COAs starteten, mussten dies entweder ehrenamtlich tun oder waren auf Spenden, einen großzügigen Träger oder den guten Willen der Verantwortlichen in ihrer Kommune angewiesen.

Trotz dieser ungünstigen (um nicht zu sagen: unmöglichen) Ausgangslage entstand in Deutschland eine ganze Reihe von Angeboten für COAs. Dort finden sie einen sicheren Raum vor, wo sie Kind sein dürfen und wo zugewandte, präsente Erwachsene ein Ohr für ihre Ängste und Nöte haben. Eines dieser Angebote ist „Wiesel", mit dem der Caritasverband Schaumberg-Blies seit 2006 erfolgreich Resilienz bei COAs fördert. Wie alle Hilfeangebote für COAs zielen die Unterstützungsgruppen von „Wiesel" darauf zu verhindern, dass diese Kinder in wenigen Jahren der nächsten Generation von Süchtigen oder seelisch Erkrankten angehören.

In diesem Methodenhandbuch teilen die Macherinnen von „Wiesel" ihren Erfahrungsschatz, den sie in der praktischen Gruppenarbeit mit COAs gesammelt haben. Übersichtlich, in kompakter Form und verständlicher Sprache geben

---

1 Der Begriff geht zurück auf: Cork, R. Margaret (1969): The forgotten children. A study of children with alcoholic parents.

2 Diese Zahl bezieht sich auf eine Schätzung der Bundesdrogenbeauftragten aus dem Jahr 2017. Zugrunde liegt die Studie: Lachner, G./Wittchen, H. U. (1997): Familiär übertragene Vulnerabilitätsmerkmale für Alkoholmissbrauch und -abhängigkeit. In: Watzl, H./Rockstroh, B. (Hg.): Abhängigkeit und Missbrauch von Alkohol und Drogen. Hogrefe, Göttingen, S.43ff.
Demgegenüber schätzte das Robert-Koch-Institut 2016, dass in Deutschland bis zu 6,6 Millionen Kinder bei einem Elternteil mit riskantem Alkoholkonsum respektive 4,2 Millionen Kinder bei einem Elternteil mit regelmäßigem Rauschtrinken leben: Robert-Koch-Institut (2016): Abschlussbericht: Entwicklung von bundesweit aussagekräftigen Kennziffern zu alkoholbelasteten Familien; Bundesministerium für Gesundheit (Hg.)
Aussagekräftige Aussagen zur aktuellen Zahl der Kinder suchtkranker Eltern sollen 2018 vorgelegt werden.

Corinna Oswald und Janina Meeß Orientierung, was man COAs in einer Unterstützungsgruppe anbieten kann oder wie COAs in anderen Kontexten präventiv erreicht werden können.

Warum nun kommt dieses Buch genau zur richtigen Zeit? Nach jahrzehntelangem Wegschauen beginnt die Politik in Deutschland gerade zu begreifen, dass unsere Gesellschaft es sich überhaupt nicht leisten kann, auch nur eines der „vergessenen Kinder“ an Sucht oder psychische Krankheit zu verlieren. Die Jahrestagung der Bundesdrogenbeauftragten unter dem Titel „Die Kinder aus dem Schatten holen!“ im Juni 2017 dokumentierte dies ebenso wie die Aufnahme des Themas in den Koalitionsvertrag und die Einsetzung einer Arbeitsgruppe durch den Deutschen Bundestag. Sie erarbeitet seit Frühjahr 2018 Vorschläge, wie die Bundesregierung Hilfe für Kinder psychisch kranker und suchtkranker Eltern organisieren und finanzieren kann.

All das macht Hoffnung, dass möglicherweise bald die finanziellen Rahmenbedingungen für gezielte Hilfen u.a. für COAs endlich dem unermesslich großen Bedarf angepasst werden. Deutschland braucht ein flächendeckendes Hilfesystem für COAs. Unterstützungsgruppen wie „Wiesel“, „Kleine Riesen“, „Bärenstark“ oder „Feuervogel“, von denen es in Deutschland viel zu wenige gibt, sind Modelle. Wir brauchen sie in jeder Kommune und in jedem Landkreis. Zurzeit kommt schätzungsweise auf 11.000 COAs nur ein gezieltes Hilfeangebot.

Angebote wie „Wiesel“ erreichen allerdings in der Regel nur die Kinder, deren Eltern bereits im Hilfesystem angekommen sind und sich entschieden haben, ein trockenes, cleanes Leben zu leben. Für die Mehrzahl der Kinder, deren Eltern ihr Suchtproblem noch verleugnen, brauchen wir präventive, resilienzfördernde Programme dort, wo alle Kinder sind: in den Kitas und Schulen. Erzieher*innen, Lehrkräfte und Schulsozialarbeiter*innen sollten in ihrer Aus- und Fortbildung standardmäßig lernen, wie man Resilienz bei COAs fördern kann.

Deswegen kommt dieses Buch zur richtigen Zeit. Gerade jetzt, wo die „vergessenen Kinder“ endlich aus dem Schatten kommen, stellen uns Corinna Oswald und Janina Meeß einen erprobten Werkzeugkoffer zur Verfügung. Das ist eine unschätzbar wertvolle Ressource für den Aufbau eines flächendeckenden Hilfesystems, für die den Autorinnen Dank und Anerkennung gebührt. Ich wünsche dem Buch viele interessierte Leser*innen. Und ich möchte diese Leser*innen ermutigen: Seien Sie für COAs DA. Mit Ihrem DAsein, mit Ihrer Präsenz und ihrer Zuwendung können Sie den entscheidenden Unterschied im Leben dieser

Kinder machen. Sie erhöhen damit die Chancen, dass die Kinder sich relativ gesund entwickeln und ein glückliches und erfülltes Leben führen können. Die Autorin Nicola Schmidt schreibt: „Jedes glückliche Kind macht die Welt zu einem besseren Ort!" Dieses Ziel ist jede Mühe wert.

Henning Mielke
NACOA Deutschland – Interessenvertretung für Kinder aus Suchtfamilien e. V.

Anmerkungen der Autorinnen zur Neuauflage

Es freut uns, dass die 1. Auflage des Methodenhandbuchs für die Arbeit mit Kindern und Jugendlichen auf solch großes Interesse gestoßen ist, dass wir uns nun, drei Jahre nach Erscheinen des Buches, mit dessen Überarbeitung befasst sehen. Seitdem hat sich einiges getan: auf politischer Ebene, in wissenschaftlicher Hinsicht und durch das unerwartete pandemische Geschehen – die Covid-19-Pandemie.

Bevor wir die Neuerungen im vorliegenden Buch skizzieren, möchten wir noch auf etwas Grundsätzlicheres hinweisen. Und zwar darauf, dass die **methodische** Arbeit mit Kindern und Jugendlichen aus suchtbelasteten Familien voraussetzt, dass irgendwer in der näheren Umgebung des Kindes oder Jugendlichen eine Einsicht in das Problem und damit auch in die Auswirkungen auf das Kind hat. In der Regel sind dies nicht-süchtige Angehörige, Sozialpädagog*innen, z. B. in Wohngruppen, bisweilen auch abstinent lebende suchtkranke Elternteile.

Die Mehrheit derjenigen Kinder, Jugendlichen und jungen Erwachsenen jedoch, deren Eltern und Umfeld nichts von einer Sucht wissen oder wissen möchten, steht buchstäblich allein auf weiter Flur. Möchten sie Verständnis, professionelle Hilfe und Beratung zu ihren Problem-, häufig Notlagen (!) erfahren, bleibt ihnen nur der Weg über digitalisierte Angebote – Telefon, E-Mails, Chats. Hier gibt es einige wenige Anbieter– wie die Online-Beratung von Nacoa Deutschland, Interessenvertretung für Kinder aus Suchtfamilien e. V., oder das Hilfeportal Kidkit der Drogenhilfe Köln e. V. (Hilfe bei Problemeltern) – siehe auch Anhang. Dass diese beiden Angebote derzeit noch (?) ohne langfristige finanzielle Planungssicherheit arbeiten und auf zeitlich begrenzte Projektförderungen und Spendengelder angewiesen sind, ist nicht nachvollziehbar. Nicht vor dem Hintergrund der Erfahrungen, z. B. von völliger Isoliertheit während der Pandemie, aber auch nicht in Anbetracht der bereits 2019 erschienenen Empfehlung Nr. 6 der vom Bundestag eingesetzten Arbeitsgruppe zum *Ausbau und Förderung einer bundesweit öffentlichkeitswirksam präsentierten (…) Online-Plattform, die Informationen und anonyme Beratung für betroffene Kinder und Jugendliche, die sich selbstständig im Internet auf die Suche nach Hilfe machen, bietet (…) (AEFT Bundesverband für Erziehungshilfe e. V., 2019).*

Tatsächlich müsste die Politik doch ein Interesse daran haben, genau die Kanäle zu nutzen, über die sich die – häufig traumatisierten – Kinder und Jugendlichen am ehesten erreichen lassen, um sie aufzufangen, ggf. in Hilfseinrichtungen vor Ort weiterzuvermitteln und somit ihrem hohen Risiko einer eigenen (Sucht-) Erkrankung entgegenzuwirken.

Insofern reicht es also nicht, **flächendeckend Angebote vor Ort** zu etablieren, in denen im engeren Sinne methodisch mit den Kindern und ihren sich der Suchterkrankung bewussten Familien gearbeitet werden kann (auch hier besteht weiterhin Handlungsbedarf – eine Regelfinanzierung der Angebote vor Ort ist nach wie vor nicht gegeben. Genauso wichtig erscheinen der **Ausbau, die Bewerbung und Ausstattung digitaler, bundesweit agierender Angebote**, die noch viel mehr als Anlaufstelle für isolierte, verzweifelte Jugendliche und junge Erwachsene fungieren – die sonst eben niemanden haben, an den sie sich wenden könnten.

In der Neuauflage des Buches werden wir auf die durch die Corona-Pandemie veränderte Situation und infolgedessen auch neue Arbeits- und Herangehensweisen in unserem Angebot eingehen (Kapitel Freizeit), wobei sich Wiesel schon im Vorfeld zunehmend mehr in Richtung Außen und Bewegung entwickelt hatte. Auch im Bereich der Medien (Bücher: Bilderbücher, Romane, Fachbücher, auch Hörfunk & Theaterstücke zum Thema) hat sich das Rad weitergedreht – die Neuerscheinungen sind im Kapitel Literatur zu finden. Die eigentliche Neuerung des Buches besteht aber in einem eigenen Kapitel zu FASD – den Fetalen Alkoholspektrumstörungen. Hier zeigen wir Methoden, die im Bereich der Prävention sowie der Psychoedukation angesiedelt sind – vor dem Hintergrund, dass sich in einem Angebot für Kinder aus suchtbelasteten Familien mit hoher Wahrscheinlichkeit auch Kinder mit FASD einfinden. Bedenkt man zudem das hohe Risiko eines eigenen späteren Konsums, gilt die Gruppe als unbedingte Adressatin entsprechender Einheiten.

Wir wünschen den Leser*innen viele Anregungen für die eigene Arbeit mit den betroffenen Kindern und Jugendlichen.

Einleitung

Zitate:

> Lana, 11: *Und wenn sich meine Eltern dann so streiten, dann ist es so, als ob sie alleine wären, als ob ich gar nicht mehr da wäre. Sie nehmen mich dann gar nicht mehr wahr. Das ist sehr schlimm für mich.*
>
> Manuel, 15: *Mir ist es egal, ob man mich sieht oder nicht.*
>
> Annette, 14, zu der Frage, ob sie zu ihrer Oma ziehen oder bei der alkoholkranken Mutter verbleiben soll: *Es ist wie bei einem Baum, er wächst immer weiter, und dann gehe ich und es bricht ein Stück ab, und es fehlt etwas, das uns zusammenhält.*
>
> Paul, 16, über die Zeit in der Wiesel-Jugendgruppe: *Manchmal denke ich mir, was soll ich denn hier machen. Meine Mutter hat doch das Problem, die trinkt doch. Aber dann finde ich es doch eigentlich ganz gut.*
>
> Pia, 14, über die Zeit mit ihrer Mutter: *Wenn sie getrunken hat, ist es manchmal wie in einem schlechten Film.*

Für Kinder und Jugendliche stellt das Aufwachsen mit suchtkranken Familienangehörigen eine enorme Belastung dar. Dabei leiden sie weniger unter dem eigentlichen Akt des elterlichen Konsumierens („Mein Kind war immer schon im Bett, wenn ich was genommen habe, das hat das gar nicht so mitgekriegt."), sondern an den zahlreichen Folgeerscheinungen, die eine Suchterkrankung nach sich zieht: den heftigen Auseinandersetzungen und Gewalttätigkeiten (nicht nur) auf der Erwachsenenebene, dem beängstigenden körperlichen Zustand oder Verfall ihrer konsumierenden Eltern, den ihnen unerklärlichen Gefängnisaufenthalten, der Geldknappheit, einem verwirrenden, inkonsequenten und inkonsistenten Erziehungsverhalten, der Unberechenbarkeit des Geschehens.

Vor allem aber werden sie selbst nicht gesehen: Im Vordergrund steht nicht ihr kindliches Bedürfnis nach zugewandten, emotional ansprechbaren und responsiven Erwachsenen, im Jugendalter nach Vorbildern und Hilfestellung in Richtung einer autonomen, selbstbestimmten Lebensgestaltung, sondern das Bedürfnis und die Bedürftigkeit der kranken Elternteile.

Einhergehend mit den widrigen Kindheitserfahrungen weisen Kinder und Jugendliche aus suchtbelasteten Familien ein erhöhtes Risiko auf, in späteren Lebensaltern selbst eine Abhängigkeitserkrankung oder – teils überlappend – weitere psychische Störungen wie Angststörungen, affektive Störungen oder Persönlichkeitsstörungen zu entwickeln (vgl. Lachner & Wittchen, 1995; Klein, 2005, 2008). So sind Mehrfachdiagnosen im Erwachsenenalter eher die Regel als die Ausnahme. Beispielsweise bedingen sich Depressionen und Suchterkrankungen häufig in der Art, dass depressive Symptome wie Antriebs- und Freudlosigkeit, Rückzugstendenzen oder Schlafstörungen mithilfe des Konsums von Alkohol oder anderen Drogen kurzzeitig gelindert werden. Eine Abhängigkeitserkrankung wiederum führt häufig zu depressiven Symptomen, z. B. durch die Einengung der Interessen auf das Suchtmittel, den Verlust des Arbeitsplatzes oder Trennungserfahrungen. Ein Großteil der Mädchen, die in einer suchtbelasteten Familie aufgewachsen sind, sucht sich zudem im späteren Lebensalter Partner, die ebenfalls von einer Suchterkrankung betroffen sind.

Um diesem bereits hinlänglich beforschten und beschriebenen Geschehen entgegenzuwirken, sind Maßnahmen der selektiven bzw. der indizierten Prävention notwendig. Dabei zielt selektive Prävention auf Gruppen, die ein generell erhöhtes Risiko für Substanzprobleme aufweisen (meist ohne sie bereits zu zeigen; an vorderster Stelle Kinder aus suchtbelasteten Familien), indizierte Ansätze richten sich an gefährdete Individuen, die schon einen riskanten, gar missbräuchlichen Suchtmittelkonsum betreiben (z. B. Jugendliche aus suchtbelasteten Familien, die bereits zu experimentieren, zu konsumieren begonnen haben).

Pathogene und protektive Faktoren

Nicht alle Kinder erkranken. Welchen Entwicklungsverlauf ein Kind aus sucht- bzw. alkoholbelasteter Familie nimmt, hängt vom Zusammenspiel zahlreicher pathogener und protektiver Faktoren ab, deren Vorliegen bzw. Fehlen einer gesunden Entwicklung zugutekommen oder im Wege stehen (siehe ausführlich Zobel, 2017). Als pathogene oder Risikofaktoren werden solche Umstände bezeichnet, die sich schädlich auf die Entwicklung eines Menschen auswirken können. Pathogene Faktoren können angeboren sein. So ist die Wahrscheinlichkeit, eine Sucht zu entwickeln, höher, wenn man männlich ist oder Alkoholkonsum zu einer vergleichsweise hohen, als angenehm empfundenen Stressdämpfung führt. Viele pathogene Faktoren sind allerdings von der Umwelt abhängig, in der ein Kind aufwächst. Beispielsweise wirkt es sich ungünstig auf die Entwicklung aus, wenn beide Eltern abhängig sind, das suchtkranke Elternteil alleinerziehend ist, es keine stabile Bezugsperson in der Familie gibt oder neben der Suchterkrankung bei den Eltern noch andere psychische Störungen vorhanden sind. Damit gemeint sind nicht nur die oben angeführten Doppeldiagnosen bzw. Komorbiditäten, das suchtkranke Elternteil betreffend, sondern auch psychische Störungen beim anderen Elternteil, z. B. Depressionen, Ängste und/oder eine dependente (= abhängige) Persönlichkeitsstruktur – die für sich genommen schon eine (zusätzliche) Belastung für das Kind darstellen, aber eben auch mitbedingen können, dass sich dieses Elternteil nicht von dem oder der Suchtkranken zu lösen vermag (eine Konstellation, die wir in der Praxis immer wieder antreffen).

Demgegenüber stehen protektive oder Schutzfaktoren, die der Entwicklung von Suchterkrankungen oder anderen psychischen Störungen entgegenwirken. Auf Personenebene sind hier z. B. soziale Kompetenzen, der Besitz angemessener Bewältigungsstrategien bzw. die Ausbildung von Resilienzen (Widerstandkräften gegenüber widrigen Lebensumständen, s.u.) zu nennen. Zudem wirken sich eine geringe Exposition des elterlichen Konsumverhaltens und der elterlichen Auseinandersetzungen sowie die Einhaltung von familiären Ritualen positiv auf die Entwicklung des Kindes aus. Als ganz wesentlich sind tragfähige emotionale Beziehungen zu sich wenig co-abhängig verhaltenden, nicht-konsumierenden Elternteilen oder anderen Erwachsenen in der näheren Umgebung wie Nachbar*innen, Eltern von Freund*innen, Erzieher*innen, ggf. auch Großeltern etc. anzusehen. Auch das Wahrnehmen von professionellen Hilfs- und Beratungsangeboten durch die Familie stellt ein protektives, schützendes Moment dar.

Um Entwicklungsrisiken zu verdeutlichen, soll kurz auf zwei Mädchen aus unserer Gruppenarbeit rekurriert werden. So hat die 14-jährige Annika, deren Vater unter einer Alkoholabhängigkeit leidet, dem sie jedoch nur anlässlich von Umgangskontakten begegnet, während sie zugleich eine stabile emotionale Beziehung zu ihrer Mutter aufweist, ein weitaus geringeres Entwicklungsrisiko als die 16-jährige Nadine, die mit ihrer alleinerziehenden politoxikomanen Mutter zusammenlebt, welche komorbid eine emotional-instabile Persönlichkeitsstörung vom Typus Borderline aufweist und wechselnde Partnerschaften mit - ebenfalls konsumierenden - Partnern eingeht.

Das Modell der Resilienzfaktoren als Ansatz in der Arbeit mit den betroffenen Kindern und Jugendlichen

Mit Resilienzen in Bezug auf die Gruppe der Kinder aus suchtbelasteten Familien befassten sich insbesondere Wolin & Wolin (1995). Sie fanden in ihrer retrospektiv angelegten Studie Ressourcen, die es (inzwischen erwachsenen) Kindern aus suchtbelasteten Familien erleichtert hatten, mit den Belastungen, Ängsten und inneren Konflikten umzugehen. Die sieben Resilienzfaktoren, die Wolin & Wolin (1995) gefunden haben, bilden insofern eine wichtige Grundlage für die praktische Arbeit mit den betroffenen Kindern und Jugendlichen, als dass viele methodische Interventionen auf die Ausbildung und Stärkung dieser Resilienzfaktoren abzielen.

Als bedeutenden Resilienzfaktor haben Wolin & Wolin (1995; Zobel, 2017) die *Einsicht in und das Wissen um die Abhängigkeitserkrankung* ausgemacht. Wenn Kinder in ihrer Wahrnehmung der häuslichen Verhältnisse bestätigt und in altersgerechter Art und Weise über die elterliche Sucht aufgeklärt werden, trägt dies dazu bei, die häufig vorhandenen quälenden Selbstvorwürfe und Schuldgefühle zumindest teilweise aufzulösen. Der Aufbau einer *emotionalen, mit zunehmendem Alter auch physischen Distanz* zum Familiengeschehen erlaubt den Kindern und Jugendlichen, Erfahrungen mit anderen Personen zu machen, sich auszuprobieren sowie aus der Tabuzone auszubrechen, die in Bezug auf die Suchterkrankung fast immer nach außen und oft auch nach innen errichtet wird. Durch *Beziehungen zu verlässlichen Bezugspersonen* außerhalb der Familie erleben Kinder, um ihrer selbst willen wahrgenommen, anerkannt und geschätzt zu werden, und sie erfahren zudem alternative Modelle für Erleben und Verhalten. In Gruppen mit anderen, gleichaltrigen Betroffenen lernen viele Kinder und Jugendliche zum ersten Mal in ihrem Leben ein stützendes, wohlwollendes Gemeinschaftsgefüge kennen.

In diesem Rahmen können die Kinder auch zu *Eigeninitiative* ermutigt, gestärkt und gelobt werden. Häufig bleiben Unternehmungen oder Interessen des Kindes auf der Strecke, wenn die Sucht das Wohl des Kindes aus dem elterlichen Fokus verdrängt hat. In Gruppenangeboten können Kinder und Jugendliche beispielsweise die Gestaltung von sportlichen oder sozialen Aktivitäten mitbestimmen, Talente entdecken und die Erfahrung machen, dass ihre Art zu denken und handeln in Ordnung ist – wohingegen Eigenständigkeit in den Herkunftsfamilien häufig zu Kritik oder Abwertung führt.

Kreativität kann Kindern und Jugendlichen neue Zugänge zum Ausdruck eigener Befindlichkeiten öffnen, dabei helfen, dem oftmals tristen Alltag zu entfliehen und die Möglichkeit geben, etwas von subjektivem Wert zu erschaffen. *Humor* kann in unterschiedlichen Formen (Lachen, Spaß haben, neben sich stehen können, Ironie) zur emotionalen Distanzierung von den häuslichen Verhältnissen führen und zeigt eine wichtige psychohygienische Wirkung. Die Entwicklung eines eigenen *moralischen Wertesystems* ist besonders wichtig vor dem Hintergrund, dass Kindern und Jugendlichen aus Suchtfamilien häufig ein klarer, nachvollziehbarer Maßstab für angemessenes und unangemessenes Verhalten fehlt und sie sich auf die Einhaltung familiärer Werte und Prinzipien nicht verlassen können (vgl. Zobel 2017).

Das Angebot Wiesel

Auch Wiesel, das seit 2006 bestehende Angebot für Kinder und Jugendliche aus suchtbelasteten Familien im Beratungs- und Behandlungszentrum des Caritasverbandes in Neunkirchen, basiert auf der Entwicklung und Förderung der o.g. Resilienzfaktoren. Unter Suchtbelastung fassen wir den missbräuchlichen oder abhängigen Konsum eines oder gar beider Elternteile von legalen Mitteln wie Alkohol, Medikamenten oder von illegalen Drogen bzw. das pathologische Glücksspiel; das Suchtgeschehen kann ein akutes oder ein in jüngerer Vergangenheit liegendes sein.

Zur Frage der Zugangswege – wie kommen die Kinder und Jugendlichen in das Angebot Wiesel? Etwa paritätisch verteilt gibt es zum einen den Weg über die Suchthilfe, d. h. über die Eltern, die sich als Klient*innen in Beratung, Behandlung oder psychosozialer Begleitung für Substituierte in unserem Beratungszentrum befinden; zum anderen den über die Jugendhilfe (Jugendämter, Familienhilfezentren, Schoolworker und stationäre Jugendhilfeeinrichtungen). Nur ein kleiner Teil der betroffenen Familien wendet sich als Selbstmelder an uns oder wird durch weitere Institutionen (z. B. Berufsschulen) vermittelt.

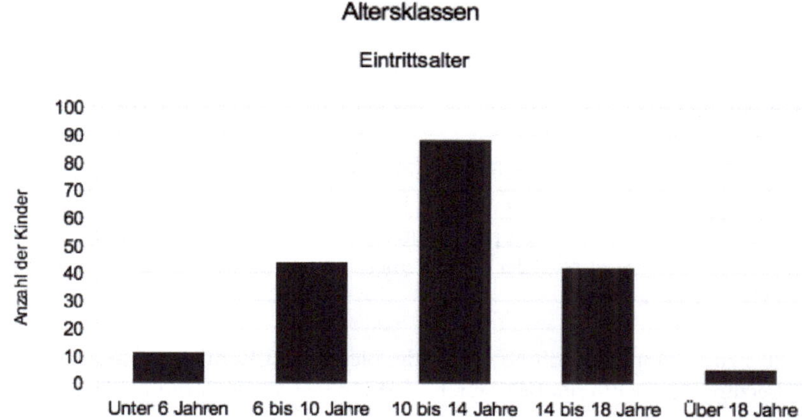

Grafik 1: Eintrittsalter der bislang in Wiesel betreuten Kinder und Jugendlichen (interne Auswertung)

Das Kernstück Wiesels stellen die **fortlaufenden altershomogenen Gruppen** dar, in denen die Kinder und Jugendlichen in einem geschützten Rahmen Gelegenheit finden, sich mit den Erlebnissen im Elternhaus auseinanderzusetzen. Dabei wird nicht nur die familiäre Suchterkrankung aufgegriffen, sondern auch assoziierte Themen wie Gefühle, Rollenübernahme in der Familie, die Lebensumstände der Kinder (z. B. Leben in einer Wohngruppe, Inhaftierung eines Elternteils). Feste Rituale wie ein gemeinsamer Imbiss zu Beginn der Gruppensitzung oder ein Abschlusskreis vermitteln den Kindern und Jugendlichen das Gefühl von Sicherheit, Kontrolle und Kontinuität. Ergänzt wird die Arbeit in der Gruppe durch regelmäßige Freizeitaktivitäten wie beispielsweise Klettern, Zelten, Kochen oder Bogenschießen.

Die Gruppentreffen finden in 14-tägigem Rhythmus statt, die Teilnahme erfolgt unter der Voraussetzung der Zustimmung zumindest eines Erziehungsberechtigten. Das Einverständnis des Elternteils in die Gruppenteilnahme und die Erlaubnis gegenüber dem Kind, über die häusliche Situation sprechen zu dürfen, ist essenziell zur Vermeidung bzw. Minimierung von Loyalitätskonflikten. Weitere Einzeltermine dienen dem Kennenlernen des Kindes oder Jugendlichen und zur Klärung von Fragen, Hoffnungen, Befürchtungen bezüglich der Gruppenteilnahme. Das Kind oder der/die Jugendliche erhält Gelegenheit, zwei Schnupperstunden zu besuchen und sich dann für oder gegen eine verbindliche Teilnahme auszusprechen. Da die Kinder häufig nicht alleine in die Gruppenstunden kommen können (ländliches Gebiet, Elternteile aufgrund der Suchterkrankung oft nicht in der Lage, das Kind zu bringen oder für eine regelmäßige Gruppenteilnahme zu sorgen), existiert ein Hol- und Bringdienst, den die Co-Leitung der Gruppe (zumeist eine studentische Hilfskraft) ausführt.

Wenn eine Gruppenteilnahme aus zeitlichen Gründen nicht zu bewerkstelligen ist, nicht sinnvoll oder nicht ausreichend erscheint, können **Einzelberatungen** entweder in Form von zeitlich terminierten Kurzzeitinterventionen oder fortlaufenden Gesprächen in Anspruch genommen werden. In diesem Rahmen können Kinder/Jugendliche und teilweise auch junge Erwachsene Themen äußern und bearbeiten, die sie sich im Gruppenkontext nicht anzusprechen trauen, es kann bei Krisen interveniert oder der Bedarf einer Kinder- und Jugendpsychotherapie abgeklärt werden.

Parallel zur Gruppenteilnahme des Kindes bieten wir **Elternberatungen** an. Die Zielsetzung in der Elternarbeit besteht darin, deren Wahrnehmung für die Erlebenswelt, Gefühle, Bedürfnisse und Grenzen ihrer Kinder zu fördern. Mögliche Verhaltensauffälligkeiten des Kindes können in Verbindung zu den eigenen Problemen bzw. zur Zeit des Suchtgeschehens eine Neubewertung erfahren. Immer wieder werden hier Scham- und Schuldgefühle durch die Eltern benannt, die auf der Handlungsebene häufig zu Inkonsequenz im Erziehungsverhalten führen – mit der Folge weiterer innerfamiliärer Konflikte. In der Beratung werden die Eltern (auch Stiefeltern, Großeltern etc.) in ihrer elterlichen Rolle und Verantwortung, auch in der (Wieder-)Etablierung eines familiären Gefüges, in dem die Rollen nicht diffundiert, sondern Eltern- und Kindesebene abgegrenzt sind, gestärkt. Das Aufsuchen ergänzender oder weiterführender Hilfeangebote (wie z. B. Kinder- und Jugendpsychotherapie, schulische Nachhilfe, Adipositas-Beratung, Elterntrainings etc.) stellt einen weiteren Inhalt der Elterngespräche dar.

Unabhängig von der Gruppenteilnahme eines Kindes bieten wir auch Gespräche für solche Elternteile und Familienangehörige an, die einen grundsätzlichen Informationsbedarf (z. B. die altersgemäße Aufklärung ihres Kindes über die eigene Abhängigkeitserkrankung oder die des [Ex-]Partners) haben, fernerhin Elternkurse und Familienseminare.

Beraterisch-therapeutische Ausrichtung

Während das Modell der Resilienzfaktoren den Rahmen für die Arbeit mit den betroffenen Kindern und Jugendlichen darstellt, ist das konkrete Vorgehen, unsere Haltung den Kindern (aber natürlich auch den Eltern) gegenüber zugleich stark durch unsere je therapeutischen Ausrichtungen geprägt. Im **klientenzentrierten bzw. gesprächstherapeutischen Setting** wird der Schwerpunkt auf die Wahrnehmung der Gefühle des Kindes und Jugendlichen gelegt. Dabei wird der möglichst unverstellte Zugang zu den eigenen Emotionen und Kognitionen als ganz entscheidender Faktor für psychische Gesundheit gesehen. So zeichnen sich gerade Suchterkrankungen durch die künstliche Steuerung des Gefühlshaushalts aus: aversive Gefühle sollen getilgt, betäubt, ungeschehen gemacht, euphorische hingegen evoziert werden. Umso deutlicher die betroffene Person jedoch ihrer eigenen Gefühlspalette gewahr wird, umso akzentuierter sie diese zum Ausdruck bringen kann und darf, umso mehr vermag sie sich in ihrer Ganzheit zu akzeptieren (Selbstakzeptanz) und umso mehr Handlungsmöglichkeiten können sich ihr infolgedessen auch erschließen. Neben der Empathie gegenüber der inneren Erlebniswelt und der unbedingten Wertschätzung des betroffenen Kindes und Jugendlichen spielt als dritte Variable in der gesprächstherapeutischen Ausrichtung und Kommunikation die Kongruenz der beratenden oder therapeutisch wirkenden Person eine Rolle. Darunter zu verstehen ist deren Authentizität, die Echtheit in dem, was sie selbst empfindet und ggf. auch mitteilt. So kann es für ein Kind oder eine*n Jugendlichen durchaus ein erleichterndes Moment darstellen, jemanden zu haben, der nicht nur das widerspiegelt, was es an Erfahrungen berichtet, sondern auch, wie diese Berichte das Gegenüber anmuten. Das heißt nicht, dass dem Kind oder Jugendlichen sogleich alles rückgemeldet werden muss, was der Beraterin durch den Kopf geht, sondern dass sie im Einzelfall entscheidet, inwieweit sie dem Kind respektive Jugendlichen **ihre** Wahrnehmung oder Einschätzung der Dinge kundtun, ggf. auch der Sichtweise des Kindes oder der kolportierten Sichtweise der Elternteile entgegensetzen möchte.

In der **systemischen Beratung und Therapie** liegt der Schwerpunkt auf den Beziehungen innerhalb des Systems Familie. Gerade für Kinder und Jugendliche mit suchtbelasteten Elternteilen (oftmals bereits suchtbelasteten Großelternteilen, Onkel und Tanten) ist ihre Familie das, über was sie sich am meisten Gedanken machen, was sie am meisten beschäftigt, worin sie am meisten verstrickt sind. So hat es für jüngere Kinder ein erleichterndes, ordnendes Moment, die Familie und die Beziehungen innerhalb des Systems überhaupt erst einmal abzubilden, zu symbolisieren. Wichtig erscheint uns, in einem zweiten Schritt nicht nur die Familie, wie das Kind sie erlebt, sondern auch, wie es sie sich imaginiert, welche Beziehungsqualitäten es sich wünscht und wo und wie es sich selbst im Gefüge gerne befände, darzustellen. Für ältere Jugendliche macht es Sinn, sich genauer mit den Strukturen innerhalb der Familie (Wer ist alles von einer Suchterkrankung betroffen? Wer hat sich suchtkranke Partner*innen gesucht? Warum?) zu befassen. Auch das Motto in der Familie, die Familienatmosphäre, die Delegationen an die Familienmitglieder, die Rollen, die übernommen wurden, die eigene Rolle im System können mittels verschiedener Herangehensweisen transparent gemacht werden. Und auch hier intendieren wir, es nicht beim Erfassen des „Status quo“ zu belassen, sondern mit den Jugendlichen herauszuarbeiten, wer sie selbst eigentlich sind, wohin es sie zieht, wer oder was sie sein und werden möchten, wie sie sich ihre eigene Lebensgestaltung, ihre Partnerwahl etc. vorstellen – so weit wie möglich herausgelöst aus der Verstrickung mit der suchtbelasteten Herkunftsfamilie (Entwicklung einer autonomen Lebensperspektive).

Die genannten therapeutischen Hintergründe und das darauf basierende Vorgehen im Umgang mit den Kindern und Jugendlichen könnte man im Prinzip als eine Art Gegenprogramm zu der Direktive: „Rede nicht, traue nicht, fühle nicht!“ betrachten, die Claudia Black (1988) so vortrefflich und charakteristisch für suchtbelastete Familien beschrieben hat.

Angemerkt werden soll an dieser Stelle, dass unsere der humanistischen Beratung und Therapie entstammende Haltung und Herangehensweise keinesfalls als Voraussetzung für die Arbeit mit Kindern und Jugendlichen aus suchtbelasteten

Familien anzusehen sind. Es existieren im Bundesgebiet viele Angebote und Programme, die auf anderen Paradigmen beruhen: Exemplarisch genannt werden sollen das evidenzbasierte Kurzzeitinterventionsprogramm „Trampolin" (Klein et al, 2013), das ebenfalls auf die sieben Resilienzfaktoren rekurriert, weiterhin auf kognitions- und verhaltenstheoretische Modelle; der Ansatz aus dem Psychodrama, wie er vom **S**ozialdienst **K**atholischer **M**änner (SKM) in Köln praktiziert wird; Herangehensweisen, deren Ausgangspunkt die Rollenübernahme innerhalb des suchtbelasten Systems darstellt (Gemeinschaftspraxis M. Weinmann-Mayer/Dr. R. Mayer, Balingen); wildnispädagogische Maßnahmen (Drogen- und Familienhilfe, Saarbrücken; jeweils ausführlicher in Kapitel 1.2.6 dargestellt) bis hin zu tiergestützten Ansätzen (vgl. professionelle Hilfeangebote für Kinder auf der Homepage von NACOA).

Im Folgenden sollen einige weitere Gedanken zu unserer Arbeit im Einzel- und insbesondere im Gruppenkontext angeführt werden.

Da sich die Thematik „Kinder aus suchtbelasteten Familien" auf der Schnittstelle zwischen Kinder- und Jugendhilfe einerseits, der Suchthilfe andererseits befindet, ist es optimal, eine **Doppelleitung**, bestehend aus Fachkräften beider Bereiche zu installieren, die ihr jeweiliges Know-how einbringen können. Ähnlich verhält es sich mit dem Geschlecht der Gruppenleitung: Auch hier besteht die optimale Besetzung in einer weiblichen und einer männlichen Fachkraft, sodass die Kinder und Jugendlichen Identifikationsfiguren beiderlei Geschlechts haben können. Es ist uns bewusst, dass diese Vorstellungen in der Realität oft nicht umzusetzen sind, dennoch sollen sie als idealiter Erwähnung finden.

Kinder aus suchtbelasteten Familien, so heterogen die einzelnen Personen und kleinen Persönlichkeiten auch sind, benötigen ein hohes Maß an Aufmerksamkeit, Zuwendung und Struktur. Dies impliziert zum einen, dass wir in den Kindergruppen die **Größe der Gruppe** auf sechs Teilnehmende, in den Jugendgruppen auf maximal acht beschränken. Es bedeutet aber auch, sich als Leitung nicht von dem quirligen, chaotischen, unberechenbaren, gelegentlich durch Neid, Missgunst und Rivalität (wenn der eine etwas möchte, möchte es die andere partout nicht) gekennzeichneten Verhalten in Konfusion bringen zu lassen. Etwa gleichaltrige Geschwister in eine Gruppe aufzunehmen ist nicht unbedingt ratsam, zumal oft eine ausgeprägte Geschwisterrivalität anzutreffen ist oder das eine Geschwister das andere mit einem Redeverbot belegt. Hier entscheiden wir im Einzelfall.

Wir bereiten die Gruppensitzungen vor, wobei wir uns an dem **prototypischen Ablauf,** wie er sich hier auch in der Chronologie der Methoden widerspiegelt, orientieren (vom Kennenlernen über die Beschäftigung mit einzelnen Themen bis hin zum Abschied). Die Planung und Vorbereitung vermittelt insbesondere den Kindern und Jugendlichen, aber auch uns selbst Struktur und Sicherheit. Oftmals haben die Jugendlichen selbst an der Erstellung eines Planes über die kommenden Sitzungen mitgewirkt. Dennoch ist es wenig sinnvoll, eine geplante Sitzung in völlig rigider Manier durchzuziehen, wenn sich schon zu Beginn, in der Eingangsrunde, andere virulente Themen abzeichnen, die im Erleben insbesondere der/des Jugendlichen im Vordergrund stehen. Hier gilt es jeweils abzuwägen, ob das Einhalten des Planes oder vielmehr ein flexibles Umschwenken angezeigt sind.

Der intensiven Auseinandersetzung mit der familiären Suchtbelastung stehen die meisten Kinder und Jugendlichen ambivalent gegenüber. Die Bandbreite reicht von maßloser Erleichterung und Entlastung über ein vorsichtiges Herantasten und Offenbaren über das Profitieren von den Schilderungen anderer Gruppenmitglieder bis hin zu **Abwehr des Themas**. Diese kann sich auf vielfältige Art und Weise äußern. Es kommt vor, dass einzelne Gruppenmitglieder Ablehnung gegenüber einem geplanten entsprechenden Inhalt vortragen, welche manchmal von der ganzen Gruppe übernommen wird. Bei kleineren Kindern zeigt sich Widerstand eher darin, dass sie sich einfach aus dem Gruppengeschehen ausklinken (ein Junge schläft z. B. während eines Films zum Thema ein, gemäß der Devise „nichts sehen, nichts hören …"). Es ist nicht sinnvoll, „Widerstand brechen" zu wollen. Entweder lässt er sich thematisieren und/oder es werden gemeinsam mit der Gruppe Alternativen zur Gestaltung der Sitzung eruiert. Häufig entsteht eine abwehrende Haltung dann, wenn Elternteile rückfällig geworden sind, das Kind oder der/die Jugendliche mit Redeverbot belegt ist oder sich ein solches auferlegt hat, sich schämt, generell nicht einsieht, warum er oder sie „in Therapie" gehen soll, während es die eigentlich betroffenen Elternteile nicht tun (nachvollziehbar) und lieber Lust auf unbelastete Inhalte und Aktivitäten hat (auch nachvollziehbar).

Auch wenn oben unsere „schulischen" Ausrichtungen näher beschrieben wurden, ist nicht immer ganz klar, in welcher **Rolle** wir den Kindern begegnen**.** Als Therapeut*innen, als Erzieher*innen, Lehrkräfte, Freund*innen, Mütter oder Schwestern? Diese Unbestimmtheit ist zum einen dem sehr offenen Rahmen unserer Arbeit geschuldet, es gibt keine konkrete Stellenbeschreibung oder Profession, die einzig dazu prädestiniert wäre, die Arbeit mit Kindern und Jugendlichen aus suchtbelasteten Familien durchzuführen. Zum anderen ist die Rollenkonfusion sicherlich auch Ausdruck der Projektionen, der Wünsche und Ängste, die die Kinder auf uns übertragen. Dazu passt, dass uns die Kinder und Jugendlichen (trotz vereinbartem Du mit Vornamen) je nach Gestimmtheit oder aktuell vorherrschender gefühlter Nähe respektive Distanz mal siezen, mal duzen, mal den Vor-, mal den Nachnamen verwenden. Wichtig erscheint uns, entsprechende Gegenübertragungen (sich wie eine gestrenge Pädagogin; sich wie eine nachgiebige Mutter zu fühlen) zu reflektieren und eventuell zu modifizieren.

Ist das, was wir praktizieren, nun Erziehung, Beratung oder Therapie? Wie ausgeführt, sind die Grenzen fließend. Zeigt ein Kind oder ein*e Jugendliche*r nicht nur Auffälligkeiten im psychosozialen oder emotionalen Bereich, sondern bereits eine ernstzunehmende Symptomatik, so vermitteln wir in **Kinder- und Jugendpsychotherapie** (falls sich das Kind oder der*die Jugendliche nicht sowieso in therapeutischer Behandlung befindet). Diese Weitervermittlung gelingt nicht immer. In manchen Fällen scheitert sie an der mangelnden Mitwirkung der Eltern(teile) – an dem Mangel an Erkenntnis und Verständnis des Bedarfs, an Durchhaltevermögen, an Konsequenz im Verfolgen von Maßnahmen zum Wohle des Kindes („Ja, wenn er doch da nicht hingehen möchte? Ich kann ihn doch nicht dazu zwingen!"). Dazu gesellen sich die häufig langen Wartezeiten hinsichtlich des Beginns einer Therapie und, gerade im ländlichen Gebiet, deren oftmals schwierige Erreichbarkeit. Infolgedessen verbleiben die Kinder und Jugendlichen nicht selten über lange Zeiträume im Angebot Wiesel, manchmal auch länger als in regulärer Kinder- und Jugendpsychotherapie.

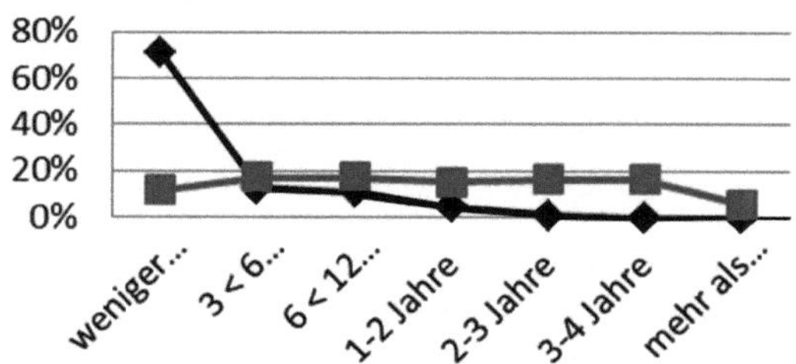

Grafik 2: Dauer des Verbleibs der Kinder und Jugendlichen im Angebot Wiesel (mit freundlicher Genehmigung der Hochschule für Technik und Wirtschaft des Saarlandes, Studiengang Pädagogik der Kindheit). Schwarz: Kinder und Ju-

gendliche, die nicht an einer Gruppe teilnahmen (Kinder und Jugendliche mit Einzelkontakten oder ausschließlich Elternkontakte). Grau: Gruppenteilnahme

Entsteht unsererseits der Eindruck, dass das Kind oder der/die Jugendliche aufgrund der mangelnden elterlichen Mitwirkung im Wahrnehmen einer Kinder- und Jugendpsychotherapie (oder auch in der Vorstellung in der Kinder- und Jugendpsychiatrie) gefährdet ist, so handeln wir gemäß dem Schutzauftrag bei **Kindeswohlgefährdung** (§ 8 a des Kinder- und Jugendhilfegesetzes) – wie im Übrigen bei anders gearteten Gefährdungsmomenten auch. Generell sind Kinder aus suchtbelasteten Familien in erhöhtem Maße von Kindeswohlgefährdungen betroffen – in einigen Fällen ist die Herausnahme des Kindes oder Jugendlichen unumgänglich. So leb(t)en von den von uns betreuten Kindern und Jugendlichen (gemäß der internen Auswertung) bei Eintritt in das Angebot Wiesel 15 Prozent in stationären Jugendhilfeeinrichtungen, bei Pflegeeltern oder in Verwandtschaftspflege.

Es ist davon auszugehen, dass sich in den Gruppen für Kinder aus suchtbelasteten Familien auch Kinder wiederfinden, die unter einem **FASD** (Fetale Alkoholspektrumstörung, ein Spektrum an vorgeburtlichen Schädigungen durch den Konsum von Alkohol in der Schwangerschaft) leiden. Nach der o.g. internen Auswertung der von uns im Verlaufe von zwölf Jahren betreuten Kindern und Jugendlichen konnten wir bei etwa jedem fünften Kind mit einer alkoholkranken Mutter entsprechende Stigmata und Verhaltensauffälligkeiten beobachten. Dabei fehlte in den allermeisten Fällen eine valide Diagnostik; nur einige wenige Mütter räumten ein, während der Schwangerschaft getrunken zu haben. Dabei ist gerade die Diagnose eines FASD Voraussetzung für adäquate, spezielle Hilfestellungen (vgl. Drogenbeauftragte der Bundesregierung, 2017). Mütter (und auch Väter) auf eine mögliche vorgeburtliche Schädigung ihres Kindes anzusprechen und Wege zur Diagnostik aufzuzeigen, erscheint ebenso diffizil wie unabdingbar.

Nicht nur unter Berücksichtigung den beiden letztgenannten Punkte (Kindeswohlgefährdungen und FASD) erachten wir eine enge Kooperation zwischen Suchthilfe, Jugendhilfe und Medizinischem Dienst (Kinder- und Jugendärzt*innen, Kinder- und Jugendpsychiater*innen, Gesundheitsämter, aber auch z. B. der Substitutionsmedizin) wesentlich, um den Kindern und Jugendlichen zu bestmöglichen Entwicklungsbedingungen zu verhelfen.

Aufbau des Handbuchs

Die folgende Materialsichtung und -sammlung ist im Verlauf des zwölfjährigen Bestehens des Angebots Wiesel entstanden. Sie setzt sich aus Methoden, Büchern, Filmen, Texten etc. zusammen, die zu einem großen Teil andernorts entstanden, von uns übernommen, teils abgewandelt oder ergänzt worden sind, sowie Methoden, die wir selbst entwickelt haben. Soweit möglich, sind Quelle und Urheberschaft angegeben (ggf. angepasst Wiesel). An dieser Stelle möchten wir uns ganz herzlich bei allen Autor*innen und Projekten bedanken, die uns das Einverständnis zur Verwendung ihrer Schriften und Konzepte gegeben haben! Der breite Fundus an Herangehensweisen erleichtert die Arbeit in Settings, die nicht zeitlich terminiert sind, sondern wie in Wiesel fortlaufend bestehen. Sodass a) noch nach Jahren neue und innovative Ansätze für die Arbeit mit den b) ja auch individuell sehr unterschiedlichen Kindern und Jugendlichen zur Verfügung stehen. Die Veröffentlichung erscheint uns zudem wichtig in Anbetracht des unserer Ansicht nach dringenden Bedarfs nach einem Ausbau präventiver Angebote für Kinder aus suchtbelasteten Familien.

Zu Beginn werden Methoden aufgeführt, die dem Gruppenfindungsprozess dienen und Kohäsion herstellen. Im folgenden Teil werden Methoden vorgestellt, die sich zum themenspezifischen Arbeiten mit den Kindern und Jugendlichen eignen (wie Selbstbild, Familie, Gefühle, Suchterkrankung in der Familie, Suchtprävention). Darin integriert finden sich zum Teil bereits existierende Medien in Form von Broschüren, Büchern, Filmen und Musik – diejenigen, die wir regelmäßig verwenden. Weitere Literaturverweise, auch zu verwandten Themen wie Elternteile mit psychischen Erkrankungen sind im Anhang aufzufinden. Im dritten Teil werden Freizeitaktivitäten aufgeführt und der vierte Teil ist unterschiedlichen Settings, in denen Elternberatung stattfinden kann, gewidmet.

Einige Methoden, die einem bestimmten Themenkomplex zugeordnet sind, hätten sich durchaus auch unter anderen Rubriken unterbringen lassen. Hier findet sich jeweils ein Querverweis. Die Chronologie in der Vorstellung der Methoden innerhalb eines Themenkomplexes oder innerhalb einer Rubrik verläuft entlang der Achsen: Alter (aufsteigend von Methoden für jüngere Kinder hin zu Jugendlichen und jungen Erwachsenen), Spezifik (unspezifisch - spezifisch zugeschnitten auf die Zielgruppe) und logischer Aufbau (d. h., Methoden, die aufeinander aufbauen, werden nacheinander vorgestellt, z. B. im Kapitel 1.2.7 Suchtprävention: zunächst Methoden, die das Wesen einer Abhängigkeitserkrankung aufgreifen, dann der „Suchteimer“, für den man schon einen Begriff von Abhängigkeit haben muss). Die Methoden sind jeweils nach Altersklasse, Zielsetzung, Durchführung und ggf. Anmerkungen systematisiert. Zum Teil sind sie auch mit Fallbeispielen versehen. Dabei wurden die Namen der Kinder und Jugendlichen geändert. Zudem findet sich ein Symbol, das kenntlich machen soll, ob sich die Methode für das Gruppen- G, das Einzel- E oder das Familiensetting F anbietet. Die Altersangaben sind jeweils nur als Orientierungspunkte zu verstehen; oft entsprechen die Kinder und Jugendlichen in ihrem Entwicklungsstand nicht dem biologischen Alter – sie sind entweder in ihrer Entwicklung akzeleriert oder retardiert. Auch in den Gruppen finden sich zumeist unterschiedlich weit gereifte Kinder und Jugendliche, was eine Anpassung der eingesetzten Vor- und Herangehensweisen erfordert. Das vorliegende Handbuch soll generell dazu anregen, eigene passgenaue, auch individuell zugeschnittene Methoden zu entwickeln. In manchen Fällen lassen sich in deren Entstehung auch die Kinder und Jugendlichen selbst mit einbeziehen (s. Kap. 1.2.6). Schließlich findet die Arbeit mit Methoden nicht ohne Beziehung statt. Es lässt sich zumindest von einer Wechselwirkung sprechen – wenn nicht die Beziehungsgestaltung den maßgeblichen, wirksamen Faktor in der Arbeit mit den Kindern und Jugendlichen aus suchtbelasteten Familien darstellt.

Unser Dank gebührt dem Caritasverband Schaumberg-Blies e.V., der unsere Arbeit ermöglicht, sowie den Kooperationspartnern und Finanzierungsträgern von Wiesel: den beiden Landkreisen Neunkirchen und St. Wendel sowie dem Land (Saarland: Ministerium für Soziales, Gesundheit, Frauen und Familie). Insbesondere danken wir Herrn Dr. Horst Arend, der sich unermüdlich für die Förderung, das Fortbestehen des Angebots Wiesel und schließlich dessen Etablierung in die saarländische Regelversorgung eingesetzt hat. Neben der Fachdienstleitung möchten wir weiteren Kolleg*innen innerhalb des Beratungs- und Behandlungszentrums danken: den Mitarbeiterinnen aus dem Fachbereich „Prävention und Frühintervention“, die uns mit den Methoden zur Suchtprävention vertraut machten (insbesondere Frau Ute Müller-Biehl), den Kolleg*innen aus den Fachstellen „Beratung und Behandlung“ sowie „Psychosoziale Begleitung Substituierter“, die die betroffenen Elternteile - und somit deren Kinder - an uns vermitteln, und Herrn Johannes Thiele, der an der Erstellung des vorliegenden Buches beteiligt war. Nicht zuletzt richtet sich unser Dank an die vielen Kinder und Jugendlichen und deren Eltern, mit denen wir im Verlauf der zwölf Jahre Wiesel gearbeitet haben sowie an Frau Susanne Drewes, die uns in dieser Arbeit supervisorisch begleitet.

Literatur

AFET Bundesverband für Erziehungshilfe (2019). **Abschlussbericht Arbeitsgruppe Kinder psychisch- und suchtkranker Eltern.**

Biermann-Ratjen, E.-M., Eckert, J. & Schwartz, H.-J. (2003): **Gesprächspsychotherapie. Verändern durch Verstehen**. 9. Aufl. Stuttgart: Kohlhammer.

Black, C. (1988): **Mir kann das nicht passieren: Kinder von Alkoholikern als Kinder, Jugendliche und Erwachsene.** Wildberg: Bögner-Kaufmann.

Bundesministerium für Familie, Senioren, Frauen und Jugend (Hg.) (2013): **Kinder- und Jugendhilfe – Sozialgesetzbuch – Achtes Buch.** Berlin.

Drogenbeauftragte der Bundesregierung (Hg.) (2017): **Die Fetale Alkoholspektrumstörung. Die wichtigsten Fragen der sozialrechtlichen Praxis.**

Ehrenfried, T., Heinzelmann, C., Kähni, J. & Mayer, R. (2001): **Arbeit mit Kindern und Jugendlichen aus Familien Suchtkranker. Ein Bericht aus der Praxis für die Praxis.** Balingen: Eigenverlag.

Klein, M. (2005): **Kinder und Jugendliche aus alkoholbelasteten Familien. Stand der Forschung, Situations- und Merkmalsanalyse, Konsequenzen.** Regensburg: Roderer.

Klein, M. (2005): Kinder aus suchtbelasteten Familien. In: Thomasius, R. & Küstner, U. (Hg.) **Familie und Sucht**. **Grundlagen –Therapiepraxis – Prävention**, S. 52–59. Stuttgart: Schattauer.

Klein, M. (2008): Kinder aus alkoholbelasteten Familien. In: Klein, M. (Hg.), **Kinder und Suchtgefahren**, S. 114 – 127. Stuttgart: Schattauer.

Klein, M., Moesgen, D., Bröning, S. & Thomasius, R. (2013): **Kinder aus suchtbelasteten Familien stärken. Das „Trampolin"-Programm.** Göttigen: Hogrefe.

Lachner, G. & Wittchen, H.U. (1995): **Familiär übertragene Vulnerabilitätsmerkmale für Alkoholmissbrauch und -abhängigkeit**. Zeitschrift für Klinische Psychologie 24, S. 118–146.

Mayer, Reinhardt (2003): **Wirklich?! Niemals Alkohol?! Problemskizzierung zur präventiven Arbeit mit Kindern und Jugendlichen aus Familien Suchtkranker**. Balingen: Eigenverlag.

Mohra, S., Linnenberger, J. & Carius R. (2018): **Suchtprävention und soziale Arbeit mit der Natur.** Luxemburg: CePT-Centre de Prevention des Toxicomanies.

NACOA **Deutschland – Interessenvertretung für Kinder aus Suchtfamilien e.V. Professionelle Hilfeangebote für Kinder**. Zugriff am 2.3.22 unter https://nacoa.de/hilfeangebote/professionelle-hilfeangebote-für-kinder.

Schlippe A. & Schweitzer J. (2003): **Lehrbuch der systemischen Therapie und Beratung**. 10. Auflage. Vandenhoeck & Ruprecht.

Wolin, S. & Wolin, S. (1995): **Resilience among youth growing up in substance-abusing families.** Pediatric Clinics of North America. 42 (2), S. 415–29.

Zobel, M. (2017): **Kinder aus alkoholbelasteten Familien. Entwicklungsrisiken und Chancen.** 3. Aufl. Göttingen: Hogrefe.

1 Methoden und Materialien in der Arbeit mit den Kindern und Jugendlichen

1.1 Rahmen für die Gruppenarbeit

Die in diesem Kapitel vorgestellten Methoden bilden den Rahmen für die Gruppenarbeit. Sie vermitteln Struktur und weisen z.T. ritualisierten Charakter auf (Eingangsrituale; Methoden für die ersten Sitzungen nach längeren Pausen, z. B. nach den Ferien). Methoden zum Kennenlernen, zum Umgang miteinander (Festlegen von Gruppenregeln, Äußern von Wünschen) und zum Abschiednehmen erscheinen uns wichtig, um die Kinder und Jugendlichen darin zu unterstützen, Bindungen und Beziehungen einzugehen und sich daraus auch wieder lösen zu können. Oftmals entwickeln betroffene Kinder im elterlichen Haushalt keine Vorstellung von Beziehungsgestaltung, Personen (z. B. neue Partner*innen) kommen und gehen, Eltern sind da und plötzlich weg (z. B. im Krankenhaus, in Rehabilitation, in Haft), ohne dass dies eine Relevanz hätte, ohne dass Anfangs- und Endpunkte zu benennen wären, und ohne dass die Kinder Einfluss auf das Geschehen nehmen könnten.

1.1.1 Kennenlernen

Namens- und Kennenlernspiele kommen immer dann zum Einsatz, wenn eine Gruppe völlig neu zusammengestellt wird oder sich Veränderungen in der Gruppenkonstellation ergeben, z. B. ein Neuzugang in die bereits bestehende Gruppe integriert werden soll. Die Kinder werden mithilfe von Spielen und Aktivitäten dabei unterstützt, sich kennenzulernen und ihre Scheu abzulegen. Insbesondere vor dem Hintergrund der Tabuisierung des Themas Alkohol- und Drogenabhängigkeit ist es wichtig, in der Anfangsphase den Grundstein für ein offenes, vertrauensvolles Miteinander zu legen und die Gruppenkohäsion zu stärken. Dabei kann bereits in dieser Phase Bezug auf die Suchterkrankung in der Familie genommen werden. Zugleich ist es wichtig, bereits in der ersten Sitzung den Kindern und Jugendlichen zu vermitteln, dass die Inhalte, die in der Gruppe besprochen werden, auch in der Gruppe bleiben und nicht nach außen getragen werden (oftmals stellt sich z. B. gleich in der Anfangsphase heraus, dass die Teilnehmenden gemeinsame Bekannte haben, z. B. Schulkamerad*innen).

1.1.1.1 Namensspiele

Mein Name 1 [G]

Quelle: unbekannt
Alter: ab 6 Jahren
Intention: Namen erfahren und erstes Kennenlernen
Durchführung: Die Gruppe steht im Kreis. Reihum tritt jedes Kind einen Schritt nach vorne, vollzieht dabei eine Bewegung und stellt sich den anderen mit Namen vor. Daraufhin unternimmt der Rest der Gruppe den Schritt nach vorne und wiederholt die Bewegung und den Namen des Kindes.
Variation 1: Nicht die ganze Gruppe, sondern nur das darauffolgende Kind wiederholt die Bewegung und den Namen des Vorangegangenen und fügt nun den eigenen Namen hinzu, den es wiederum mit einer Bewegung kombiniert. Diese Variante funktioniert nach dem Prinzip „Ich packe in meinen Koffer und nehme mit …". Erst wenn alle Namen und Bewegungen der Vorgänger*innen aufgezählt und nachgemacht wurden, darf der oder die Nächste eine eigene Bewegung zeigen und den eigenen Namen nennen.
Variation 2: Die Bewegung ist eine Tätigkeitsbewegung und beginnt mit dem Anfangsbuchstaben des eigenen Namens wie z. B. „ich bin die rudernde Ramona" oder „ich bin der klatschende Kai".
Variation 3: Die Kinder können ihrem Namen eine Stärke oder Eigenschaft hinzufügen. Noch etwas anspruchsvoller: die Stärke oder Eigenschaft beginnt mit dem Anfangsbuchstaben des Vornamens („ich bin die abenteuerlustige Alissa, die crazy Chantal, der mutige Michael").

Mein Name 2 E G

Quelle: Beratungsstelle Kompaß; Vogt-Hillmann, M. und Burr, W. (2000); Lichtenegger, B. (1997)
Alter: ab 8 Jahren
Intention: Beschäftigung mit dem eigenen Namen, mit der eigenen Person und Persönlichkeit
Durchführung: Die Teilnehmenden schreiben ihren Namen vertikal auf ein Blatt, sodass die Buchstaben untereinanderstehen, z. B.

P
A
T
R
I
C
K

Zu jedem Buchstaben wird nun eine charakteristische Fähigkeit bzw. Eigenschaft hinzugefügt, die mit dem jeweiligen Buchstaben beginnt, z. B.: P wie pfiffig oder A wie aufmerksam.
Anmerkung Wiesel: Für viele Kinder und Jugendliche ist es das erste Mal, dass sie sich mit dem eigenen Namen beschäftigen. Einige brauchen Unterstützung bei der Suche nach Eigenschaften und Fähigkeiten. Eine Hilfe kann sein, wenn zunächst viele Eigenschaften gesammelt werden, die die Teilnehmenden sich zuschreiben oder gerne hätten. Anschließend können diejenigen ausgewählt werden, die mit den Buchstaben des Namens beginnen. Falls keine Eigenschaften gefunden werden, können auch Interessen, Hobbys, Lieblingsgerichte und dergleichen verwendet werden.
Variation: Die Namen werden nicht aufgeschrieben, sondern mit Russisch Brot ausgelegt – das im Anschluss verspeist werden kann …

Mein Name 3 G

Quelle: Hohberg, U. (1994), S. 106
Alter: ab 8 Jahren
Intention: Beschäftigung mit dem eigenen Namen, der Identität; Kennenlernen der Gruppe
Durchführung: Die Kinder sitzen im Kreis. Die Gruppenleitung spricht als Einstieg über ihren eigenen Vornamen. Dabei wären folgende Fragestellungen möglich:

- Wer hat mir meinen Namen gegeben und warum?
- Hat mein Name eine bestimmte Bedeutung?
- Gefällt mir mein Name?
- Habe ich einen Spitznamen oder mehrere? Wer hat mir den oder die gegeben?
- Welche Namen haben meine Geschwister?
- Welche Namen haben meine Eltern?

Danach kann jedes Kind etwas über seinen Namen erzählen, entweder der Sitzordnung nach oder mithilfe eines Balls o.ä., mittels welchem durch Zuwerfen die Reihenfolge entschieden wird.

Namensball G

Quelle: Praxis Jugendarbeit
Alter: ab 6 Jahren
Intention: Kennenlernen der Gruppenteilnehmenden und deren Namen, Auflockerung der Gruppenatmosphäre
Durchführung: Die Gruppe stellt sich in einem Kreis auf. Die Gruppenleitung beginnt das Spiel, indem sie ihren eigenen Namen nennt und dann einen Tennisball an die Person, die rechts neben ihr steht, weitergibt. Der Ball wird immer in die gleiche Richtung weitergegeben und jede Person nennt dabei ihren Namen, bis der Ball wieder bei der Gruppenleitung landet. Die ruft jetzt irgendeinen Namen in den Kreis und wirft dieser Person den Ball zu. Diese setzt das Spiel fort, indem er oder sie auch einen Namen ruft und der betreffenden Person den Ball zuwirft.

Nach einiger Zeit kann die Gruppenleitung einen zweiten, dritten und vierten Ball in den Kreis eingeben. Das erhöht die Spannung und den Spaß. Bälle, die herunterfallen, müssen schnell aufgehoben und mit dem Rufen eines Namens wieder ins Spiel eingegeben werden.

„Der Vampir“ G

Quelle: unbekannt
Alter: ab 8 Jahren
Intention: Kennenlernen der Gruppenteilnehmenden und deren Namen; Auflockerung der Gruppenatmosphäre
Durchführung: Ein blutdürstiger Vampir bedroht jemanden aus dem Kreis, schreitet auf ihn zu und will das Opfer beißen. Die Rettung erfolgt nur, wenn es dem Opfer gelingt, mit einem/einer anderen Mitspieler*in Blickkontakt herzustellen, der oder die daraufhin sofort den Namen der bedrohten Person nennen muss. Wird der richtige Name genannt, lässt der Vampir vom Opfer ab und wendet sich der nächsten Person im Kreis zu.

1.1.1.2 Kennenlernen

Handpuppenarbeit zur Kontaktaufnahme E G

Quelle: Beratungsstelle Kompaß
Alter: ab 6 Jahren
Intention: Erleichterung der Kontaktaufnahme zwischen Kind und Leitung. Spielerisches Einüben von sprachlicher Kommunikation; Wünsche und Bedürfnisse formulieren
Durchführung: Die verschiedensten Ausgangssituationen sind hier möglich: Das Kind darf sich ein Tier (Handpuppe) aussuchen, das gut zur momentanen Stimmung passt. Das Kind darf sich sein/ihr Lieblingstier aussuchen (z. B. „Suche dir ein Tier aus, das du heute gerne wärst.“). Nun können verschiedene kleine Stegreifspiele mit dem Kind entwickelt werden, z. B. „Bär, wie sieht dein Leben aus? Musst du auch in eine Bärenschule?“ Die Leitung kann auch selbst ein Tier nehmen und von Tier zu Tier kommunizieren.
Anmerkung: Die Kinder reden und spielen mit den Tieren, sobald sie diese auf ihren Händen haben.

Wollknäuelspiel G

Quelle: Praxis Jugendarbeit
Alter: ab 8 Jahren
Intention: Kennenlernen der Gruppenteilnehmenden und deren Namen; Auflockerung der Gruppenatmosphäre
Durchführung: Die Teilnehmenden bilden einen Kreis. Die Gruppenleitung hält einen Wollknäuel in der Hand und behält den Anfang des Fadens in der Hand, während sie das Knäuel dem ersten Kind zuwirft. Dabei nennt sie ihren Namen und was sie gerne mag (z. B. „Ich heiße Janina und singe gerne“ oder „ich

heiße Corinna und schwimme gerne"). Das Kind, das den Wollknäuel fängt, hält wiederum den Faden fest in der Hand und wirft den Knäuel einem anderen Kind zu, nennt ebenfalls seinen Namen und was es gerne mag, tut, isst etc. Mit der Zeit entsteht durch den Wollknäuel ein Spinnennetz. Haben sich alle Kinder vorgestellt, soll jeweils der oder die Wollknäuel-Werfer*in versuchen, sich an den Namen des Kindes, dem er/sie das Knäuel zuwirft, und an dessen Vorlieben zu erinnern. Ist der Durchlauf mit den Namen zu Ende, können weitere Durchgänge zu verschiedenen Themen folgen (Lieblingsfilm; Anzahl Geschwister; Wohnort; Schule; Lieblingstier). Ist es am Ende gelungen, ein festes, stabiles Netz zu weben, kann sich ein Kind sogar drauflegen.

Anmerkung Wiesel: Die Kinder und Jugendlichen können auch selbst Fragen aneinander formulieren. Dabei ist interessant festzustellen, ob das Thema Sucht in der Familie bzw. die Frage danach, warum ein anderes Kind oder Jugendliche*r in der Gruppe ist, angesprochen wird. Alternativ kann auch die Gruppenleitung zunehmend Fragen in dieser Richtung formulieren.

Partnerinterview G

Quelle: Hohberg, U. (1994) S. 105; angepasst Wiesel
Alter: ab 8–10 Jahren
Intention: Kennenlernen der Gruppenteilnehmenden
Durchführung: Alle Teilnehmenden suchen sich eine*n Partner*in. Die Paare interviewen sich nun gegenseitig. Nach Ablauf der Zeit (ca. 15 min) kommen alle im Plenum wieder zusammen und stellen ihre Partner*innen der Gruppe anhand der Informationen, die sie erhalten haben, vor.

- Name
- Spitzname
- Alter
- Geburtstag
- Ort, in dem ich wohne
- Wohnsituation (bei Eltern, einem Elternteil, Großeltern, im Heim, in einer Pflegefamilie, in einer Wohngemeinschaft?)
- Geschwister (wie viele? wie alt?)
- Haustiere
- Interessen, Hobbys – was mache ich am liebsten?
- Lieblingsessen, Lieblingsmusik
- Was stinkt mir am meisten?
- Seit wann bin ich in der Gruppe?

- Wer in meiner Familie ist oder war süchtig nach was? (Dies müssen nicht unbedingt Suchtmittel im herkömmlichen Sinne sein, es können auch Süßigkeiten, Spielkonsole etc. benannt werden.)

Anmerkung Wiesel: Hier wird neben allgemeinen Dingen auch nach der Sucht in der Familie gefragt. Es sollte dabei bedacht werden, dass es eventuell das erste Mal ist, dass die Kinder oder Jugendlichen in einer Gruppe über die elterliche Sucht sprechen. Manche der Gruppenteilnehmenden wählen hier bewusst ein aus ihrer Sicht „harmloseres" Suchtmittel, wie z. B. Zigaretten. Dies kann bedeuten, dass sie noch zurückhaltend und abwartend sind, was die Thematisierung z. B. der Alkoholerkrankung ihrer Eltern anbelangt. Im Gegenzug meinte ein etwa 12-jähriges Mädchen einmal (lakonisch), sie wolle erst gar nicht damit anfangen, wer in ihrer Familie alles süchtig nach was sei – das würde den Rahmen sprengen …

Aktionssoziometrie G

Quelle: Methode aus dem Psychodrama; angepasst Wiesel
Alter: ab 8 Jahren
Intention: Kennenlernen der Gruppenteilnehmenden, Einführung in das Thema Sucht
Durchführung: Bei dem Sortierspiel sind die Kinder gehalten, möglichst nicht zu sprechen. Das bedeutet: die folgenden Aufgaben non-verbal zu lösen. Es werden im Raum zwei Endpunkte (z. B. mithilfe von Stühlen) markiert. Entlang dieses Kontinuums sollen die Mitspielenden sich sortieren – die Gruppenleitung benennt dabei jeweils die Aufgabe und erklärt, welcher Punkt den Anfang (z. B. kleinste Schuhgröße) und das Ende (größte Schuhgröße) darstellt:

- nach dem Alter
- nach dem Geburtsmonat (auch bekannt unter „sprachlose Geburtstagsreihe")
- nach der Körpergröße
- nach der Schuhgröße
- nach der Haarlänge
- nach der Haarfarbe (hell vs. dunkel)
- nach der Augenfarbe (hell vs. dunkel)
- nach der Farbe der Bekleidung (hell vs. dunkel)

Variationen: Die Kinder sortieren sich in die Ecken eines Raumes, z. B.
nach Anzahl der Geschwister

- nach Wohnsituation (mit beiden Elternteilen, mit Mutter, mit Vater, bei Großeltern, in Wohngruppe)
- nach Verweildauer in der Gruppe

- nach der Fragestellung, welches Familienmitglied oder welche Familienmitglieder von einer Suchterkrankung betroffen sind
- (bei Jugendlichen) nach eigenen Erfahrungen mit Suchtmitteln

Anmerkung Wiesel: Auch mithilfe dieser Methode ist es möglich, das Thema Sucht in die Gruppe einzuführen. Unter dem Präventionsaspekt kann hier bereits nach eigenen Erfahrungen mit Suchtmitteln gefragt werden.

Steckbrief E G

Quelle: Hohberg, U. (1994), S. 106; angepasst Wiesel
Alter: ab 8 Jahren
Intention: Kennenlernen der einzelnen Gruppenteilnehmenden
Durchführung: Die Gruppenteilnehmenden erstellen selbst ihren Steckbrief. (Foto/Bild, Beschreibung des Aussehens, besondere Kennzeichen, Aufenthaltsorte, Warnung vor ...). Dieser kann dann anschließend durch jede*n Einzelne*n im Stuhlkreis vorgestellt werden oder im Stile eines Museumrundgangs im Raum angeschaut werden. Werden nicht die richtigen Namen verwendet, kann auch erraten werden, zu wem welcher Steckbrief gehört.

Kennenlernen mithilfe von Kartensätzen wie „Starke Karten" E G

(s. Kap. 1.2.1 Selbstbild/Selbstwahrnehmung)
Alter: ab 12 Jahren
Durchführung: Der Kartensatz wird im Raum verteilt und die Jugendlichen suchen sich die drei Karten aus, die sie ihrer Meinung nach treffend charakterisieren oder die relevante persönliche Werte und Ziele darstellen. Darüber kann sich ein Austausch entwickeln.
Anmerkung Wiesel: Wir setzen die Kartensätze zumeist dann ein, wenn es in der Jugendgruppe häufige Wechsel oder Neuzugänge gab und das Arsenal an „alten" Methoden zum Kennenlernen aufgebraucht ist.

Literatur

Hohberg, U. (1994): Neue Kinder: Integrative Angebote in der Teeny-Gruppe. In: Arenz-Greiving, I. & Dilger, H. (Hg.), **Elternsüchte – Kindernöte. Berichte aus der Praxis**, S. 98–110. Freiburg: Lambertus.

Kompaß, Beratung für Kinder und Jugendliche alkoholabhängiger Eltern. Suchtprävention im Kindesalter: **Medien und Methoden in der Beratung und Betreuung von Kindern und Jugendlichen alkoholabhängiger Eltern.** Blattsammlung. Hamburg.

Lichtenegger, B. (1997): **Ge(h)fühle. Arbeitsmaterialien für Schule, Hort und Jugendgruppe**. Linz: Veritas.

Praxis Jugendarbeit (2009): **Kennenlernspiele**. Zugriff am 7.7.18 unter www.praxis-jugendarbeit.de/spielesammlung/kennenlernspiele.

Vogt-Hillmann M. & Burr, W. (Hg.) (2000): **Kinderleichte Lösungen**: Lösungsorientierte Kreative Kindertherapie. Dortmund: Borgmann.

1.1.2 Blitzlicht/Ferien/Jahreswechsel

Der Beginn einer Gruppensitzung ist eine gute Gelegenheit, um ein gemeinsam festgelegtes Ritual zu etablieren. Auf diese Weise wird den Kindern ein Gefühl der Verlässlichkeit und Kontinuität vermittelt, welches sich in den Familien durch die Fokussierung auf das Suchtmittel oder den suchtmittelabhängigen Elternteil häufig nicht oder unzureichend entwickelt. Es bietet sich an, dafür eine Auskunft über die momentane Situation zu nutzen. Die Kinder und Jugendlichen erhalten die Möglichkeit, über aktuelles Geschehen zu berichten und ihre damit verbundenen Gefühle und Befindlichkeiten zum Ausdruck zu bringen. Alternativ oder ergänzend können auch Wünsche und Vorstellungen/Visionen (wo und wie wäre ich heute gerne/lieber?) eingebracht werden. Im Folgenden werden Methoden angeführt, die dabei helfen, Empfindungen mithilfe von Bildern, Metaphern oder Figuren mitzuteilen. Des Weiteren werden Herangehensweisen aufgezeigt, die sich insbesondere für den Einsatz nach längeren Pausen, z. B. beim Wiedersehen nach den Ferien eignen.

„Tierisch gut“: Befindlichkeit mithilfe von Gummitierchen ausdrücken [E] [G]

Quelle: Wiesel
Alter: ab 6 Jahren
Intention: aktuelle Befindlichkeiten ausdrücken
Durchführung: Jedes Kind sucht sich aus einem Satz von Gummitierchen (z. B. Micro-Tiere. Sortiment für Psychotherapie, Beratung & Supervision. Manfred Vogt Spieleverlag) ein Tier aus, das seiner aktuellen Befindlichkeit am ehesten entspricht. Folgende Fragen können unterstützend als Erzählhilfe gestellt werden:

- Warum hast du dir dieses Tier heute ausgesucht?
- Was hat es mit deiner aktuellen Stimmung/Situation zu tun?
- Welche Eigenschaften machen dieses Tier aus und was haben diese mit dir zu tun?

- Welches sind Eigenschaften, die du auch an dir kennst?
- Welches Tier verkörpert Eigenschaften, die du auch gerne hättest?
- Welches Tier ist dein Lieblingstier und warum?

Anmerkung: Die Frage nach den Tierchen stellt einen spielerischen Einstieg in die Gruppensitzung dar. Besonders aufmerksam werden sollte die Gruppenleitung, wenn ein Kind wiederholt bestimmte Tiere auswählt: Zum Beispiel sucht sich ein Junge mehrfach den Pandabären aus und erzählt, dass der Pandabär ständig Hunger hat, alleine unterwegs und vom Aussterben bedroht ist. Hier ist durchaus angezeigt, die aktuellen Lebensumstände des Kindes kritisch zu hinterfragen.

Stimmungsrakete mit Smileys [G]

Quelle: Wiesel
Alter: ab 6 Jahren
Intention: Erfassung der Stimmung in der Gruppe

Durchführung: Die Kinder können ein Kreuz an diejenige Stelle oder an den Smiley auf der Rakete setzen, das ihre derzeitige Stimmung am treffendsten symbolisiert. Die Gruppenleitung kann dann genauer erfragen, wie es zu dieser Gefühlslage gekommen ist und was die Stimmung beispielsweise nach oben oder unten wandern lassen würde.
Anmerkung: Die Stimmungsrakete kann auch dazu genutzt werden, die Stimmung/Gefühlslage der Kinder vor und nach der Gruppenstunde zu erfassen. Dazu werden davor und danach die Bögen ausgefüllt und mit den Kindern besprochen, was sich an ihrer Stimmung verändert hat und was dies mit der Sitzung zu tun hatte.

Darstellen der eigenen Befindlichkeit mithilfe von illustrierten Kärtchen [E] [G]

Quelle: Wiesel
Alter: ab 8 Jahren
Intention: Erfassen der Befindlichkeit
Durchführung: Die Gruppenleitung erstellt Foto-Sets zu unterschiedlichen Themen, z. B.

- Wetterzustände (Sonne, Gewitter, Regen, Sturm, Bewölkung ...)
- Wasser in verschiedenen Variationen (Fluss, See, Stromschnelle, Regentropfen, Pool etc.)
- Landschaften (Wüste, Wald, Strand, Berge ...)
- Bäume (Tanne, Linde, Obstbaum ...)

- Blumen (Rose, Sonnenblume, Distel ...)
- Stars und Vorbilder (Sänger*innen, Politiker*innen, Schauspieler*innen etc.)
- Länder (Deutschland, Amerika, Frankreich etc.)

Die Foto-Karten zu einem Thema werden in die Mitte gelegt und jedes Kind kann sich diejenige aussuchen, die am treffendsten seine derzeitige Stimmung widerspiegelt. Es können auch mehrere Karten gewählt werden. Die Gruppenteilnehmenden stellen ihre Karten vor und erklären, warum sie diese gewählt haben. Die Gruppenleitung kann dies kommentieren bzw. Nachfragen stellen.

Anmerkung: Wenn zwei Gruppenteilnehmende die gleiche Karte auswählen (möchten), kann diese nach der Vorstellung weitergereicht werden.

Hinweis: Auch im Kurzzeitinterventionsprogramm „Trampolin" findet sich eine Vorlage für Wetterkärtchen.

Weitere Optionen, um Befindlichkeiten darzustellen:

- Pantomimisch
- Durch eine Handbewegung
- Durch Daumenbewegung (Daumen hoch, runter, waagerecht)
- Mittels eines Tones (z. B. unter Verwendung des orffschen Musikinstrumentariums)
- „Wenn ich heute ein Gemüse/Tier/Lied/Kleidungsstück/Farbe … wäre, dann wäre ich ein*e …"
- Linie zeichnen
- Wo wäre ich heute gerne? (z. B. mithilfe eines Flaggen-Sets)
- Gefühlswürfel (passenden Gefühlsausdruck aussuchen) – s. Kap. 1.2.2

Was ist gerade los bei dir? G

Quelle: Wiesel

Alter: ab 10 Jahren

Intention: Abfrage, was die Kinder und Jugendlichen gerade beschäftigt.

Durchführung: Die Fragekarten werden in eine Box gelegt. Reihum ziehen die Kinder und Jugendlichen einen Zettel und beantworten die Frage. Zusätzlich besteht die Möglichkeit, die Frage noch an eine*n der anderen Gruppenteilnehmenden weiterzugeben.

Fragen:

- Was nervt dich im Moment am meisten?
- Mit was kann man dir im Moment die größte Freude machen?
- Was wünschst du dir von deinem Vater/deiner Mutter?
- Was ist aktuell dein Lieblingsfilm?
- Welche Serie schaust du am liebsten?
- In wen bis du verliebt?

- ♦ Welches Buch liest du gerade?
- ♦ Wie sieht dein eigener Konsum aktuell aus? > Frage Jugendgruppen
- ♦ Worauf könntest du im Moment gut verzichten?
- ♦ Was kochst du im Moment am liebsten?
- ♦ Was ist im Moment das wichtigste Thema in eurer Familie?
- ♦ Worauf freust du dich im Moment am meisten?
- ♦ Wofür gibst du zurzeit am meisten Geld aus?
- ♦ Wer versteht dich im Moment am ehesten?

Zusätzlich kann man Karten mit einem Fragezeichen hinzufügen. Hier dürfen sich die Kinder und Jugendlichen Fragen ausdenken, die sie einem anderen Mitglied der Gruppe stellen möchten.

Rückblick nach den Ferien/Jahreswechsel G

Quelle: Wiesel

Da in den Ferien keine regulären Gruppentermine stattfinden, ist uns beim ersten Treffen nach den Ferien wichtig, mit den Kindern deren Erlebnisse Revue passieren zu lassen.

- **Osterferien**: Arbeitsblatt mit Osterei. Das Osterei wird in drei Ebenen unterteilt mit den Titeln: Familie/Ferienerlebnis/Was ich unbedingt erzählen möchte.
- **Sommerferien**: Auf dem Boden liegen Karten mit verschiedenen Begriffen aus (Eltern/Freunde/Urlaub/Freizeit/Erlebnisse/Geschwister/Sucht usw.). Die Kinder und Jugendlichen erhalten kleine Zettel, auf die sie jeweils einen oder mehrere Gefühlszustände schreiben und ordnen diese dann den auf dem Boden liegenden Rubriken. Der Reihe nach stellen die Kinder/Jugendlichen ihr Erlebnis und die dazugehörigen Emotionen vor.
- **Herbstferien:** In der Mitte des Raumes liegt ein großes Blatt mit einem aufgemalten Kürbis. Die Gruppenteilnehmenden können nacheinander ein Wort zu ihren Herbstferien auf den Kürbis schreiben (mit kleineren Kindern kann auch gemalt werden). Die Runden werden solange fortgeführt, bis die Gruppenteilnehmenden nichts mehr aufzuschreiben haben. Danach berichtet jede*r, was es mit seinen Begriffen/Bildern auf sich hat.
- **Weihnachtsferien:**
  - **Wachsgießen**: Gemeinsam in der Gruppe kann zur Begrüßung des neuen Jahres Wachs gegossen werden. Die Kinder und Jugendlichen können für sich überlegen, was ihre Wachsfigur darstellt und was das Symbol mit ihnen, ihren Familien und den Ferien zu tun haben könnte.
  - **Jahresrückblick:** Die Kinder und Jugendlichen erhalten kleine Moderationskärtchen in zwei verschiedenen Farben. Auf der einen Karte schreiben oder malen sie auf, was sie Gutes aus dem letzten Jahr mitnehmen möch-

ten, auf der anderen Karte, was sie Schlechtes zurücklassen wollen. Die Karten werden dann in der Gruppe vorgestellt. Sofern es die Gegebenheiten erlauben, können im Anschluss die Karten mit den schlechten Anteilen in einem kleinen Feuer symbolisch verbrannt werden. Die Karten mit den positiven Dingen können die Gruppenteilnehmenden mit nach Hause nehmen.

- **Kleeblatt:** Die Gruppenmitglieder erhalten die Vorlage eines vierblättrigen Kleeblatts. In den vier Blättern sollen die Kinder und Jugendlichen ihre Überlegungen zu folgenden Themen darstellen. Folgende Varianten sind denkbar:

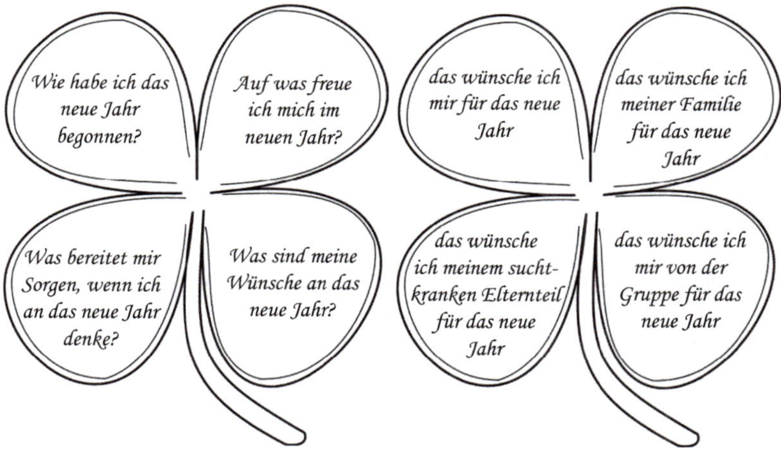

Wünsche loslassen [G] [E]

Quelle: Wiesel
Alter: ab 5 Jahren
Intention: Wünschen einen guten Ort geben, damit sie sinnbildlich wachsen und gedeihen können
Durchführung: Die Kinder und Jugendlichen werden zunächst angehalten, sich zu überlegen, welche Dinge sie im alten Jahr zurücklassen möchten und was sie ins neue Jahr mitnehmen möchten bzw. sich für das kommende Jahr wünschen. Diese Punkte schreiben sie auf kleine Zettel; ggf. können diese auch in der Gruppe mitgeteilt werden.

Anschließend erhalten die Kinder und Jugendlichen kleine Töpfe mit Erde und Blumensamen/Blumenzwiebeln. Dort hinein können sie ihre Zettel pflanzen und den Blumentopf anschließend mit nach Haus nehmen.

Wie waren deine Ferien? [E] [G]

Quelle: Wiesel
Alter: ab 6 Jahren
Intention: Rückmeldung nach den Ferien
Durchführung: Die Fragekarten zum Thema Ferien werden in eine Box gelegt. Reihum ziehen die Kinder und Jugendlichen einen der Zettel und beantworten die Frage. Zusätzlich besteht die Möglichkeit, die Frage noch an eine*n der anderen Gruppenteilnehmenden weiterzuleiten.
Mögliche Fragen:

- Das habe ich Neues in den Ferien erlebt …
- Der Schulstart war …
- Damit habe ich mich in den Ferien entspannt …
- Das plane ich für meine nächsten Ferien ...
- An folgenden Orten war ich in den Ferien oft zu finden …
- Darüber habe ich mich in den Ferien am meisten gefreut …
- Das war los mit meiner Familie in den Ferien …
- Darüber habe ich mich in den Ferien geärgert …
- Ich habe Neuigkeiten …
- Das hat mich in den Ferien genervt …
- Meinen Ferien könnte man folgenden Filmtitel geben …
- Das hat mich in den Ferien gelangweilt …
- Ich habe in den Ferien neue Leute kennengelernt …
- Das hätte ich in den Ferien gerne noch gemacht …
- Die Suchterkrankung meiner Eltern hat sich auf meine Ferien so ausgewirkt …

1.1.3 Gruppenregeln, Wünsche an die Gruppe

In suchtbelasteten (aber auch anderen) Familien fehlt es häufig an verlässlichen Standards bezüglich der Interaktion und der Kommunikation miteinander. Regeln existieren entweder nicht oder variieren mit dem Zustand der Eltern oder sind recht einseitig an dem Krankheitsgeschehen ausgerichtet (siehe auch Sharon Wegscheiders „Ungeschriebene Regeln in der Suchtfamilie“, Kapitel 1.2.6).

In der Gruppenarbeit geht es folglich darum, einen stabilen Rahmen des Umgangs mit- und der Kommunikation untereinander zu etablieren (Gruppenregeln; Erschaffung eines gemeinsamen Wertesystems). Innerhalb dieses Rahmens dürfen und sollen die Gruppenteilnehmenden Raum haben, ihre Wünsche und Ideen hinsichtlich der Gestaltung der Sitzungen, aber auch Wünsche an die anderen Gruppenmitglieder zu äußern.

Festlegen gemeinsamer Gruppenregeln G

Quelle: Wiesel
Alter: ab 6 Jahren
Intention: Schaffen eines gemeinsamen Wertesystems, Orientierung für das künftige Miteinander
Durchführung: Die Kinder schreiben nacheinander jeweils eine Regel auf ein großes Blatt. Wichtig ist hierbei, dass die Regeln so konkret wie möglich formuliert werden (also nicht: „Wir mögen uns alle."). Alle entsprechenden Regeln sollten Gehör finden und erfasst bzw. ggf. konkret umformuliert werden. Zusätzlich kann die Gruppe festlegen, was passiert, wenn sich jemand nicht an die gemeinsam erstellten Regeln hält.
Beispiele aus unserer Praxis:

- Wir beschimpfen uns nicht und wir verwenden keine Schimpfwörter.
- Wir gehen uns körperlich nicht an (schubsen, kneifen, schlagen etc.).
- Wir hören zu, wenn jemand etwas sagt (Stein/Muschel/Ball).
- Wir nehmen uns gegenseitig nichts weg.
- Alles, was in der Gruppe besprochen wird, bleibt auch in der Gruppe.

Anmerkung: Um Verbindlichkeit herzustellen, können alle Teilnehmenden das Regelblatt unterschreiben. Es sollte dann auch zu jeder Gruppenstunde einsehbar sein.

Gruppennamen festlegen G

Quelle: Klein, M. et al. (2013), S. 48, angepasst Wiesel
Alter: ab 6 Jahren
Intention: Gruppenidentität stärken, insbesondere, wenn die Gruppe zeitlich terminiert ist
Durchführung: Es werden in der Gruppe Vorschläge für einen Gruppennamen gesammelt und auf einem DINA 3-Bogen notiert. Es sollte darauf geachtet werden, dass alle Kinder und Jugendlichen zu Wort kommen. Wenn die Sammlung abgeschlossen ist, kann über den passendsten Namen abgestimmt werden.
Anmerkung Wiesel: Es fällt den Kindern in der Regel leichter, mit einem Gruppennamen umzugehen, in dem nicht sofort erkennbar ist, dass es sich hier um eine Gruppe für Kinder und Jugendliche aus suchtbelasteten Familien handelt. So ist ihnen freigestellt, wann und wem sie erzählen, um welche Art Gruppe es sich handelt, und worum es in dieser Gruppe inhaltlich geht.

Wünsche an die Gruppe (zu Beginn) G

Quelle: Wiesel
Altersgruppe: ab 8–10 Jahren
Intention: Erwartungen und Wünsche der Kinder thematisieren
Durchführung: Die Kinder und Jugendliche werden eingeladen, ihre Wünsche an die Gruppe zu formulieren. Dazu werden ihnen Moderationskarten ausgehändigt, die es im Anschluss erleichtern, Gemeinsamkeiten festzustellen und die Wünsche zu kategorisieren. Die Teilnehmenden stellen ihre Karten im Plenum vor; ggf. werden sie an eine Metaplanwand gepinnt.
Anmerkung: Vielen Kindern und Jugendlichen fällt diese Übung schwer, da sie oftmals noch keine konkrete Vorstellung davon haben, was sie in der Gruppe erwartet bzw. welche Wünsche sie an die Gruppe haben. Es kann an dieser Stelle wichtig sein, eventuell vorhandene Widerstände der Kinder und Jugendlichen aufzugreifen („Meine Mama wollte, dass ich hierherkomme."; „Meine Wohngruppe hat mich geschickt."). So ließe sich an dieser Stelle die Frage stellen, warum die Mutter oder Wohngruppe es für wichtig halten, dass das Kind oder die Jugendliche in die Gruppe kommt; was es selbst damit verbindet; welche Bedenken, Vorbehalte, aber vielleicht auch Hoffnungen es hegt etc.

Wünsche an die Gruppe (wenn die Gruppe sich bereits kennt) G

Quelle: Beratungsstelle Kompaß; Mambo Mortale (1990); Vopel, K.W. (1978).
Alter: ab 12 Jahren
Intention: Eigene Bedürfnisse wahrnehmen und in der Gruppe äußern können
Durchführung: In dieser Übung geht es darum, konkrete Wünsche an einzelne Gruppenteilnehmende oder an die ganze Gruppe zu äußern. Die Wünsche sollen dabei ganz konkret formuliert werden und können z. B. sofort durch ein anderes Gruppenmitglied oder die ganze Gruppe erfüllt werden („ich wünsche mir ein ruhiges Gespräch mit dir; ich wünsche mir, dass du mich nicht mehr auslachst; ich wünsche mir ein gemeinsames Foto mit euch …"). Wenn sich der Wunsch konkret an ein anderes Gruppenmitglied richtet, ist es wichtig, sich das O.K. des anderen einzuholen.

Anhand folgender Kriterien kann diese Übung im Anschluss ausgewertet werden:

- Wie riskant war es, in der Gruppe einen Wunsch zu äußern?
- Gab es Befürchtungen?
- Wie breit war das Spektrum der Wünsche?
- Was ist leichter? Wünsche anmelden oder erfüllen?
- Gab es Besonderheiten, die unerwartet waren?
- Wie ist die Befindlichkeit der Teilnehmenden nach dem Spiel?

„DU bist gefragt!“ G

Quelle: Wiesel
Alter: ab 12 Jahren
Intention: Einbindung der Jugendlichen in die Gruppenplanung, Stärkung der Gruppenzugehörigkeit
Durchführung: Die Jugendlichen bekommen einen Bogen, auf dem sie die Wichtigkeit bestimmter Themen bewerten können. Zusätzlich können sie beschreiben, was sie sich genau darunter vorstellen.
Anmerkung: Die Bögen können immer wieder im laufenden Gruppenprozess hinzugezogen werden, um Anregungen für die Gruppengestaltung zu finden.
Beispiel eines Themenbogens:

Welche Themen sollen in diesem Jahr in der Gruppe einen Platz haben?
Du kannst bei jedem Thema maximal drei Punkte setzten: O O O

Je mehr Punkte, desto wichtiger ist dir das Thema.
Unter das Thema schreibe bitte noch genauer, was du dir darunter vorstellst.

1. Ich und die Gruppe Punkte:
   Das stelle ich mir darunter vor:
   ____
   ____
2. Ich und meine Familie Punkte:
   Das stelle ich mir darunter vor:
   ____
   ____
3. Was heißt denn hier Sucht? Punkte:
   Das stelle ich mir darunter vor:
   ____
   ____
4. Suchtgefährdung? (M)ein Thema? Punkte:
   Das stelle ich mir darunter vor:
   ____
   ____
5. Was macht mich stark, was tut mir gut? Punkte:
   Das stelle ich mir darunter vor:
   ____
   ____
6. Diese Themen sollten wir auf jeden Fall auch besprechen:
   ____
   ____
7. Und nicht zu vergessen: FREIZEIT-WÜNSCHE
   ____
   ____

Kartenspiel „Wie geht´s? Wie steht´s? Spielerische Impulse für Selbsthilfegruppen“ G

Quelle: Selbsthilfe-Büro Niedersachsen (Hg.) (2016)
Alter: ab 14 Jahren
Intention: Reflexion über die Gruppe, über die eigene Rolle in der Gruppe
Druchführung: In jeder Selbsthilfegruppe bilden sich Strukturen und Beziehungen aus, die das gemeinsame Arbeiten prägen. Um sich diese bewusst zu machen, ist gelegentlich ein Innehalten im Gruppenalltag hilfreich. So kann die Gruppe gestärkt werden. Dieses Kartenspiel bietet dazu anregende Impulse. **Sind wir noch alle dabei? Fühlen sich alle noch wohl in der Gruppe? Haben wir alle noch gemeinsame Ziele?** Es animiert die Gruppenmitglieder dazu, sich in spielerischer Weise mit verschiedenen Aspekten der Gruppe sowie ihrer persönlichen Rolle, ihren Vorstellungen und Wünschen bezüglich des Gruppengeschehens auseinanderzusetzen. Die Fragen unterteilen sich in die Themenbereiche ICH in der Gruppe, WIR als Gruppe und Die Gruppe und ihr UMFELD.

Patensystem G

Quelle: Wiesel
Alter: ab 8 Jahren
Intention: Schutz und Ansprache durch ein weiteres Gruppenmitglied, Verantwortungsübernahme, Integration
Durchführung: Stoßen ein neues oder gar mehrere neue Mitglieder zur Kindergruppe hinzu, kann es hilfreich sein, Pat*innen zu benennen, die sich um die Neulinge bemühen und als Ansprechpartner*innen zur Verfügung stehen. Das Pat*innensystem kann auch kurzzeitig zum Einsatz kommen, wenn eine Tagestour mit unterschiedlichen Altersgruppen unternommen wird – hier könnten dann z. B. Jugendliche als Pat*innen für die Jüngeren fungieren.

Literatur

Klein, M., Moesgen, D., Bröning, S. & Thomasius, R. (2013): **Kinder aus suchtbelasteten Familien stärken. Das „Trampolin“-Programm.** Göttigen: Hogrefe.

Kompaß, Beratung für Kinder und Jugendliche alkoholabhängiger Eltern. Suchtprävention im Kindesalter: **Medien und Methoden in der Beratung und Betreuung von Kindern und Jugendlichen alkoholabhängiger Eltern.** Blattsammlung. Hamburg.

Landesstelle Jugendschutz Niedersachsen (Hg.) (1990): **Mambo Mortale. Materialien zur Suchtprävention. Projektdokumentation.** Hannover.

Selbsthilfe-Büro Niedersachsen (Hg.) (2016): **Kartenspiel: Wie geht´s? Wie steht´s? Spielerische Impulse für Selbsthilfegruppen.**

Volpel, K. W. (1978): **Interaktionsspiele für Jugendliche Teil 4.** Hamburg: Isko-press.

1.1.4 Bewegungsspiele für zwischendurch

Für Kinder ist Bewegung ganz generell, insbesondere jedoch vor oder nach thematisch anspruchsvolleren Einheiten, wichtig. Im Folgenden werden kurze Bewegungseinheiten, Pantomime und Stegreifspiele aufgeführt, die insbesondere dazu dienen, die Gruppenatmosphäre aufzulockern.

Gordischer Knoten (Praxis Jugendarbeit) G

Die Teilnehmenden stellen sich im Kreis auf, schließen die Augen und gehen mit vorgestreckten Armen auf die Mitte zu. Dort fassen sie mit jeder Hand je eine Hand eines anderen Gruppenmitglieds. Alternativ können die Teilnehmenden auch eng zusammenstehen und dann eine andere Hand suchen. Dadurch bildet sich ein wirrer Knäuel. Aufgabe ist – ohne die Hände loszulassen – durch Drüber- und Druntersteigen den Knoten so zu entwirren, dass eine (oder mehrere) geschlossene Menschenkette(n) bzw. -kreise entstehen.

Anmerkung Wiesel: Bei Übungen mit Körperkontakt sollte man darauf achten, wie die Kinder und Jugendlichen darauf reagieren. Manche empfinden einen zu engen Kontakt zu anderen Teilnehmenden als unangenehm.

Bohnentausch (Quelle unbekannt) G

Jede*r Spieler*in bekommt fünf Bohnen (oder Erbsen/Linsen) in die Hand. Er/Sie geht nun auf irgendeinen anderen Spieler zu und verwickelt ihn in ein Gespräch. Wer dabei „Ja“ oder „Nein“ oder „vielleicht“ sagt, muss seinem Gegenüber eine Bohne abgeben. Es kommt also darauf an, den anderen zu überlisten, sodass er aus Versehen mit „Ja“ oder „Nein“ antwortet. Nach jedem Wechsel einer Bohne wechselt das Gesprächspaar, dies wird solange ausgeführt, bis die Spielleitung das Spiel abbricht. Nach dem Abbruch wird gezählt, wer weniger bzw. mehr als fünf Bohnen hat, und so wird der Sieger ermittelt.

Anmerkung Wiesel: Dieses Spiel findet regen Anklang; es wird von „unseren“ Kindern und Jugendlichen oft angefragt, wenn nicht gar eingefordert.

Maschine-Spiel (Quelle: Jugendleiter-Blog) G

Jedes Gruppenmitglied denkt sich eine Bewegung und ein Geräusch aus und demonstriert diese. Eines nach dem anderen findet seinen Platz (Variante: ein*e „Konstrukteur*in" weist einer Person nach der anderen ihren Platz zu) in einer gigantischen Maschine. Die Maschine besteht aus den Leibern der Teilnehmenden und ertönt zehn Mal.

Freezing (Quelle unbekannt) G

Alle Gruppenmitglieder laufen durch den Raum (wie alte Leute, wie Hexen, marschierend, wie Pinguine etc.) und erstarren dann auf einen Trommelschlag oder ein anderes akustisches Signal hin.

Statuen bilden (Quelle unbekannt) G

Es werden zwei gleich große Gruppen gebildet. Auf Kommando der einen Gruppe muss die andere einen Begriff darstellen (z. B. Zelt, Jubel, Sonne, Einsamkeit, Regen, Auto) – es entstehen Statuen aus mehreren Leibern. Jede Person aus der Gruppe erläutert ihren Teil der Statue. Dann werden die Rollen getauscht – die andere Gruppe ist an der Reihe.

Darstellen von Alltagsszenen (Quelle unbekannt) G

Ein*e Spieler*in geht vor die Tür und die anderen Gruppenteilnehmenden überlegen sich eine Alltagsszene, die sie dann nachstellen (z. B. Warten an der Bushaltestelle; Gerangel auf dem Schulhof; beim Eis essen; im Schwimmbad; am Lagerfeuer; im Kino etc.). Dabei wird nicht gesprochen, die Szene wird durch Körpersprache, Haltung, Gebärden etc. ausgedrückt. Der/Die erstgenannte Spieler*in muss nun erraten, worum es geht.

Ertasten des Standbildes (Quelle unbekannt) G

Es werden zwei Gruppen gebildet, die jeweils für sich eine Szene oder Situation entwickeln (z. B. einen Tanz, einen Kampf, eine Schulunterrichtstunde, eine Liebesszene). Eine der Gruppen inszeniert ihre Situation als Standbild. Jede*r Spieler*in nimmt dabei seine/ihre Position ein und erstarrt. Den Spieler*innen der anderen Gruppe werden die Augen verbunden. Blind ertasten sie das Standbild und versuchen zu erraten, was dargestellt wird.

Erwachen der Standbilder (Quelle unbekannt) G

Der Gruppe werden Abbildungen aus dem Alltag gezeigt. Sie entscheiden sich für eine und alle nehmen ihre Positionen mit der von ihnen gewählten Körperhaltung, Gestik und Mimik ein – sie erstarren zum Standbild. Auf ein vereinbartes Signal hin erwacht das Standbild zum Leben und die Rollenspieler*innen spielen aus dem Stegreif die Szene. Dabei darf nur eine Lautsprache benutzt werden.

Stop and go (Quelle unbekannt) G

Die Gruppenteilnehmenden sitzen im Kreis. Zwei Personen positionieren sich in der Mitte und beginnen ein Stegreifspiel zu einem beliebigen Thema (Streit, Liebeswerben, in der Pause). Die anderen Teilnehmenden beobachten die beiden, bis jemand aus dem Kreis „Stop" sagt und die beiden ihr Spiel einfrieren. Die „Stop"-Person nennt nun ihr Thema, berührt eine*n der beiden Mitspielenden und setzt mit dem neuen Thema das Stegreifspiel fort, bis wieder jemand „Stop" sagt. Möglichst viele Mitspielende sollten zum Schluss im Kreis gestanden haben.

Aura (Quelle unbekannt) G

Zwei Partner*innen stehen sich gegenüber. Sie legen die Handflächen aneinander und schließen die Augen. Sie erspüren die Energie, die dabei entsteht. Dann werden die Hände freigegeben und die Partner*innen drehen sich, nach wie vor mit geschlossenen Augen, im Kreis, um die eigene Achse. Schließlich versuchen sie, ohne die Augen zu öffnen, das Energiefeld und die Handflächen der anderen wiederzufinden.

Scharade (Quelle unbekannt) G

Die Spielleitung schreibt auf kleine Zettel jeweils einen Begriff, faltet sie zusammen, mischt sie und lässt alle Mitspielenden einen Zettel ziehen. Jede*r Spieler*in muss nun das gezogene Wort den anderen pantomimisch (non-verbal) darstellen, bis diese es erraten haben. Das Wort oder der Begriff kann auch aus zwei Substantiven bestehen (wie *Kinderwagen, Abendessen, Kopfhörer)*, die einzeln dargestellt werden können. Dabei wird mittels Fingern angezeigt, ob man im Folgenden den ersten oder zweiten Wortteil symbolisieren wird. Einfacher für die pantomimische Darstellung ist es, wenn die Wörter bzw. die Wortteile etwas Konkretes beinhalten; abstrakte Begriffe *(wie Relativitätstheorie)* darzustellen stellt schon eine Höchstleistung dar.

Ergänzend zu Begrifflichkeiten können auch Buchtitel, Filmtitel oder Sprichwörter als Scharaden dargeboten werden. Auch hier kommen im Vorfeld vereinbarte pantomimische Zeichen zum Einsatz (z. B. zum Buch geformte Handinnenflächen als Zeichen für Literatur, Drehen an einer imaginären Kamera für Film).

Eine mögliche **Variante** besteht darin, das Spiel ohne Spielleitung, aber mit zwei Mannschaften zu spielen. Jedes Team denkt sich dann zunächst in einem separaten Raum mehrere Begriffe aus, die anschließend ein*e Spieler*in der jeweils anderen Mannschaft seinen Mitspieler*innen pantomimisch darstellen muss. Wenn man das Spiel besonders ambitioniert betreiben möchte, wird eine Stoppuhr verwendet, um zu gucken, welche Mannschaft länger/kürzer braucht.

Literatur

Praxis Jugendarbeit (2009): **Spiele ohne Sieger und Verlierer.** www.praxis-jugendarbeit.de/spielesammlung/spiele-ohne-verlierer-sieger.html

Jugendleiter-Blog: **Spiele für zwischendurch.** www.jugendleiter-blog.de „Spiele für die Jugendarbeit“ Spiele für Zwischendurch.html

1.1.5 Abschied

Portfolio/Abschiedsmappe E G

Quelle: Wiesel
Alter: ab 6 Jahren
Intention: Abschiedsgeschenk
Durchführung: Dem Kind oder dem/der Jugendlichen wird zur Beendigung seiner/ihrer Gruppenteilnahme ein DIN A4-Ordner überreicht, in welchem möglichst alles enthalten ist, was es/er/sie selbst im Verlaufe der Teilnahme erstellt, gemalt, geschrieben hat, dazu ausgedruckte Fotos der Unternehmungen und Ausflüge, Rezepte der Gerichte oder Plätzchen, die während seiner Zeit in der Gruppe gekocht und gebacken wurden, Anleitungen für die Erstellung von Gips- oder Gesichtsmasken und dergleichen; weiterhin einzelne Kopien aus den Büchern, die wir miteinander gelesen und bearbeitet haben (s. Kap. 1.2.6); ferner die Rechte für Kinder, hilfreiche Merksprüche für Kinder aus suchtbelasteten Familien (s. Kap. 1.2.6), hilfreiche Adressen etc.
Anmerkung: Die Abschiedsmappe kann im Abschlussgespräch mit den Kindern und Jugendlichen auch dazu genutzt werden, die Zeit in der Gruppe noch ein-

mal Revue passieren zu lassen und auszuwerten. Wir erleben hier immer wieder, wie sehr sich die Kinder oder Jugendlichen berührt, geschätzt und individuell gewürdigt fühlen.

„Abschiedskoffer" E G

Quelle: Wiesel
Alter: ab 8 Jahren
Intention: Gestaltung des Abschieds aus der Gruppe oder dem Betreuungskontext
Durchführung: Auf einem DIN A3-Blatt wird der Umriss eines Koffers gemalt und mit dem Namen des Kindes oder Jugendlichen versehen, das die Gruppe verlässt. Die anderen Gruppenmitglieder werden gebeten, der Reihe nach in den Koffer Wünsche für den jeweiligen Teilnehmenden zu schreiben:

- Was möchte ich XY mit auf den Weg geben?
- Was mochte ich besonders an XY?
- Was wünsche ich ihm/ihr in Hinblick auf die Suchterkrankung der Eltern?
- Was wünsche ich ihm/ihr für seine/ihre Zukunft – unabhängig von der Suchterkrankung der Eltern?

Anmerkung: Diese Übung kann ebenfalls im Einzelsetting genutzt werden. Hier wird dann von dem/der Berater*in der Abschiedskoffer gefüllt. Folgende Aspekte können ausgeführt werden:

- Was ist mir aus der Arbeit mit dem Kind/Jugendlichen besonders in Erinnerung geblieben?
- Was hat mich besonders beeindruckt?
- Welche Themen haben wir besprochen? Welche Methoden genutzt?
- Was wünsche ich dem Kind/Jugendlichen persönlich?
- Was wünsche ich ihm in Hinblick auf die Suchterkrankung der Eltern?
- Was wünsche ich ihm/ihr in suchtpräventiver Hinsicht?

Variante Flaschenpost: Dem Kind oder Jugendlichen kann zum Abschied aus der Gruppe auch eine leere Flasche überreicht werden, in welcher sich Zettelchen mit den von den übrigen Gruppenteilnehmenden notierten Wünschen, Komplimenten u.a. befinden (siehe auch das „Trampolin"-Programm).

Interkultureller Abschied G

Quelle: Wiesel
Alter: ab 10 Jahren
Intention: Abschiedsformeln in anderen Kulturen kennenlernen, Imaginationen zu anderen Ländern

Durchführung: Auf kleinen Kärtchen sind für je eine Nation ein*e typisch gekleidete*r Landsmann/Landsfrau dargestellt, die via Sprechblase „Auf Wiedersehen" in ihrer Landessprache ausdrücken. Die Kinder wählen sich dasjenige Kärtchen, das sie am meisten anspricht, und versuchen, die Abschiedsformel auszusprechen. Danach kann sich ein kleiner Dialog entspinnen, der die Erfahrung des Kindes mit oder seine Vorstellung von dem gewählten Land, seine Wünsche, Sehnsüchte etc. beinhaltet.

Pantomimisches Abschiednehmen [G]

Quelle: Wiesel
Alter: ab 10 Jahren
Intention: Aufgreifen von Abschiedserfahrungen
Durchführung: In der Gruppe finden sich Paare, die sich jeweils eine Abschiedsszene überlegen. Diese Szene sollte möglichst dem eigenen Erfahrungshintergrund entstammen. Die Paare üben die Szene ein und spielen sie dann wortlos den anderen Gruppenteilnehmenden vor. Diese müssen erraten, um welche Situation es sich handelt oder gehandelt haben könnte.
Ergänzend kann besprochen werden, ob sich diese Abschiedsszene für die Kinder und Jugendlichen positiv gestaltet hat, oder ob sie sich einen anderen Verlauf gewünscht hätten.

„Warum soll ich um Hilfe bitten?" [E] [G]

Quelle: Klein, M. et al. (2013), S. 77; angepasst Wiesel
Alter: ab 8 Jahren
Intention: Motivieren, Hilfe in Anspruch nehmen
Durchführung: In der Gruppe wird gemeinsam überlegt, warum und wann, in welchen Situationen es wichtig und sinnvoll ist, Hilfe in Anspruch zu nehmen. Die Ideen können dabei auf einem großen Blatt in der Mitte gesammelt werden. Um die Kinder und Jugendlichen anzuregen, können sie aufgefordert werden, eigene Beispiele zu benennen: Wann und warum sie schon einmal Hilfe in Anspruch genommen haben, wo, bei wem, wie sie sich dabei gefühlt haben etc.
Anmerkung Wiesel: Diese Fragestellung ist natürlich relevant in Bezug auf die Suchterkrankung der Eltern und damit einhergehenden Situationen. Steht bei einem der Jugendlichen der Austritt aus der Gruppe an, kann die Übung ganz konkret dazu genutzt werden, gemeinsam zu überlegen, was er oder sie tun könnte, wenn er/sie nach Verlassen der Gruppe Hilfe und Unterstützung braucht.

„Soziales Atom" E G

Quelle: Klein, M. et al. (2013), S. 77; in Anlehnung an Migge, B. (2005); angepasst Wiesel
Alter: ab 8 Jahren
Intention: Netzwerk der Kinder und Jugendlichen erfassen; zur Inanspruchnahme von Hilfen motivieren
Durchführung: Die Gruppenteilnehmenden werden aufgefordert, ihren Namen auf ein großes Blatt zu schreiben und diesen mit einem Rahmen einzufassen. Im Folgeschritt überlegen sie, welche Menschen in ihrem Umfeld für sie als Ansprechpartner*innen in Betracht kommen, sollten sie Hilfe benötigen oder haben sie schon einmal benötigt (z. B. Freund*innen, Familienmitglieder, Lehrkräfte, Nachbar*innen, Fußballtrainer*innen usw.) Je wichtiger die Person ist, umso näher wird sie dem ICH zugeordnet. Auch die Beziehungen unter den Helfenden werden durch Linien markiert. Weiterführend kann überdacht werden, wer von diesen Helfenden für welche Probleme zuständig sein könnte.
Anmerkung Wiesel: Das Augenmerk kann auch hier wieder auf die familiäre Suchterkrankung gelegt werden (Wen kann ich anrufen, wenn meine Mama betrunken ist? Wer kann mir helfen, wenn meine Eltern sich im Rausch streiten? Wo kann ich hin, wenn mal wieder niemand zuhause ist? An wen wende ich mich, wenn mein Vater betrunken mit mir Auto fahren will?). Diese Situationen samt potenziellen Helfer*innen können auch im Einzelkontakt mit den Kindern/Jugendlichen als eine Art Notfallplan ausgearbeitet werden.

„Helfende Hand" E G

Quelle: Klein, M. et al. (2013), S. 78; in Anlehnung an Hobday, A. & Ollier, K. (2006); angepasst Wiesel
Alter: ab 8 Jahren
Intention: Hilfenetzwerk konkretisieren, Notfallplan erstellen
Durchführung: Die Kinder und Jugendlichen werden aufgefordert, auf einem Blatt den Umriss ihrer Hand nachzuzeichnen. Sodann notieren sie auf jeden Finger der Hand eine Person, die ihnen in schwierigen Situationen helfen könnte. Zusätzlich sollen die Kontaktdaten der Helfer*innen erfasst werden, heißt: wo und wie diese Person im Notfall zu erreichen ist. Auch kann in den jeweiligen Finger geschrieben werden, ob diese Person für ganz bestimmte Krisensituationen geeignet ist.
Anmerkung Wiesel: In einem weiterführenden Schritt ist es sinnvoll sicherzustellen, dass die vom Kind oder Jugendlichen genannten Personen über ihre Funktion als Notfallkontakt informiert werden bzw. ihr Einverständnis hierzu

erteilen. Diese Konkretisierung ist besonders bei denjenigen Gruppenteilnehmenden ratsam, bei denen es bereits zu Gefährdungssituationen gekommen ist, sie ist jedoch ebenso als antizipative und präventive Maßnahme sinnvoll.

Erste Hilfe-Koffer, praktische Lebenshilfe E G

Quelle: Beratungsstelle Kompaß (Lehmann Heidi, Stock Michael, Hagenguth Carolin und Ria Hankemann); angepasst Wiesel
Alter: ab 6 Jahren
Intention: Orientierungshilfe in Notsituationen; Informationen über Hilfsangebote in der Nähe; eigene Ressourcen erfassen
Durchführung: Die Kinder und Jugendlichen erhalten eine kleine Kiste, die sie als „Erste Hilfe-Koffer" oder Notfallbox gestalten können. Jedes Gruppenmitglied sammelt hierin individuellen Unterstützungshilfen. Diese können sowohl auf Zettel notiert werden oder in Form von Symbolen oder Alltagsgegenständen Eingang finden. Folgende Orientierungsfragen können dazu mit den Kindern und Jugendlichen (auch im Einzelkontext) bearbeitet werden:

- Was hilft mir, wenn es mir nicht gut geht? *(Lesen: dann könnte das Lieblingsbuch in die Kiste gepackt werden; Musik hören: passende CD hineinlegen; meine beste Freundin anrufen: Bild der Freundin usw.)*
- Wer ist für mich da? Wen kann ich in Krisensituationen anrufen? Wie verhalte ich mich in bestimmten Notfallsituationen (wenn Eltern übergriffig werden; wenn der Vater betrunken Auto fährt etc.) *Falls die Übungen bereits gemacht wurden, kann auf die Ergebnisse des sozialen Atoms bzw. der „Helfenden Hand" zurückgegriffen werden.*
- Welche professionellen Hilfsangebote gibt es in meinem Umfeld? *Es können hier von der Gruppenleitung Adressen und Flyer verschiedener Hilfsangebote eingebracht werden. Es ist ratsam, im Vorfeld selbst unter den angegebenen Nummern anzurufen, um zu überprüfen, ob diese korrekt sind und die Kinder und Jugendlichen im Notfall diese auch erreichen können (Jugendamt, Familienberatungszentren, Kindernotruf, Polizei, Krankenwagen etc.).*
- Was packe ich für den Fall ein, dass ich kurzfristig woanders übernachten muss? *(Kuscheltier etc.)*

Literatur

Hobday, A. & Ollier, K. (2006): **Helfende Spiele. Kreative Lebens- und Konfliktberatung von Kindern und Jugendlichen.** Weinheim: Juventa.

Klein, M., Moesgen, D., Bröning, S. & Thomasius, R. (2013): **Kinder aus suchtbelasteten Familien stärken. Das „Trampolin"-Programm.** Göttigen: Hogrefe.

Kompaß, Beratung für Kinder und Jugendliche alkoholabhängiger Eltern. Suchtprävention im Kindesalter: **Medien und Methoden in der Beratung und Betreuung von Kindern und Jugendlichen alkoholabhängiger Eltern.** Blattsammlung. Hamburg.

Migge, B. (2005): **Handbuch Coaching und Beratung. Wirkungsvolle Modelle, kommentierte Falldarstellungen, zahlreiche Übungen.** Weinheim/Basel: Beltz.

1.2 Themenkomplexe

1.2.1 Selbstbild, Selbstwahrnehmung

Wichtige Aspekte in der Arbeit mit den Kindern und Jugendlichen aus suchtbelasteten Familien sind deren Selbstbild und Selbstwahrnehmung. Der typischen Dynamik in den betroffenen Familien ist der Umstand geschuldet, dass die Kinder und Jugendlichen konzentriert auf das erkrankte oder co-abhängige Elternteil leben und handeln, also entweder funktionieren – z. B. nicht altersgerechten Verpflichtungen nachgehen müssen – oder eben in Rebellion und Opposition begriffen sind – schlussendlich eine große Distanz zur eigenen Person aufweisen. Nur selten werden die Kinder in ihrem Wesen, mit individuellen Charakterzügen, Stärken und Schwächen so wahrgenommen, dass sie ein stimmiges Bild von sich selbst entwickeln können.

Insbesondere Fragen nach ihren Ressourcen, Werten, ihrer Geschichte und ihren Perspektiven sind für Kinder und Jugendliche aus suchtbelasteten Familien schwer zu beantworten, etwa weil sie permanent damit beschäftigt sind, den Bedürfnissen anderer nachzugehen und/oder sich bisher schlicht niemand wirklich für diese Fragen interessiert hat. Im folgenden Kapitel werden verschiedene Methoden vorgestellt, die die Kinder darin unterstützen, oben genannte Facetten ihrer Persönlichkeit wahrzunehmen und auszudrücken.

Das ist mein Leben [E] [G]

Quelle: unbekannt
Alter: ab 6 Jahren
Intention: Momentaufnahme des Lebens der Kinder/Jugendlichen
Durchführung: Die Gruppenteilnehmenden bekommen die Vorlage eines Kreises mit der Überschrift „Das ist mein Leben“. In diesen Kreis hinein können sie ohne weitere Vorgabe alles hineinschreiben und hineinmalen, was ihnen zu ihrem eigenen Leben einfällt: Personen, Tätigkeiten, Interessen, Abneigungen etc.

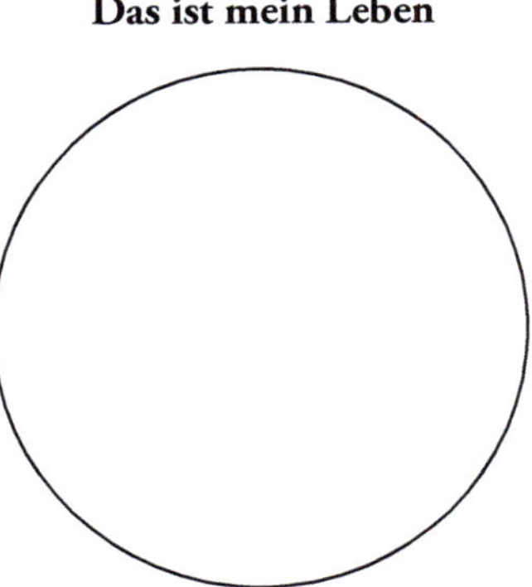

Ich bin stolz auf mich [E] [G]

Quelle: Wiesel
Zielgruppe: ab 6 Jahren
Intention: Stärkung des Selbstbewusstseins
Durchführung: Die Gruppenleitung verteilt kleine bunte Kärtchen und Stifte an die Kinder. Jedes Kind schreibt oder malt drei Dinge, auf die es stolz ist, auf die Pappkärtchen. Die Kärtchen werden verdeckt (in der Art eines Memorys) ausgelegt und reihum aufgedeckt. Die aufdeckende Person muss erraten, von wem das Kärtchen gestaltet worden ist. Das betreffende Kind kann dann seine Karte erläutern.

Zauberspiegel [E] [G]

Quelle: Volpel, K. W. (2004), S. 60; angepasst Wiesel
Alter: ab 6 Jahren
Intention: Selbstdarstellung, Wunschvorstellung
Durchführung: Die Gruppenteilnehmenden erhalten zwei Vorlagen, auf denen ein Spiegel abgebildet ist. Der eine Spiegel soll sie so abbilden, wie sie sich momentan sehen. Sie können sich entweder selbst malen oder beschreiben. Der zweite Spiegel zeigt den Blick in die Zukunft. Welches Konterfei würden sie gerne erblicken, wenn sie 15, 20, 30 oder 40 Jahre alt sind? Man kann die Spanne hier je nach Alter der Kinder und Jugendlichen wählen.

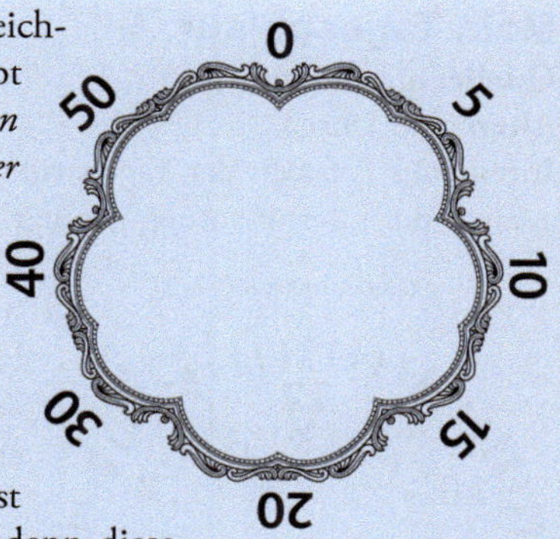

Fallbeispiel: Pia, 8 Jahre, Trennungskind, zeichnet sich in dem „Jetzt-Spiegel". Sie schreibt dazu: *„Ich mag an mir meine Sommersprossen und finde es sehr schön, dass ich Ohrstecker habe. Was ich an mir nicht mag, sind meine Locken, obwohl mein Vater sie schön findet."* Der Zauberspiegel zeigt sie mit 14 Jahren – dieses Alter hatte sie sich selbst ausgesucht. Sie stellt sich geschminkt und mit einer Perlenkette um den Hals dar. Inzwischen hat sie glattes Haar. Im Spiegel ist sie gemeinsam mit ihren Eltern zu sehen, denn diese wären dann wieder verheiratet. Ihre älteren Geschwister würden alle schon woanders leben. Nur sie lebte noch bei ihren Eltern im Haus. Dieses Bild verweist auf Pias aktuelle Lebenssituation:

- Trennung der Eltern und neue Lebenspartnerschaft der Mutter (Lebensgefährte ist alkoholkrank). Starker Wunsch, die leiblichen Eltern lebten wieder zusammen.
- Geschwisterrivalitäten: Pia hat drei ältere Geschwister und zwei jüngere. Sie hat oftmals das Empfinden, dass sie nicht wirklich gesehen wird, keine Zeit für sie ist. Ihr ist es oft zu laut und zu hektisch zuhause. Daher auch die im Zauberspiegel abgebildete Konstellation, in der sie alleine mit den Eltern lebt.

Anmerkungen Wiesel: Um die Kinder dabei zu unterstützen, eine Vorstellung von ihrer Zukunft zu entwickeln, kann auch eine kurze Imagination genutzt werden: *„Stell dir vor, es wird dir ein Spiegel geschenkt, mit dem du in die Zukunft blicken kannst. An dem Spiegel befindet sich ein Zahlenrad. Drehst du an diesem, kannst du den Zeitpunkt bestimmen, an dem der Spiegel dich zeigen soll. Bist du 15, 20, 30, 40 Jahre oder älter? Wenn du das Zahlenrad eingestellt hast, warte ab, was passiert. Du siehst, dass sich plötzlich ein Bild in dem Spiegel herauskristallisiert. Schau dir genau an, was du siehst. Bist du alleine zu sehen, oder sind noch andere Personen bei dir? Wo siehst du dich? In welcher Umgebung? Wie siehst du aus? Hat sich dein Aussehen verändert, oder gleichst du dir noch? Wenn du ein genaues Bild vor Augen hast, kann du es nun zeichnen oder beschreiben."*

Mein Tagesablauf [E] [G]

Quelle: unbekannt
Alter: ab 8 Jahren
Intention: Erfassen der Tagesstruktur der Kinder und Jugendlichen; kann ggf. auch in der Elternberatung genutzt werden

Durchführung: Die Gruppenteilnehmenden bekommen die Vorlage eines großen Ziffernblattes. Sie können dieses nun – innen und außen – mit ihrem Tagesablauf ausfüllen, entweder in Form von Symbolen, kleinen Bildern oder Begriffen. In einer Art Vernissage werden die fertigen Werke betrachtet und erläutert. Jeweils nach Vortrag eines Kindes erhalten die anderen Kinder Gelegenheit, Fragen zu stellen. Zum Schluss wird zur Würdigung geklatscht.

Anmerkung Wiesel: Hier sind sowohl der Prozess des Ausfüllens als auch das Ergebnis relevant: Wie verbringen die Kinder ihren Tag? Gibt es eine feste Struktur? Gibt es reguläre Mahlzeiten? Verbringen sie ihren Tag weitgehend alleine, auf sich gestellt, oder im Familienverbund? Inwieweit werden sie in die Betreuung jüngerer Geschwister eingebunden? Wieviel Zeit verbringen sie vor dem TV, in sozialen Netzwerken bzw. generell mit den Neuen Medien? Bis wann abends? Gehen sie einem Hobby nach?

Meine Ressourcen („Lebenspanorama") [E] [G]

Quelle: Beratungsstelle Kompaß
Alter: ab 6 Jahren
Intention: Erfahren, welche Dinge einem gut tun; Ressourcen erkennen und diese für Krisensituationen nutzbar machen
Durchführung: Die Teilnehmenden erhalten ein DIN A3-Blatt und malen in die Mitte ein Symbol, das für die eigene Person steht (alternativ der Name oder einfach ein ICH).

Daraufhin werden die Kinder und Jugendlichen aufgefordert, alles aufzuschreiben oder ebenfalls als Symbole zu zeichnen, was ihnen gut tut, zur Entspannung oder Freude beiträgt. Dies können Tätigkeiten, aber auch Personen, Institutionen, Unternehmungen etc. sein. Eine Wertung wird durch die gestalterische Nähe respektive Ferne zum dem Ich-Symbol gesetzt.

Anmerkung Wiesel: In einem weiteren Schritt kann überlegt werden, welche dieser Ressourcen besonders in Hinblick auf das Zusammenleben mit den suchtkranken Eltern und/oder in Krisensituationen genutzt werden können.

„Was wäre ich, wenn …" E G

Quelle: Beratungsstelle Kompaß; Bilstein, E. & Voigt-Rubio, A. (1991), S.10
Alter: ab 12 Jahren
Intention: Reflexion, was mich als Person ausmacht
Durchführung: Die Jugendlichen bekommen verschiedene Kategorien vorgestellt, nach denen sie sich beschreiben sollen: „Stell dir vor, du wärst eine Farbe, was für eine Farbe wärst du dann? – Ich wäre die Farbe Rot, weil …", „Stell dir vor, du wärst ein Möbelstück, was für ein Möbelstück wärst du dann?" Alternativen: Blume, Reise, Kleidungsstück, Geschmack, Landschaft, Haus, Geruch, Tier, Element, Instrument. Ergänzend bzw. im Sinne der Fremdwahrnehmung können auch andere Gruppenteilnehmende einbringen, wie sie Person xy (als welche Farbe, als welches Möbelstück etc.) erleben und warum.
Anmerkung Wiesel: Die Kinder und Jugendlichen können zu der jeweiligen Kategorie näher interviewt werden (Beispiel Möbelstück):
- Wie siehst du aus als Möbelstück? Welche Art von Möbel bist du? Beschreibe dein Aussehen genauer.
- Gibt es etwas Besonderes an dir, was sonst kein anderes Möbelstück hat?
- Wie finden andere Personen dich als (dieses) Möbelstück? Was könnten sie besonders an dir als (dieses) Möbelstück mögen?
- Worin läge der Vorteil, dieses bestimmte Möbelstück zu sein?

„Mrs. Perfect" E G

Quelle (Originaltext): Beratungsstelle Kompaß (Ria Hankemann)
Alter: Jugendliche
Intention: Fähigkeiten erkennen und verbalisieren, Selbstbild erweitern
Durchführung am Beispiel eines 14-jährigen Mädchens: Das Mädchen bekommt eine Aufgabe: „Male ein Bild von einer Jugendlichen, die ca. 14 oder 15 Jahre alt ist. Male sie so, wie du meinst, wie das perfekte Mädchen aussehen könnte. Nachdem das Bild fertiggestellt ist, schauen wir es uns an. Wie sieht sie aus? Wie ist der Hintergrund gestaltet? Soll noch etwas ergänzt werden?" Die Teilnehmerin soll nun ihrer „Mrs. Perfect" einen Namen geben.
Nachdem das Bild nun einen Namen bekommen hat (z. B. „Marie") eröffnen wir die Kommunikation mit: „Erzähl mir etwas über Marie." Während das Mädchen über Marie spricht, Charakter, Eigenschaften, Lebensumfeld etc., können als

unterstützende Hilfen auch einige der folgenden Fragen einfließen: „Hat sie eine Freundin? Welche Bedeutung haben Freund*innen oder ein*e echte*r Freund*in für sie? Welche Eigenschaften hat sie? In welchen Bereichen (Sport, Theater, Musik ...) hat sie besondere Fähigkeiten? Was tut sie am liebsten? Inwiefern ist sie auf ihr Äußeres bedacht? Worauf ist sie besonders stolz? Was mögen andere Jungen/Mädchen an ihr? Gibt es etwas, das ihr besonders wichtig ist? Gibt es Dinge oder Situationen, die sie nervös machen? Welche Wünsche hat sie? Wie ist sie im Kontakt zu anderen Menschen? Gibt es Dinge, die sie gar nicht mag?"
Während die Teilnehmerin nun ihre „Marie" beschreibt und charakterisiert, ist es sinnvoll, die einzelnen Fähigkeiten, Eigenschaften, Wünsche, Haltungen von „Marie" auf kleine Karten zu schreiben. Nachdem das Gespräch über „Marie" beendet ist, werden alle beschriebenen Karten nochmals vorgelesen. Z. B. „Marie ist 14 Jahre alt und hat eine beste Freundin. Marie ist sportlich, sie kann ..."
Nachdem alles vorgelesen wurde, stellen wir folgende Frage oder Anleitung: „Welche Eigenschaften, Haltungen von ‚Marie' treffen auf dich selbst zu?" ODER „Wähle 3 Fähigkeiten oder positive Eigenschaften aus, die auch auf dich zutreffen." Es folgt ein Gespräch über eigene Fähigkeiten, Einstellungen, Wünsche, ...

Anmerkung: Die Teilnehmerin malt mit Kreide, da Kreide weiche und fließende Bewegungen und Malstriche ermöglicht. Außerdem kann jeder und jede, auch wer glaubt, nicht malen zu können, mit Kreide malen. Dadurch gibt es oftmals schon die erste Erkenntnis: „Ich kann ja doch malen – sieht ja doch ganz gut aus!"
Das Medium Mrs. Perfect bietet uns viele Anregungen, um über Fähigkeiten, Wunschbilder, Selbstbilder etc. nachzudenken und auszutauschen. Oft entdecken die Teilnehmenden, dass sie viele der Fähigkeiten, die sie Mrs. Perfect zuschrieben, selbst haben. Die Teilnehmenden können ohne innere Blockaden Fähigkeiten, Wünsche und Stärken auf das Bild der Mrs. Perfect projizieren und sich dann im zweiten Schritt leichter mit ihrem eigenen Selbstbild auseinandersetzen und identifizieren.

Was für ein Typ bin ich? G

Quelle: unbekannt
Alter: ab 12 Jahren
Intention: Selbstbeschreibung
Durchführung: Die Jugendlichen bekommen eine Auswahl an möglichst gegenläufigen Charaktereigenschaften (wie: mutig – vorsichtig, aktiv – passiv, introvertiert – extravertiert, redselig – schweigsam, forsch – schüchtern, zögerlich – entschlussfreudig, ernst – lustig). Im Vorfeld sollte geklärt werden, dass allen die

Begriffe bekannt sind. Aufgabe ist nun, anzukreuzen, welche Eigenschaften auf sie zutreffen. Alternativ kann man auch ein Kontinuum in Bezug auf die jeweiligen Charakterpaare erstellen und die Jugendlichen können ihr Kreuzchen dann an genau der Stelle machen, die sie als am zutreffendsten erachten. Der Bogen kann entweder in Einzelarbeit ausgefüllt werden oder aber gemeinsam mit einem oder einer Partner*in (gegenseitiges Interview).

Bei der Präsentation kann die Gruppenleitung folgende Nachfragen stellen:

- Auf welche Eigenschaft bist du besonders stolz? Auf welche weniger?
- Welche finden deine Eltern besonders gut an dir? Nicht so gut?
- Welche ist in deinem Alltag manchmal förderlich? Manchmal hinderlich?
- Welche ist besonders wichtig in Bezug auf die familiäre Suchterkrankung?

Kartensatz: „Persona-Karten" (Ely Raman, 1994) Kartensatz: „Personita-Karten" (Ely Raman & Marina Lukyanova, 2006) E G

Bei den beiden Kartensätzen handelt es sich um jeweils 77 gemalte Porträts von Kindern resp. Erwachsenen aus unterschiedlichen Ländern und Kulturen stammend. Die Porträts sind in verschiedenen Stilrichtungen gemalt und regen Fantasie und innere Bilder an.

Verwendung: Wiesel

Die Kinder- und Erwachsenenporträts können dafür verwendet werden, Selbstbilder zu entwerfen. Nachdem die Karten im Raum verteilt sind, können sich die Teilnehmenden die Karten (Porträts) auswählen, die sie am ansprechendsten finden, zu denen sie sich hingezogen fühlen, mit denen sie am meisten/am wenigsten Ähnlichkeiten entdecken etc. Es kann mithilfe der Karten auch ein Soziogramm erstellt werden, z. B. der Freundeskreis der Kinder und Jugendlichen erfasst werden, oder die Familie (s. Kap. 1.2.5).

Kartensatz „Starke Karten" – Ein suchtpräventives Spiel zur Reflexion von Stärken und Schwächen (Aktion Jugendschutz, Landesarbeitsstelle Bayern e. V. 2006) G

Alter: ab 12 Jahren

Intention: Reflexion der eigenen Stärken und Schwächen, Förderung einer realistischen Selbsteinschätzung sowie eines positiven Selbstkonzepts, Auseinandersetzung mit persönlichen Wertvorstellungen und Lebensbewältigungsstrategien

Durchführung: Die „starken Karten" (62 Karten für Kinder und Jugendliche mit positiven Eigenschaften – Beispiele: „treu sein", „albern sein", „Entscheidungen treffen können") werden in der Mitte eines Stuhlkreises ausgelegt. Die Jugendlichen erhalten genügend Zeit sie zu betrachten; ggf. können Verständnisfragen geklärt werden.

In der ersten Runde suchen sich die Teilnehmenden eine oder mehrere Karten aus, die für sie zum Ausdruck bringen, was sie besonders gut können, was sie ausmacht. Reihum werden die Karten im Stuhlkreis vorgestellt. Mögliche Fragen durch die Gruppenleitung: *Was sind die Vorteile dieser Eigenschaft? In welchen Situationen erlebst du sie an dir/kommt sie zum Vorschein? Ist sie immer abrufbar? Gibt oder gab es auch schon Situationen, in denen sie eher hinderlich war/problematisch wurde?*

In der zweiten Runde wählen die Jugendlichen Karten/Eigenschaften aus (1 bis 3) unter der Vorgabe: welche Eigenschaft würde ich gerne noch entwickeln? Mögliche Fragestellungen während der Vorstellung der Karten: *Was verspreche ich mir von dieser Stärke? In welchen Situationen könnte diese Fähigkeit mir helfen und warum? Gibt es Bedingungen, die ein Finden dieser Stärke behindern? Wie könnte ich meine „Schwäche" anderweitig kompensieren?*

In der dritten Runde suchen sich die Gruppenteilnehmenden für ihren rechten oder linken Sitznachbarn je zwei Eigenschaften aus. Die erste soll eine Stärke darstellen, von der man findet, dass sie sehr gut zu dem/der Nachbar*in passt, die zweite eine, von der man glaubt, dass der/die Nachbar*in mehr davon gebrauchen könnte. Nützliche Fragen während der Auswertung: *Wie oft bekomme ich Anerkennung? Wie fühlt es sich an, ein Kompliment zu bekommen? Kann ich Freude darüber zulassen? Wer (in meinem persönlichen Umfeld) gibt mir ein positives Feed-back? Von wem würde ich mir das (noch mehr) wünschen? Gibt es so etwas wie positive Kritik? Von wem kann ich am ehesten Kritik annehmen?*

Anmerkung: Je nachdem, wie groß die Runde ist und wie viele Karten jeweils ausgewählt werden, lässt sich die Arbeit mit den starken Karten auch auf mehrere Sitzungen verteilen.

Box mit 72 Lebenskarten. Barbara Völkner

Inhalt: Die Welt mit Kinderaugen sehen? Lebenskarten wurden schon immer auch für Kinder genutzt, nun gibt es eine Serie, die speziell für Kinder zwischen 8 und 12 Jahren entstanden ist – als Grundstein für ein glückliches, selbstbestimmtes Leben von klein auf.

Weitere Informationen und Bestellung auf der Website von Barbara Völkner. www.lebenskarten.de/?gclid=EAIaIQobChMIj76P1rei9QIVAuR3Ch3h4gh_EAAYASAAEgIFW_D_BwE

Kartensatz Eigenschaften erfolgreicher Personen (GK Quest Akademie, 2016) Kartensatz Persönliche Werte (GK Quest Akademie, 2017) E G

Die beiden Kartensätze eignen sich ebenfalls, um im Gruppen- oder auch im Einzelsetting mit älteren Jugendlichen zu erarbeiten, welche Eigenschaften und Werte relevant für sie sind, welche sie sich zuschreiben bzw. gerne zuschreiben würden, welche sie als erstrebenswert erachten, was das mit ihrer persönlichen Geschichte, mit den familiären Gegebenheiten zu tun hat etc. Die Kartensätze lassen sich auch als weitere Option zum Kennenlernen (s. Kap. 1.1.1) verwenden. Stärken und Schwächen lassen sich auch auf einer Fantasiereise erschließen. Verwiesen sei auf: Meditation „Schwächen und Stärken“ von Volpel, K. W. (2010): **Meditationen für Jugendliche.** Salzhausen: Iskopress.

Arbeit mit der Matrjoschka E G

Quelle: Weinberger, S. (2008), S. 124–127; Handout; angepasst Wiesel
Alter: ab 12 Jahren
Intention: Sich mit seinen Eigenschaften kennenlernen; Situations- bzw. Kontextabhängigkeit der Eigenschaften und Fähigkeiten verstehen; das Selbst als wechselnde Gestalt erfahrbar machen; Starre Ich-Identifikationen auflösen – Würdigung und Integration aller Teile des Ichs

Durchführung: Der Jugendlichen wird zunächst die Matrjoschka (Schachtelpuppe) und ihre Bedeutung vorgestellt. Sie kann die Puppe auseinandernehmen und der Größe nach aufstellen. Sodann wird sie aufgefordert, auf kleine Zettel die Dinge zu notieren, welche sie an sich mag und welche nicht (z. B. 3 positive und 3 negative Eigenschaften bei 6-teiliger Matrjoschka; alternativ: nur positive oder nur negative Eigenschaften). Nach der Sammlung der Eigenschaften/Fähigkeiten wird die Jugendliche gebeten, die Zettel den unterschiedlich großen Puppen zuzuordnen: die Eigenschaft mit dem größten Gewicht kommt an die größte Puppe usw. Es können in dem Prozess auch neue Eigenschaften, Fähigkeiten, Fertigkeiten dazukommen, die erst nach und nach erinnert werden. Diese werden dann auf neuen Zetteln notiert. Es können zwei oder mehr Zettel einer Puppe zugeordnet werden und es kann eine Puppe auch ohne Zettel dastehen. Folgende Aspekte können im Anschluss besprochen werden:

- Das ist eine Momentaufnahme. Wie findest du sie? Wie findest du dich mit all deinen Eigenschaften? Mit der Größe der Eigenschaften?

- Wie wäre es gut/besser? Hättest du gerne, dass eine Eigenschaft einen größeren Anteil einnimmt, eine andere dafür einen kleineren? Gibt es Eigenschaften, die du dir für dich noch wünschst?
- Wie finden andere Personen dich? Deine Anteile? Deine Eltern, Geschwister, Freunde? Was schätzen sie besonders an dir, was stört sie?
- Wer sieht welchen Teil? Wer darf welchen Teil sehen?
- Welche Anteile kommen in welchen Situationen zum Tragen? Welcher Teil erscheint wann, wo?
- Welche Beziehung haben die Teile untereinander?

Varianten: Es können auch Puppen für Mutter, Vater, Geschwister und Freund*innen mit deren Anteilen bestückt werden. Auch hier kann Kontextabhängigkeit geweckt werden. Steht die elterliche Suchterkrankung im Vordergrund, kann die Jugendliche aufgefordert werden, diejenigen Gefühle aufzuschreiben, die sie im Hinblick auf die Suchterkrankung der Eltern empfindet. Auch diese können nach Intensität der Größe der Puppen zugeordnet werden.
Anmerkung Wiesel: Mittels Kamera lassen sich die verschiedenen Konstellationen festhalten.

Fallbeispiel: Johanna, 11 Jahre alt, lebt zusammen mit ihrer Mutter, deren Lebensgefährten und ihrem jüngeren Bruder. Ihren Vater, einen langjährigen Alkoholkranken, sieht sie nur noch anlässlich von Umgangskontakten. Nach einer halbjährigen stationären Therapie ist er wieder rückfällig geworden, was Johanna sehr beschäftigt und bekümmert. Ihre Gefühle bezüglich des Rückfalls stellt sie folgendermaßen dar: die größte der Puppen symbolisiert ihre Enttäuschung, es folgen Traurigkeit (sie sei traurig für ihn, dafür, dass er es nicht geschafft habe), Wut, Sorge (sie sorge sich um seine Gesundheit; ihre Mutter habe ihr gesagt, der Vater müsse nun alles nachtrinken, was er in einem halben Jahr nicht zu sich genommen habe (!); außerdem lebten Alkoholiker nicht so lange (!)), und die kleinste der Puppen stellt Mitleid dar.
Im weiteren Gesprächsverlauf gibt sie an, sie traue sich nicht, ihrem Vater diese Gefühle zu zeigen oder mitzuteilen – er werde dann traurig. Außerdem vergesse er nach zwei Tagen, was sie gesagt habe – es mache eh keinen Sinn. Vertieft können dann Johannas Enttäuschung, Resignation und ihr Empfinden, den Vater vor ihren eigenen Empfindungen schützen zu müssen, aufgegriffen werden. Auch die Aussagen ihrer Mutter können kritisch hinterfragt werden.

Mein Motto – was macht mich aus? E G

Quelle: Wiesel
Alter: ab 12 Jahren
Intention: Eigenständigkeit entwickeln
Durchführung: Die Jugendlichen erhalten ein Arbeitsblatt mit Fragen zum Thema „Lebensmotto". Die Idee dahinter ist, dass sich die Gruppenteilnehmenden mit der Frage beschäftigen, ob es eine Art roten Faden in ihrem Leben gibt, an dem sie sich orientieren können. Der Fragebogen kann in Einzelarbeit ausgefüllt und danach in der Gruppe vorgestellt werden.

„Mein Motto"...

- Wie lautet mein Motto?
- Warum passt dieses Motto zu mir?
- Was hat mein Motto mit meiner Familie zu tun?
- Spielt es eine Rolle in meinem Alltag und wenn ja, welche?
- Welche Gefühle verbinde ich damit?
- Kann mir mein Lebensmotto im Hinblick auf die Erkrankung meiner Eltern helfen?
- Gibt es ein Lied, das mein Motto musikalisch untermalen könnte?
- Was wäre ein Symbol, das zu meinem Motto passt?

Vorstellung von Lieblingsserien/-filmen

(z. B. Animes; Breaking Bad; Grey`s Anatomy etc.)
Quelle: Wiesel
Alter: ab 12 Jahren
Intention: Zugang zu Identifikationsfiguren, zur inneren Erlebnis- und Gefühlswelt der Jugendlichen
Durchführung: Die Jugendlichen stellen ihre Lieblingsserie/Filme anhand von einzelnen Filmausschnitten vor und führen in die Handlung ein. Im Anschluss können die Jugendlichen dazu befragt werden, was sie persönlich mit der Serie verbinden, was das Besondere daran für sie darstellt, welche Bedeutung die Geschichte oder einzelne Protagonist*innen für sie haben.
Mögliche Auswertungsfragen könnten lauten:

- Warum ist dies dein(e) Lieblingsfilm/-serie?
- Warum hast du dir diese spezielle Szene ausgesucht?
- Woher kennst du die Serie/den Film?
- Wo/wann/mit wem hast du ihn/sie das erste Mal gesehen?
- Was magst du an dem Film/der Serie am meisten?
- Gibt es auch etwas, was dich daran stört?
- Welche der Rollen in dem Film/der Serie findest du am besten?
- Was hat der Film/die Serie mit dir zu tun?
- Wenn du als Regisseur*in das Ende bestimmen könnest, wie würde dann die letzte Szene aussehen?

Anmerkung: Die Vorstellung von Lieblingsserien lässt sich auch über mehrere Sitzungen erstrecken.

Fallbeispiel: Karins (15) Mutter ist vor Kurzem gestorben, sie lebt in Verwandtschaftspflege bei ihrer Tante. Zu ihrer entfernt lebenden älteren Halbschwester hat sie nur wenig Kontakt, ein ambivalentes Verhältnis, das einerseits von großer Zuneigung und Sehnsucht gekennzeichnet ist, zum anderen durch Enttäuschung über die seltenen Treffen und wiederum durch die Abwehr dieser Enttäuschung – indem sie die Person ihrer Schwester zeitweise vehement ablehnt.
Karin stellt in der Gruppensitzung „Grey`s Anatomy“ vor. Im Verlaufe des anschließenden Interviews wird deutlich, dass sie in der Protagonistin Meredith Grey insbesondere ihre Schwester sieht und herbeisehnt, die derzeit eine Ausbildung zur Operationsschwester absolviert.

Wer und wie bin ich, unabhängig von der Sucht- und psychischen Belastung meiner Elternteile? E G

Quelle: Wiesel
Alter: ab 16 Jahren
Intention: Intensive Einzelarbeit mit Jugendlichen. Auseinandersetzung mit den prägenden Erfahrungen innerhalb der Familie, Abgrenzung, Entwickeln einer autonomen Persönlichkeit unabhängig von der Herkunftsfamilie
Durchführung: Zunächst wird die Jugendliche gebeten, sich selbst zu charakterisieren, typische Eigenschaften zu benennen, Vorlieben, Hobbys, Talente, Dinge, die sie an sich feststellt, mag oder auch nicht mag. Diese werden als Stichpunkte (jeweils ein Charakteristikum) auf Moderationskärtchen geschrieben. Im Anschluss erhält sie Gelegenheit, die Kärtchen zu erläutern. Im zweiten Schritt sucht die Jugendliche diejenigen Charakteristika zu benennen, die ihrer Meinung nach mit der elterlichen Suchtbelastung einhergehen, durch diese bedingt sind oder sich durch diese herausgebildet haben.
In einem weiteren Schritt kann die Jugendliche ausführen, welche dieser ihrer Meinung nach durch die elterliche Suchterkrankung erworbenen Eigenschaften, Charakteristika, Wesensmerkmale sie selbst gut findet, wertschätzt, als Ressource betrachtet und welche eher als hinderlich erlebt, von welchen sie sich lieber trennen würde, falls dies möglich wäre. Zuletzt kann die Jugendliche ein Bild von sich erstellen (wiederum Charakteristika), wie sie glaubt, sich entwickelt zu haben, wenn sie unbelastet aufgewachsen wäre. Zu wem wäre sie geworden? Zu wem möchte sie werden?

Fallbeispiel: Franziska ist 17 Jahre alt, ihr Vater starb vor vier Jahren an den Folgen seiner Alkoholabhängigkeit. Seinen Tod hat Franziska noch immer nicht verwunden, wobei sich Trauer, Wut, Enttäuschung und Sehnsucht in ihren Schilderungen mischen bzw. abwechseln. Heute lebt Franziska gemeinsam mit ihrer Mutter und deren Lebensgefährten in einer beengten Wohnung und absolviert eine überbetriebliche Ausbildung.

Das Verhältnis zu ihrer Mutter, die gemäß Franziskas Schilderungen eine depressive Struktur aufweist, ist sehr ambivalent. Spontan findet Franziska 24 Eigenschaften, Charakteristika, Hobbys etc., die sie für charakteristisch für sich hält. Etwas schematisch soll hier wiedergegeben werden, inwiefern sie diese ihrer Sozialisation und der Prägung durch die Personen des Vaters und der Mutter zuschreibt.

Wesenszüge, die in Bezug zur väterlichen Abhängigkeit und Tod gesehen werden	Wesenszüge, die in Bezug zur mütterlichen depressiven Struktur gesehen werden	Wesenszüge, die in Zusammenhang mit mütterlicher und väterlicher Prägung gesehen werden	Neutrale Eigenschaften und Hobbys	So wäre ich ohne die elterliche Belastung, so will ich sein
Traurig	Zu oft zu nett	Verlustängste	Aufgedreht, schwer, schwierig	Glücklich und traurig
Will oft für mich sein, zurückgezogen	Will jedem alles recht machen	Genervt	Gutgläubig, gutmütig	Ruhig
Ruhig	Ich mag keinen Streit	Launisch	Zickig	Zickig, aufgezogen
Kindlich	Hilfsbereit	Erwachsen	Freundlich	Freundlich, hilfsbereit,
Nachdenklich			Verrückt, lustig	Kindlich und erwachsen
Vermisse oft die alten Zeiten			Schreiben	Respektvoll
			Lesen	Ehrlich
			Musik	Fleißig
			Fußball	Zielstrebig

Es zeigt sich, dass Franziska nicht den Eindruck hat, ohne die elterliche Belastung eine völlig andere Person geworden zu sein; viele Eigenschaften sind von ihr in das letzte Bild (so wäre ich geworden, so würde ich gerne werden) übernommen worden. Dieses Bild vermittelt dennoch einen ausgeglicheneren Eindruck (glücklich und traurig); was wegfällt, sind eher introvertierte, regressive Zustände wie Zurückgezogenheit, Nachdenklichkeit, das Verharren in der Vergangenheit, die Verlustängste, die Konfliktscheue. Hinzugekommen sind eher progressive Eigenschaften wie fleißig, zielstrebig.

Literatur

Aktion Jugendschutz, Landesarbeitsstelle Bayern e.V. (2006): **„Starke Karten" – Ein suchtpräventives Spiel zur Reflexion von Stärken und Schwächen.**

Bilstein, E. & Voigt-Rubio, A. (1991): **Ich lebe viel. Materialien zur Suchtprävention.** Verlag an der Ruhr.

GK Quest Akademie (2016): Kartensatz **„Eigenschaften erfolgreicher Personen".** Heidelberg.

GK Quest Akademie (2017): Kartensatz **„Persönliche Werte".** Heidelberg.

Kompaß, Beratung für Kinder und Jugendliche alkoholabhängiger Eltern. Suchtprävention im Kindesalter: **Medien und Methoden in der Beratung und Betreuung von Kindern und Jugendlichen alkoholabhängiger Eltern.** Blattsammlung. Hamburg.

Raman, E. & Lukyanova, M. (2006): Kartensatz **„Personita"**. Kirchzarten: OH-Verlag.

Raman, E. (1994): Kartensatz **„Persona"**. Kirchzarten: OH-Verlag.

Volpel, K. W. (2010): **Meditationen für Jugendliche**. Iskopress.

Volpel, K.W. (2004): **Fantasiereisen. Band 3 der Reihe Wege des Staunens**. Iskopress.

Weinberger, S. & Papastefanou, C. (2008): **Wege durchs Labyrinth. Personzentrierte Beratung und Psychotherapie mit Jugendlichen.** Weinheim München: Juventa.

1.2.2 Gefühle

Bereits im Eingangskapitel wurde beschrieben, dass die Wahrnehmung, der Ausdruck und die Interpretation von Emotionen einen bedeutsamen Anteil in der Arbeit mit Kindern und Jugendlichen aus suchtbelasteten Familien innehaben. Oftmals gilt in den Familien die Devise: „Rede nicht, fühle nicht, vertraue nicht" (Claudia Black, 1988). Darunter liegend haben viele der Kinder auch gar keine differenzierte Vorstellung ihrer Gefühle – ähnlich der Eltern, die ihren emotionalen Haushalt artifiziell in Richtung beruhigend, sedierend versus aufputschend, euphorisierend steuern. Eine Spiegelung des gefühlsmäßigen Zustandes des Kindes (bereits des Kleinkindes) erfolgt in den Familien bzw. in der Eltern-Kind-Interaktion häufig nicht. Vielmehr werden die emotionalen Signale des Kindes übergangen, das Kind wird mit widersprüchlichen Signalen der Eltern konfrontiert, möglicherweise durch deren emotionale Regungen angesteckt. Der Zugang zu den eigenen, oft aversiven (oder einander widerstrebenden) Gefühlen wie

Angst, Trauer, Verzweiflung, Wut, Hass, Ekel, Scham- und Schuldgefühlen, aber auch Sehnsucht, Zärtlichkeit, Fürsorge bleibt somit blockiert.

Bei jüngeren Kindern findet sich zumeist Verwirrung über das eigene Befinden. Andere Kinder vermeiden emotionale Regungen so gut wie möglich, weil sie ansonsten mit Sanktionen rechnen oder Angst davor haben, sich verletzlich zu zeigen. Auch das selbst- oder fremdschädigende Ausagieren von Emotionen wie Wut oder Hilflosigkeit ist keine Seltenheit. Im Gruppen- bzw. Einzelsetting wird den Kindern und Jugendlichen ein Rahmen geboten, in welchem sie sich mit Emotionen generell auseinandersetzen können (was gibt es für Gefühle? Welche sind aversiv, welche sind lustvoll? Wie könnte man sie klassifizieren?). Neben den eher kognitiv und kreativ ausgerichteten Einheiten, um der „Welt der Gefühle" näherzukommen, wie sie im Folgenden dargestellt werden, erscheint uns insgesamt noch wichtiger, die Kinder und Jugendlichen zu jedem Zeitpunkt als emotionale Wesen wahrzunehmen und dies auch zu spiegeln.

Mimürfel E G

Quelle: Neues Spielen, Horst Gugerbauer-Spieldesign
Alter: ab 6 Jahren
Intention: Kennenlernen und Benennen unterschiedlicher Gefühle und Gefühlsausdrücke mittels Piktogrammen auf den sechs Seiten eines Würfels
Durchführung: Der Mimürfel (aus Schaumstoff oder aus Holz) kann verschiedentlich eingesetzt werden. So können die Kinder in der Eingangsrunde das Gesicht wählen, das ihrer Stimmung am ehesten entspricht (s. Kap. 1.1.2). Oder sie würfeln sich gegenseitig den Mimürfel zu und erklären anhand der dargestellten Mimik (Form der Augen, der Augenbrauen, Öffnung, Geschlossenheit des Mundes), um welchen Gefühlsausdruck es sich hier handeln könnte. Was die Person wohl gerade erlebt hat und empfindet? Es können den Kindern aber auch Gefühlsqualitäten vorgegeben werden und sie werden aufgefordert, das entsprechende Piktogramm zuzuordnen.
Anmerkung: Weitere Spieleanregungen und -vorschläge finden sich in „Das Mimürfel-Buch. Alle Regeln".

„So sehe ich aus, wenn …“ – Fotosession zum Thema Gefühle G

Quelle: Wiesel
Alter: ab 6 Jahren
Intention: Gefühle wahrnehmen und darstellen
Durchführung: Mit den Kindern und Jugendlichen werden Primärgefühle wie Angst, Freude, Trauer, Wut besprochen und anhand von Beispielen überlegt, wann sie sich so gefühlt haben. Wenn die Kinder Beispiele gefunden haben, versuchen sie im Folgeschritt, den für sie passenden mimischen Ausdruck dazu zu finden, und überprüfen sich dabei in einem Spiegel. Der Gesichtsausdruck wird fotografisch festgehalten. Er kann mit den Kindern immer weiter modifiziert werden, bis das Gesicht am deutlichsten das entsprechende Gefühl widerspiegelt. In der folgenden Gruppensitzung bekommen die Kinder dann die Fotos ausgehändigt.
Anmerkung: Die Gefühlsfotos können in den folgenden Gruppenstunden auch bei anderen Themen wieder und weiter genutzt werden – wenn es z. B. darum geht, welche Gefühle bei verschiedenen Themen hervorgerufen werden oder auch beim Bekleben des Gefühlswürfels (s.u.)

Basteln eines Gefühlswürfels E G

Quelle: Wiesel
Alter: ab 6 Jahren
Intention: Erkennen und Wahrnehmen eigener Gefühle
Durchführung: Mithilfe einer Würfelvorlage basteln die Kinder einen eigenen Gefühlswürfel. Sie wählen dafür die Gefühlszustände aus, die sie für sich selbst am passendsten finden. Im Vorfeld sollte gemeinsam erarbeitet werden, welche Gefühle die Kinder allgemein kennen und welche sie an sich schon wahrgenommen haben. Nun kann der Würfel mit den Gefühlsausdrücken gestaltet werden: entweder in Form von Smileys bemalt oder aber mit Fotos der Kinder mit passenden Gesichtsausdrücken auf allen Würfelseiten beklebt werden.

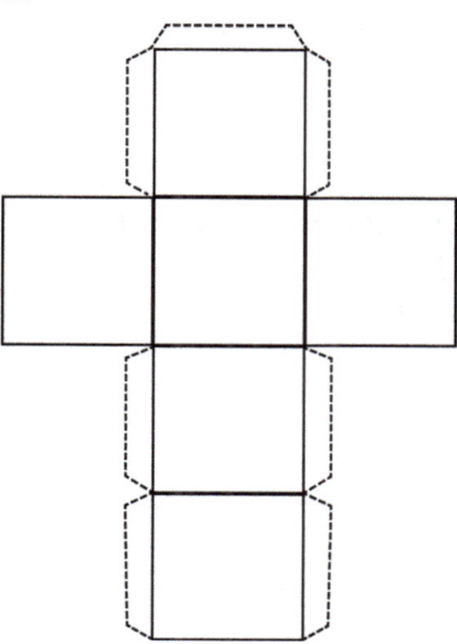

Anmerkung: Der Würfel kann auch im weiteren Gruppenprozess genutzt werden:

- Zur Gestaltung der Blitzlichtrunde
- Wenn es den Kindern in bestimmten Situationen schwerfällt, das passende Gefühl zu benennen

„Heute bin ich" (Bilderbuch von Mies van Hout, 2012) E G

Alter: ab 6 Jahren

Intention: Differenzierte Wahrnehmung von Gefühlszuständen und damit einhergehender Körperhaltung, Mimik, farblicher Untermalung

Aus dem Klappentext:

„Heute bin ich zufrieden. Und du? Bist du neugierig? Gelangweilt? Zornig? Mies van Hout hat Fische in leuchtenden Ölpastellfarben gemalt. Jeder Fisch drückt ein anderes Gefühl aus; mal ist es eine schöne, mal eine verwirrende Stimmung, manchmal eine heftige Empfindung, manchmal eine ganz zarte. Das Bilderbuch nimmt einen mit auf eine Reise durch die Welt der Gefühle. Es regt an, über Empfindungen zu reden, sie zu benennen und besser zu verstehen. Durch die großzügige Gestaltung auf jeder Doppelseite – ein Gefühl und ein Fisch – eignet sich das Buch auch sehr gut zum Zeigen in Kindergruppen."

Durchführung: In der Kindergruppenarbeit werden zunächst nur die Bilder gezeigt – die Erklärung wird verdeckt. Die Kinder haben so die Möglichkeit, den Fisch, seine Farbe, seine Struktur, seine Mimik, seine Haltung im Raum selbst zu interpretieren und mit Gefühlsausdrücken zu versehen.

„Welches Gefühl kenne ich an mir?" E G

Quelle: Wiesel

Alter: ab 6 Jahren

Intention: Wahrnehmen von eigenen Gefühlszuständen, mimischer Ausdruck

Durchführung: Mit den Kindern wird zunächst überlegt, welche Emotionen sie bereits kennen und/oder an sich wahrgenommen haben. Sie können dazu auch Szenen beschreiben, in denen sie diese Gefühle gespürt haben. Daraufhin erhalten sie mehrere Arbeitsblätter mit einer Gesichtsvorlage. In diese zeichnen sie den zu einer bestimmten Emotion gehörigen Gesichtsausdruck hinein. Ergänzend kann vermerkt werden,

- in welcher Situation sie dieses Gefühl an sich wahrnehmen/wahrgenommen haben,
- wie sie dieses Gefühl in ihrer Mimik oder durch ihre Verhaltensweisen anderen zeigen,
- welche Reaktionen sie von anderen diesbezüglich schon erfahren haben,
- welche Reaktionen sie sich von anderen Personen auf ihr Gefühl wünschen.

Fallbeispiel: Tina (8) ist die Tochter alkoholkranker und drogenkonsumierender Eltern. Sie lebt seit dem Alter von fünf Jahren in einer Wohngruppe, da es zwischen den Eltern im Rausch immer wieder zu handgreiflichen Auseinandersetzungen kam. Die Gruppe besucht sie seit mehreren Jahren. Sie beschreibt einen der ihr vertrauten Gefühlszustände (Trauer) wie folgt: Sie malt einen nach unten gebogenen Mund in die Vorlage hinein und vermerkt dazu, dass sie diese Emotion an sich wahrnimmt, wenn sie an ihre Eltern denkt und daran, dass sie nicht bei ihnen wohnen kann. Das Gefühl zeigt sich, indem ihr die Tränen kommen und sie dann auch nicht mit anderen spielen möchte. Sie wünscht sich in diesen Momenten, dass andere sie in den Arm nehmen.

Wutkerlchen basteln G

Quelle: unbekannt
Alter: ab 6 Jahren
Intention: Kreativität, Spannungsabbau
Durchführung: Die Kinder und Jugendlichen basteln aus Luftballons kleine Wutmännchen. Diese können beispielsweise in krisenhaften Situationen gedrückt oder gequetscht werden. Dazu wird zunächst ein Luftballon mit einer (Vogel-)Sand-Mehl-Mischung gefüllt. An einem zweiten Luftballon wird der Hals abgeschnitten und diese Luftballonhülle wird über den gefüllten Ballon gestülpt, sodass dieser verschlossen ist. Danach kann dem Wutmännchen mit Filzstift ein Gesicht gemalt und Haare aus Wolle aufgeklebt werden.
Anmerkung Wiesel: In Zusammenhang mit den gebastelten Wutmännchen kann mit den Gruppenteilnehmenden überlegt werden, was ihnen noch hilft, um Stress und Anspannung abzubauen. Positive Strategien können in der Gruppe gesammelt werden. Wichtig ist hierbei, darauf zu achten, dass die Strategien nicht an Genussmittel oder Ähnliches gekoppelt sind.

Gefühle-Quartett E G

Quelle: Kartenspiel von Ursula Enders & Dorothee Wolters, 2016
Alter: ab 3 Jahren
Intention: Kennenlernen verschiedener Gefühlszustände
Durchführung: Die Karten mit den Illustrationen der verschiedenen Gefühlsqualitäten können in der Gruppe z. B. als Quartettspiel genutzt werden. Ebenso können die Karten als Spielvorlage für Pantomime oder kleine Rollenspiele genutzt werden.
Anmerkung Wiesel: Auch hier ist es sinnvoll, die verschiedenen Gefühle mit den Kindern anzusprechen, insbesondere die, die sie an sich kennen. Wenn die elterliche Erkrankung bereits thematisiert wurde, kann mit den Kindern überlegt werden, welche der Gefühlskarten sie in Bezug auf die Erkrankung der Eltern wählen würden.

Kartenset Familie Erdmann E G

Quelle: Manfred Vogt & Bettina Bexte, 7. Auflage
Alter: ab 4 Jahre
Intention: 50 Therapiekarten und Poster
Durchführung: Mit ihrer aufrechten Körperhaltung und ihrem markanten Gesicht eignen sich die Erdmännchen der 50 Bildkarten sehr gut als Projektionsfläche für menschliches Erleben und als Identifikationsfiguren für Kinder. Durch ihren Gesichtsausdruck und ihre Körperhaltung zeigen sie unterschiedliche Gefühle und Stimmungen. Die Darstellungen helfen, sich ohne Worte mit der eigenen Befindlichkeit auseinanderzusetzen und mögliche Worte für Gefühlszustände zu finden.
Mit Familie Erdmann können folgende Themen behandelt werden

- Selbst- und Fremdwahrnehmung
- Aktuelle und ambivalente Gefühle erkennen und benennen
- Empfindungen, Stimmungen, innere Zustände und Haltungen
- Familien- und andere soziale Beziehungen
- Rückschau, aktuelle Situationsbeschreibung und Zukunftsprojektionen

Das GefühlsMix Spiel. Zum Umgang mit Emotionen und ambivalenten Gefühlen E G

Quelle: Manfred Vogt & Franziska Vogt-Sitzler, 7. Auflage.
Alter: ab 8 Jahren
Anzahl Spieler: 2–6

Beschreibung: Das Spiel soll das das Erkennen, Benennen und Differenzieren der eigenen Gefühlswelt fördern und die Kinder und Jugendlichen dabei unterstützen, auch die Gefühle anderer zu erkennen und einzuordnen.
*Das GefühlsMix Spiel bezieht sich auf die zentralen Grundgefühle: Wut, Angst, Trauer, Freude, Überraschung, Ekel. Diesen sind auf dem Spielbrett in farblich abgegrenzten Bereichen insgesamt 90 assoziierte Begriffe zugeordnet. Anhand von Fallvignetten interpretieren die Spieler*innen mögliche Gefühle der geschilderten Protagonist*innen und Antagonist*innen und ordnen sie den Begriffen zu. Ziel des Spiels ist es, über diese Zuordnung möglichst viele Spielchips auf den Gefühlsfeldern abzulegen. Ein Farbwürfel sorgt dafür, dass die Spielchips zufällig zurückgewonnen werden können und ermöglicht so bei der Beschäftigung mit ernsthaften Themen einen spannungsreichen, humorvollen Spielverlauf.*
www.mvsv.de/store/therapiebrettspiele/Das-GefuehlsMix-Spiel.html [Zugriff 8.1.2022]

Pantomimische Darstellung von Gefühlen G

Quelle: Wiesel
Alter: ab 8–10 Jahre
Intention: Gefühle darstellen und wahrnehmen
Durchführung: Die Gruppenleitung erstellt Pantomime-Kärtchen, auf denen unterschiedliche Zustände, Gefühle und Stimmungen vermerkt sind. Die Kinder/Jugendlichen ziehen nacheinander eine Karte und versuchen, das entsprechende Gefühl non-verbal darzustellen. Die Gruppe muss erraten, um welches Gefühl/Stimmung/Zustand es sich handelt.
Beispiele: *Überrascht, fröhlich, teilnahmslos, müde, traurig, niedergeschlagen, eifersüchtig, wütend, stolz, beschämt, streng, motiviert, mutig, unbekümmert, begeistert, verliebt, konzentriert, widerspenstig, erschöpft, ängstlich, glücklich, schüchtern, unterwürfig, verspielt, eifersüchtig, lässig, streng, schuldig, ernst, entsetzt, enttäuscht, angeekelt etc.*
Anmerkung: Falls die Kinder/Jugendlichen sich mit der Darstellung schwertun, können sie auch Zweier-Teams bilden und gemeinsam überlegen, wie sie die Begriffe darstellen könnten.

Modellieren des Gegenübers G

Quelle: unbekannt
Alter: ab 12 Jahren
Intention: Gefühle darstellen und wahrnehmen

Durchführung: Die Gruppe wird in Paare eingeteilt. Die eine Person modelliert als Bildhauer*in bestimmte Ausdrücke und Stimmungen in ihre*n Partner*in hinein (wie Verzweiflung, Freude, Nachdenklichkeit). Dabei wird das Modell lediglich in den Gelenken bewegt, die dann erstarren. Anschließend kann das Modell selbst erraten, mit welcher Emotion es zu versehen ist und/oder der/die Bildhauer*in erläutert seine/ihre Figur. Danach werden die Rollen getauscht.

Gefühlskette G

Quelle: unbekannt
Alter: ab 10 Jahren
Intention: Verändern von Gefühlsausdrücken
Durchführung: Die Gruppe bildet zwei Reihen, die sich einige (ca. 7) Meter voneinander entfernt gegenüberstehen. Die erste der Gruppe A nimmt einen Gefühlsausdruck an und geht zum ersten der Reihe B und übergibt ihm quasi den Gefühlsausdruck. Dieser nimmt ihn an, aber verändert den Gefühlsausdruck auf dem Weg zurück zum zweiten Spieler der Reihe A. Ihm übergibt er den neuen Ausdruck. Dieser setzt den Reigen fort und so läuft es weiter, bis alle Spieler*innen beteiligt waren.

Satzergänzungen 1 G

Quelle: Klein, M. et al. (2013); in Anlehnung an Tisch & Sibley (2004); ergänzt Wiesel
Alter: ab 8 Jahren
Intention: Gefühle ausdrücken; Situationen finden, die bestimmte Gefühle auslösen
Durchführung: Die Teilnehmenden ziehen nacheinander Kärtchen, auf denen jeweils ein Satzanfang zu einem bestimmten Gefühl steht. Dieser Satz soll vervollständigt werden. Mögliche Beispielsätze sind:

- Ich fürchtete mich, als …
- Es macht mich wütend, wenn …
- Ich ekle mich, wenn …
- Ich war einmal sehr stolz, als ich …
- Ich bin peinlich berührt, wenn …
- Ich fühle mich entspannt und gelöst, wenn …
- Ich war sehr überrascht, als …
- Ich freue mich, wenn …
- Ich fühlte mich schuldig, als ich …
- Ich bin traurig, wenn …
- Ich war sehr verzweifelt, als …

- Ich bin sehr nervös, wenn ich …
- Es hat mich maßlos geärgert, als …
- Ich werde misstrauisch, wenn …
- Mich packt die Sehnsucht, wenn ich …
- Ich bin sehr besorgt, wenn ich …
- Ich schämte mich, als …

Wichtig ist, den Kindern zu vermitteln, dass alle empfundenen Gefühle eine Berechtigung haben. Insbesondere Kinder aus suchtbelasteten Familien erleben oftmals eine Mixtur aus widersprüchlichen Gefühlen (sich sehr zu schämen, sich zugleich zu ekeln, zugleich eine Sehnsucht zu empfinden), die zu differenzieren und schlussendlich zu integrieren eines der Hauptanliegen unserer Arbeit ist.

Satzergänzungen 2 G

Quelle: Bilstein, E. & Voigt-Rubio, A. (1997), S. 18–20
Alter: ab 12 Jahren
Intention: Reflexion von Reaktionsmustern auf Gefühle, Stimmungen, körperliche Zustände
Durchführung: In dieser Übung geht es darum, eigene Reaktionsmuster auf bestimmte (Gefühls-)zustände zu reflektieren und mit der Gruppe alternative Möglichkeiten zu erarbeiten. Auf Karteikärtchen sind unterschiedliche Gefühle oder emotional besetzte Situationen notiert. Die Jugendlichen ziehen nacheinander eines der Kärtchen und suchen nach einer Ergänzung – möglichst unter Bezugnahme auf eigene Erlebnisse. Danach kann gemeinsam darüber diskutiert werden.

- Wenn ich ausgelassen bin …
- Wenn ich zufrieden bin …
- Wenn ich gut gelaunt bin …
- Wenn ich von anderen bewundert werde …
- Wenn ich wütend bin …
- Wenn ich erschöpft bin …
- Wenn ich mich missverstanden fühle …
- Wenn ich unsicher bin …
- Wenn ich eifersüchtig bin …
- Wenn ich enttäuscht bin …
- Wenn ich Angst habe …
- Wenn ich etwas Aufregendes erleben will …
- Wenn ich mich ausgeschlossen fühle …
- Wenn ich einsam bin …
- Wenn ich im Stress bin …

- Wenn ich neidisch bin …
- Wenn ich traurig bin …
- Wenn ich Langeweile habe …
- Wenn ich mich schäme …

Was sind Emotionen? E G

Quelle: in Anlehnung an Hornung, R. & Lächler, J. (1999), S. 57–66; angepasst Wiesel

Alter: ab 14 Jahren

Intention: differenzierte Beschäftigung mit Gefühlen

Durchführung: Mit den Jugendlichen werden Struktur und Bedeutungsgehalt von Emotionen erarbeitet. Dazu werden zunächst die drei Rubriken (Auslöser, Bestandteile und Funktionen von Gefühlen) vorgestellt. Anschließend können Emotionen (wie Angst, Wut, Freude, Trauer, Ekel, Überraschung, Scham, Schuld) evtl. auch an Beispielepisoden der Jugendlichen durchdekliniert werden.

1. **Auslöser:** Äußere Reize (z. B. Gefahrensituation); innere Reize (Gedanken, innere Dialoge, innere Bilder)
2. **Komponenten:**
   - Physiologische Erregung (z. B. bei Angst: Adrenalin-Ausschüttung, Aktivierung des Herz-Kreislauf-Systems, Herzklopfen),
   - expressive (= Ausdrucks-)Komponente (Gesichtsausdruck, Vokalisierungen in der Stimme; z. B. bei Angst: aufgerissene Augen, geöffneter Mund, leise Stimme, flacher Sprechduktus),
   - motivationale Komponente (Verhaltensanbahnung in Skelettmuskulatur und Körperhaltung, z. B. bei Angst: Körper stellt sich auf Alarm- und Handlungsbereitschaft ein),
   - kognitive (= gedankliche) Komponente (Bewertung der Situation, die mit Erinnerungen an frühere Erlebnisse, Erwartungen bezüglich der Zukunft etc. einhergeht),
   - Reaktion (Reaktionsweisen auf einzelne Emotionen können sehr unterschiedlich ausfallen, bei Angst: z. B. mit Flucht, mit Erstarren, mit der Suche nach Hilfe etc.).
3. **Funktionen:**
   - Regulation (Wiederherstellung des inneren Gleichgewichts, z. B. bei Hunger, Durst, Müdigkeit),
   - Auswahl (Speicherung derjenigen Informationen, die gefühlmäßig besetzt und somit bedeutsam sind; Aussortierung anderer emotional irrelevanter Informationen),

- Wertung (Gefühle zeigen an, was wir für wichtig halten, (wert-)schätzen oder ablehnen),
- Signal (Gefühl oder Befindlichkeit kann als eine Art Botschaft betrachtet werden, die uns etwas mitteilen möchte),
- Motivation (Gefühl als Anlass zu handeln).

Darstellung der Primäraffekte als Interaktionswünsche G

Quelle: in Anlehnung an Krause, R. (1997), S. 61–64; angepasst Wiesel
Alter: ab 14 Jahren
Intention: differenzierte Beschäftigung mit Gefühlen
Die Basisemotionen oder Primäraffekte (wie Freude, Wut, Ekel, Furcht, Traurigkeit und Überraschung) können auch nach Interaktionswünschen systematisiert werden. So zeigen negative Affekte oder Gefühle Wünsche nach einer veränderten Beziehung des Selbst zum anderen an, positive Affekte hingegen den Wunsch nach der Fortführung einer gerade bestehenden Beziehung. Der oder die andere ist in der Regel eine Person, es kann sich aber auch um ein Tier oder einen Gegenstand (z. B. ein [leckeres, verdorbenes] Nahrungsmittel) handeln.
Freude: Wunsch, dem anderen dadurch näherzukommen, dass der Abstand zwischen dem Selbst und dem anderen durch eine Bewegung des Selbst hin zum anderen verringert wird.
Trauer: Wunsch, den oder das entfernte andere dem Selbst näher zu bringen, ohne dass das Selbst die Bewegung ausführt.
Furcht: Wunsch, die Distanz zwischen dem Selbst und dem anderen durch eine Bewegung des Selbst weg vom anderen zu vergrößern.
Wut: soll eine Bewegung des anderen weg vom Selbst herbeiführen, indem der andere sich entfernt.
Ekel: Wunsch, die Distanz zwischen dem anderen und Selbst zu vergrößern, unter der Voraussetzung, dass das andere bereits im Selbst lokalisiert ist
Auch hier können emotional besetzte Beispielepisoden der Jugendlichen herangezogen werden, um die darin mitschwingenden Interaktionswünsche zu verdeutlichen. Diese Wünsche können auch pantomimisch aufgegriffen und symbolisiert werden, indem „Selbst" und „andere/r/s" und die Bewegung zwischen den beiden jeweils durch zwei Gruppenteilnehmende dargestellt werden.

„Meinen Ärger loswerden" G

Quelle: unbekannt
Alter: ab 12 Jahren
Intention: Wut und Ärger sozial adäquat äußern können

Durchführung: Die Gruppenteilnehmenden können sich in Zweier- oder Dreiergruppen zusammenfinden. Je nach Gruppengröße ist es auch möglich, die Übung in der Gruppe gemeinsam durchzuführen. Die Gruppenteilnehmenden ziehen jeweils ein Situationskärtchen. Auf den Kärtchen sind folgende Szenen beschrieben:

- Du stehst beim Bäcker in der Schlange und kommst endlich dran. Da drängelt sich jemand von hinten vor und will gleich bedient werden.
- Du kommst später von der Nachmittagsschule nach Hause. Deine Geschwister haben dir von deinem Lieblingskuchen kein einziges Stückchen übriggelassen.
- Du fährst mit dem Fahrrad. Der Radweg ist durch ein parkendes Auto versperrt; der Fahrer sitzt bei offenem Fenster im Wagen.
- Du reist in einem Eisenbahnabteil. Die Person dir gegenüber macht es sich bequem und zieht die Schuhe aus. Der Geruch ist unerträglich.
  - Es besteht auch die Möglichkeit, dass die Jugendlichen selbst ein Beispiel aus ihrem Alltag einbringen und dieses besprechen.
  - Wenn die Jugendlichen dazu bereit sind, können die Beispiele auch in einem Rollenspiel durchgespielt werden, mit verschiedenen Handlungsideen.
  - Die Gruppe tauscht sich anschließend aus, wie sie in dieser Situation reagieren würden und was sie glaubt, welche Art den Ärger mitzuteilen hilfreich wäre.
  - Mögliche Fragen an die Gruppe könnten sein: *Was habt ihr entdeckt? Was hat sich als hilfreich erwiesen, was hat den Streit schlimmer gemacht? Welche Situationen waren für euch einfach, welche schwieriger?*

Anmerkung Wiesel: Spezifische Situationen zum Thema Sucht könnten sein:

- Du kommst nach Hause und deine Mutter schläft auf dem Sofa, da sie wieder getrunken hat. Eigentlich hattet ihr aber gestern Abend vereinbart, zusammen shoppen zu gehen
- Dein Vater erscheint angetrunken auf dem Elternabend. Am nächsten Tag spricht dich dein Lehrer darauf an.
- Für das Wochenende war ein Familienausflug an den Badesee geplant. Jetzt haben sich deine Eltern gestritten, weil dein Vater in der Spielhalle zum wiederholten Male das Haushaltsgeld verspielt hat. Der Ausflug fällt aus. (Siehe auch Rollenspiel Kapitel 1.2.6.)

Literatur

Bilstein, E. & Voigt-Rubio, A. (1991): **Ich lebe viel. Materialien zur Suchtprävention.** Verlag an der Ruhr.

Enders, U. & Wolters, D. (2016): **Gefühle Quartett.** Pädagogisch-therapeutisches Spielmaterial. Köln: Mebes & Noack.

Hornung, R. & Lächler, J. (1999): **Psychologisches und soziologisches Grundwissen für Krankenpflegeberufe.** Weinheim: Beltz.

Horst Gugerbauer-Spieldesign: Neues Spielen – pädagogische Spielmaterialien. **Der Mimürfel. Das Mimürfel-Buch. Alle Regeln**. Berlin.

Klein, M., Moesgen, D., Bröning, S. & Thomasius, R. (2013): **Kinder aus suchtbelasteten Familien stärken. Das „Trampolin"-Programm.** Göttigen: Hogrefe.

Krause, R. (1997): **Allgemeine psychoanalytische Krankheitslehre. Band 1: Grundlagen**. Stuttgart: Kohlhammer.

Tisch, R. & Sibley, L. (2004): **Celebrating families! Familiy resources international.** www.preventionpartnership.us

van Hout, M. (2012): **Heute bin ich**. Zürich: aracari.

Vogt, M. & Bexte, B. (o.J.): **Kartenset Familie Erdmann.** M. Vogt Spieleverlag.

Vogt, M. & Vogt-Sitzler, F. (o.J.): **Das GefühlsMix Spiel.** M. Vogt Spieleverlag.

Weiterführende Literatur und Film

Gräßer, M., Hovermann jun., E. & Botved, A. (2018): **Therapie-Tools. Malen mit Kindern und Jugendlichen** (mit E-Book inside und Malvorlagen). Weinheim: Beltz.

Heller, E. (1994): **Die wahre Geschichte von allen Farben. Für Kinder, die gern malen.** Oldenburg: Lappan.

Kreul, H. (2016): **Ich und meine Gefühle.** Emotionale Entwicklung für Kinder ab 5, durchgehend farbig illustriert von Dagmar Geisler. Bindlach: Loewe.

Llenas, A. (2015): **Das Farbenmonster: Ein Pop-up-Bilderbuch.** Christophorus-Verlag.

Film: **Alles steht Kopf.** Regie: Pete Docter. USA, 2015

1.2.3 Körper

Viele der von uns betreuten Kinder haben nur wenig Bezug zu ihrem Körper. Sie leiden entweder unter mangelndem Körperkontakt oder unter unvermittelten, gar übergriffigen Berührungen. Auffällig ist, dass etwa jedes fünfte der von uns betreuten Kinder Übergewicht zeigt, was auf die ungesunde Ernährungsweise im elterlichen Haushalt, auf Bewegungsmangel und nicht zuletzt auf das emotionale

Defizit hinweist, das mittels Nahrungszufuhr vermeintlich gefüllt wird. Zudem können Elternteile, die aufgrund ihrer Abhängigkeit und/oder weiteren psychischen Störungen wie Depressionen sich selbst vernachlässigen und/oder körperliche Folgeerkrankungen aufweisen, kaum als Vorbild für einen wertschätzenden und verantwortungsvollen Umgang mit der eigenen Leiblichkeit fungieren (gar nicht zu sprechen von der immer wieder anzutreffenden mangelnden Gesundheitsfürsorge für die Kinder).

Weitere, sich im Körperlichen widerspiegelnde Reaktionen von Kindern und Jugendlichen auf die (sucht-)belastete häusliche Atmosphäre besteht in der Entwicklung psychosomatischer Symptome wie Bauch- und Kopfschmerzen, Schlaflosigkeit, Schwindel- und Ohnmachtsanfällen. Im Folgenden werden einige Methoden und Hinweise angeführt, die den Aspekt des Somas aufgreifen.

1.2.3.1 Körperumrisse

Körperumriss 1: Selbstbildnis E G

Quelle: Wiesel
Alter: ab 8 Jahren
Intention: Visualisierung des Selbst, des Äußeren
Durchführung: Die Kinder und Jugendlichen erhalten DIN A3-Blätter und Malmaterialien (je nach Alter: Stifte, Wachsmalstifte, Kohlestifte, Wasserfarben, Ölkreide) und erstellen ohne weitere Vorgabe ihr Selbstporträt. Im Anschluss wird es aufgehängt und gewürdigt. Mögliche Fragen: *Gefällst du dir? Was gefällt dir besonders an dir? Worauf bist du stolz? Was ist typisch für dich? Was unterscheidet dich von anderen? Gibt es Ähnlichkeiten mit Familienmitgliedern? Was fällt besonders auf?*
Variation: So sehe ich mich in fünf Jahren. Mögliche Fragen: *Inwiefern werde ich anders aussehen, anders sein im Vergleich zu heute?*
Variation: So möchte ich gerne gesehen werden.

Fallbeispiel: Jannis ist der 9-jährige Sohn einer glücksspielsüchtigen Mutter (Automatenspiel). Sie selbst stammt aus einer alkoholbelasteten und glücksspielaffinen Familie, in der es im Zusammenhang mit Konsum und Geldproblemen häufig impulsiv bis aggressiv zugegangen war. Gewalttätige Szenen zwischen den Mitgliedern der mütterlichen Herkunftsfamilie, aber auch zwischen seiner Mutter und seinem Vater, der – gemäß Mutter – ebenfalls einen pathologischen Umgang mit Alkohol, Drogen und Glücksspiel aufgewiesen hatte und über den sie „da erst so richtig hineingeraten“ sei, hat Jannis von klein auf miterlebt.

Zu Beginn der Betreuung war die Mutter hochverschuldet und konnte kaum noch das Geld für die notwendigsten Belange aufbringen. Jannis hatte in verschiedenen Kontexten (Grundschule, Betreuung am Tag) oppositionelles bzw. äußerst aggressives Verhalten gezeigt (Ausbrüche, Angriffe auf Lehrkräfte, Betreuer*innen und Mitschüler*innen) und war infolgedessen daraus ausgeschlossen worden. Die Empfehlung der Kinder- und Jugendpsychiatrie, in der er sich kurzzeitig aufhielt, lautete auf medikamentöse Behandlung und Aufnahme in die teilstationäre Therapie der Tagesklinik. Zum Zeitpunkt der Erstellung des Selbstbilds besuchte Jannis eine Förderschule, die Mutter hatte sich inzwischen in stationäre Entwöhnung begeben und Jannis wartete auf den Platz in der Tagesklinik.

Zu seinem Bild gab er an: *Das ist ein Panzer-Skorpion. Er kann ausrasten, er kriegt dann Zacken und schlägt alles kaputt. Er gleicht mir, weil ich auch oft ausraste. Dabei will er das gar nicht. Er will niemandem schaden. Er kann sich nur nicht kontrollieren. Seine drei Augen starren mich an. Der Hut bedeutet, dass er eigentlich nur so sein will wie ein anderer, wie ein Mensch. Ich kann auch so auftreten, dass andere Angst vor mir bekommen. Ich kann sehr aggressiv werden. Ich weiß selbst nicht, wie das geschieht. Ich weiß auch nicht, wie ich da wieder rauskommen kann. Es erschreckt mich selbst, wie sehr ich manchen Leuten Angst machen kann. In Folgegesprächen konnte mit Jannis vertieft werden, in welchen Situationen der (sein) Panzer-Skorpion zum Vorschein kommt, wie und mit welchen Mitteln er seine Wut zeigt, wie er sich möglicherweise beruhigen lassen könnte etc.*

Körperumriss 2: Körperteile und Eigenschaften E G

Quelle: unbekannt
Alter: ab 8 Jahren
Intention: Beschäftigen mit Eigenschaften, die im Körperlichen festgemacht werden
Durchführung: Die Teilnehmenden zeichnen auf ein DIN A3-Blatt die Umrisse eines menschlichen Körpers. In diesen Körper hinein malt jedes Kind, was es für sich selbst als besonders charakteristisch empfindet (z. B. Zunge – schlagfertig;

Ohren – besonders gut zuhören; geschlossene Augen – oft vor sich hinträumend; Herz – wenn es besonders mitfühlend ist; Fäuste – wenn sie schnell zuschlagen etc.). Danach werden die einzelnen Körperbilder aufgehängt und erläutert.

Fallbeispiel: Die 8-jährige Anka ist die mittlere von drei Töchtern in einer suchtbelasteten Familie. Die Mutter weist eine Alkoholabhängigkeit auf, als Komorbidität eine Borderline-Störung. Der Vater von Anka trinkt ebenfalls, wenn auch nicht so exzessiv wie die Mutter; zudem konsumiert er gelegentlich Cannabis und Amphetamine. Die Töchter haben bereits heftige Auseinandersetzungen zwischen ihren Eltern unter Substanzeinfluss miterlebt, mehrere Selbstmordversuche der Mutter, die ältere Schwester von Anka hat mehrmals die Polizei gerufen. Unter Auflage des Jugendamts hat die Mutter von Anka bereits zwei längere Entwöhnungsbehandlungen hinter sich; die Kinder verblieben jeweils und unter Einschaltung einer Familienhilfe in der Obhut des Vaters.

Anka erläutert zu ihrem Selbstbildnis: *„Ich singe gerne und höre oft Musik (Kopfhörer in der Hand). Meine Backen habe ich rot gemalt, weil sie in der Kälte rot anlaufen. Ich mache mich gerne schick, ziehe mich fein an. Das Herz auf der Brust steht für meine Familie.“* Auf Nachfrage, warum sie ihren Mund so riesengroß gemalt hat, erklärt Anka: *„Ich schreie auch laut. Ich rede auch sehr viel. Das ist auch meine Wut, die da rauskommt.“*

Körperumriss 3: Körperteile und Gefühle E G

Quelle: unbekannt
Alter: ab 10 Jahren
Intention: Wahrnehmen von Gefühlszuständen, Körperwahrnehmung in Verbindung mit Gefühlszuständen
Durchführung: Die Kinder oder Jugendlichen können sich selbst malen oder erhalten eine Körpervorlage. Die Organe und Gliedmaßen etc. werden jeweils mit einer Aussage über Gefühlszustände verbunden:

Kopf: Was mir durch den Kopf geht (damit bin ich gedanklich beschäftigt).

Mund: Dafür fehlen mir die Worte (darüber rede ich nicht gerne; das kann mit Worten gar nicht ausgedrückt werden).
Ohren: Davon klingeln mir die Ohren (das will ich nicht hören).
Hals: Davon bekomme ich einen dicken Hals (das macht mich wütend).
Herz: Dafür schlägt mein Herz (das liebe ich).
Magen: Das liegt mir im Magen (das macht mir Sorgen).
Beine: Das bewegt mich (das motiviert mich).
Füße: Darauf stehe ich (das mag ich).

Fallbeispiel: Marie, 12 Jahre alt, ist aktuell in einer stationären Jugendhilfemaßnahme. Ihre Mutter war aufgrund ihrer Heroinabhängigkeit (Substitution mit Beigebrauch) nicht mehr in der Lage gewesen, sich um sie und ihre jüngere Halbschwester (6) zu kümmern; weder vermochte sie in emotionaler Hinsicht Ansprechpartnerin für ihre Töchter zu sein, noch deren Basisversorgung sicherzustellen. Marie hatte pflegerische Tätigkeiten an der jüngeren Schwester übernehmen müssen und diese auch beaufsichtigt, wenn die Mutter „unterwegs" war. Die beiden Schwestern hatten zudem häufig Auseinandersetzungen zwischen ihrer Mutter und deren (ebenfalls konsumierendem) Lebensgefährten erlebt. Schlussendlich waren die beiden Kinder von dem zuständigen Jugendamt in Obhut genommen worden: Während Marie in einer Wohngruppe unterkam, war, nahmen die Großeltern die jüngere Schwester auf.

Ihr Körperbild hat Marie noch zu Zeiten des Zusammenlebens mit ihrer Mutter wie folgt gestaltet (im Alter von 10 Jahren):
Kopf: Meine Mama
Mund: Dass ich meiner Schwester sage, dass ich sie lieb hab.
Ohren: Wenn es laut ist.
Hals: Ärgern
Herz: Meine Schwester
Magen: Erbsen
Beine: Die Worte, die mir niemand sagt.
Füße: Die Musik der Punk-Rock-Band „Die Ärzte"

Anmerkung Wiesel: Hier kann in einem zweiten Schritt überlegt werden, an welchem eigenen Körperteil sich am ehesten die Suchterkrankung der Eltern bemerkbar macht. Wie eingangs beschrieben, ist es wichtig, eine etwaige Konversion (Umkehr, Verlagerung) der psychischen Belastung ins Organische frühzeitig zu erkennen, Zusammenhänge herzustellen, mit den Kindern und Jugendlichen zu erarbeiten, an welchem Organ sie sich für besonders empfindsam, vulnerabel halten etc.

Körperumriss 4: Anforderungen [E] [G]

Quelle: Fachstelle Suchtprävention – Frühintervention des Beratungs- und Behandlungszentrums des Caritasverbandes Schaumberg-Blies e.V./Ute Müller-Biehl
Alter: ab 12–14 Jahre
Intention: Verdeutlichen von Anforderungen, die gestellt werden, Umgang mit Stresssituationen
Durchführung: Auf ein großes Plakat wird ein Körperumriss gemalt. Dieses Plakat wird für alle sichtbar aufgehängt. Die Gruppe soll dann gemeinsam folgende Fragen beantworten: *Welche Aufgaben und Anforderungen werden im Alltag an euch gestellt (z. B. in der Schule/Ausbildung; durch die Eltern oder den Freundeskreis)?* Diese werden durch die Gruppenleitung **außerhalb des Körperumrisses** notiert.
Ist die Sammlung abgeschlossen, soll in einem weiteren Schritt überlegt werden, wie sich diese Anforderungen und Aufgaben auf die Gefühlswelt der Jugendlichen auswirken (*Wie reagiert ihr auf die Anforderungen; was bewirken sie bei euch? Welche Gefühlszustände rufen sie hervor?*) Die Antworten werden **im Körperumriss** verzeichnet.
Als weiteren Schritt kann in einem zusätzlichen Körperumriss aufgezeichnet werden, wie jede*r der Gruppenteilnehmenden mit möglichem Druck oder Stress umgehen kann. Welche neuen Handlungsalternativen können hier gefunden werden? (*Welche Möglichkeiten habt ihr, um anders auf Drucksituationen zu reagieren? Was könnt ihr tun, um Druck abzulassen bzw. um euch auch unter Druck oder in brenzligen Situationen besser zu fühlen?*) Diese zweite Darstellung mit Lösungsalternativen ist wichtig, da Teil 1 unter Umständen mit negativen Gedanken verbunden ist, Teil 2 hingegen auf praktische, positive Alternativen zielt.

1.2.3.2 Sinneswahrnehmung, Entspannung

(Kinder-)Schminken [G]

Quelle: unbekannt
Alter: ab 4 Jahren
Intention: taktile Sensationen im Gesicht, Verwandlung, Spaß
Durchführung: Die Kinder können entweder von der Gruppenleitung geschminkt werden, oder, wenn sie schon älter sind, sich gegenseitig schminken. Anleitungen und Anregungen finden sich in der Literatur bzw. im Internet.

Gipsmasken [G]

Quelle: unbekannt
Alter: ab 10 Jahren
Intention: Erfahren und Erfassen der eigenen Gesichtskonturen, Vertrauen, Abgabe von Kontrolle
Durchführung: Anleitungen und Anregungen finden sich in der Literatur bzw. im Internet.
Anmerkung: Die Gipsmasken können in einer Folgesitzung auch bemalt werden. Hier können sich die Kinder/Jugendlichen aussuchen, ob sie ein Selbstporträt erstellen möchten, ein Gesicht, das darstellt, wie sie gerne aussähen, ein Fabelwesen etc. Die beiden Gesichtshälften können auch mit unterschiedlichen Motiven versehen werden (beispielsweise „meine Tag- und meine Nachtseite").

Gesichtsmasken [E] [G]

Alter: ab 10 Jahren
Intention: Erfrischung und Entspannung der Haut, Verwöhnung, Vertrauen
Durchführung: Den Kindern bzw. den Mädchen werden verschiedene Masken zur Auswahl angeboten und dann gemeinsam zubereitet. Zum Beispiel eine Mandel-Maske, die feuchtigkeitsspendend und für jeden Hauttyp geeignet ist: **1 Hand voll Mandeln (vorher einweichen)**, **1/2 Gurke**, **1 TL Honig** und **1 TL Joghurt** werden im Mixer zu einer glatten Creme verrührt. Die Kinder tragen sich paarweise die Masse auf das nasse Gesicht auf und lassen sie trocknen. Anschließend wird die Maske gründlich abgewaschen.
Anmerkung: Im Internet finden sich unzählige Anleitungen zur Herstellung von Gesichtsmasken.

Massagen [E] [G]

Alter: ab 4 Jahren
Intention: Entspannung, Vertrauen, Spaß
Durchführung: Das Kind liegt auf dem Bauch; ein anderes Kind oder die Gruppenleitung massiert den Rücken. Die Gruppenleitung leitet währenddessen laut an.

Wettermassage E G

Quelle: maeusemama.blogspot.com [Zugriff 3.03.22]

Es scheint die Sonne.	Die Hände werden warm gerieben, dann auf den Rücken gelegt.
Es ziehen Wolken auf.	Mit den Händen langsam über den Rücken reiben.
Es fängt zu regnen an.	Mit den Fingerspitzen auf den Rücken klopfen.
Es regnet stärker.	Stärker mit den Fingern auf den Rücken klopfen.
Auf einmal kommen Blitze.	Zickzack auf den Rücken malen, leicht in den Rücken zwicken.
Donner ertönt übers Land.	Mit den Fäusten leicht trommeln.
Doch der Wind pustet alle Wolken weg.	Pusten und dabei über den Rücken streichen.
Der Regen lässt nach.	Das Klopfen mit den Fingerspitzen nimmt ab.
Und da ist sie auch schon, die Sonne scheint wieder.	Wieder werden die Hände warm gerieben, abschließend auf den Rücken gelegt .

Pizzamassage

Quelle: Katholische Jungschar Erzdiözese Wien

Zuerst nehmen wir ein Stück Teig und kneten es gründlich durch.	Mit beiden Händen den Rücken durchkneten, aber nicht zu fest.
Dann fetten wir das Pizzablech mit einem Pinsel ein.	Mit den Fingerspitzen über den ganzen Rücken streichen.
Nun breiten wir den Teig auf dem Blech aus.	Mit der Faust von der Mitte her zu den Rändern vom Rücken streichen.
Als Erstes kommt Tomatensoße auf die Pizza.	Mit der Handfläche kreisförmige Bewegungen machen.
Anschließend verteilen wir Champignons auf der Pizza.	Mit einem Finger den Rücken an unterschiedlichen Stellen berühren.
Nun legen wir Salami- oder Schinkenscheiben darauf.	Den Handballen auf den Rücken drücken und leicht drehen.
Die Zwiebeln und Paprika schneiden wir erst in kleine Stücke, bevor wir sie drauflegen.	Mit der Handkante die Messerbewegungen machen.
Nun kommt noch Oregano dazu.	Mit mehreren Fingern abwechselnd überall am Rücken ganz leicht antippen.
Und zum Schluss streuen wir noch geriebenen Käse über die gesamte Pizza.	Am gesamten Rücken immer wieder eine Faust auf den Rücken legen und dann die Hand öffnen.
Nun kommt die Pizza in den Ofen und wird ordentlich gebacken.	Hände aneinander reiben und dann die Handflächen auf den Rücken drücken.

Guten Appetit!!

Anmerkung: Massagen bieten sich insbesondere zum Abschluss einer Sitzung an. Die meisten Kinder lieben die Massagen sehr und zeigen sich einfallsreich in der Erfindung neuer Varianten. Bekannt sind weiterhin die „Waschstraße“ und natürlich klassische Ballmassagen.

1.2.3.3 Fantasiereisen, Entspannung und Imagination

Fantasiereisen E G

Fantasiereisen nutzen wir in der Arbeit mit den Kindern zum einen zur Einstimmung für Methoden, in denen es darum geht, sich in bestimmte Situationen zu versetzten oder sich bestimmte Szenen vorzustellen. z. B.

- Zauberspiegel („Du betrittst einen Raum, in dem sich zwei Spiegel befinden, der eine zeigt dich, wie du jetzt gerade bist, der andere ist ein Zauberspiegel. Er schenkt dir einen Blick in deine Zukunft …“) – s. Kap. 1.2.1
- Familie in Tieren („Ein Zauberer verzaubert deine Familie in Tiere...“) – s. Kap. 1.2.5

Zum anderen setzen wir Fantasiereisen als eigenständige Einheiten zur Entspannung, zum Abbau von Unruhe und zur Stressreduktion ein.

Entspannung

Hier sei verwiesen auf **Die Kapitän Nemo Geschichten. Geschichten gegen Angst und Stress** (mit Audio-CD) von Ulrike Petermann, 2001.
„Die Entspannungsgeschichten sind für Kinder im Alter von etwa fünf bis zwölf Jahren konzipiert und eignen sich sowohl zum Vorlesen als auch zum selbstständigen Lesen. Leitfigur ist Kapitän Nemo, der die Kinder zu Reisen durch die Weltmeere mit dem Unterwasserboot Nautilus einlädt. Bei abwechslungsreichen Ausflügen in die Unterwasserwelt besuchen sie u.a. einen Korallenwald, suchen eine Schatzkarte, reiten auf Riesenschildkröten oder erkunden die Unterwasserstadt Atlantis. Die Geschichten zielen darauf ab, den Kindern Strategien zur Selbstberuhigung und Entspannung zu vermitteln, die sie selbstständig in schwierigen Alltagssituationen anwenden können.“
Weiterhin verwiesen sei auf **Autogenes Training mit Kindern** (mit Audio-Übungen) von Karl Heinrich Behringer und Nicole Rösch, 2016.

Imaginationen

Eher im Einzelsetting können Imaginationen mit Kindern und Jugendlichen, die einen entsprechendem Bedarf aufzeigen, durchgeführt werden, beispielsweise die **Imaginationsreise zum sicheren Ort** – eine genaue Anleitung findet sich in: **Gruppenpsychotherapie mit Kindern**: **Ein Praxisbuch** von Claudia Heinemann und Thomas von der Horst, 2008.

1.2.3.4 Ernährung und Bewegung

Kinder und Jugendliche mit Übergewicht

Das Ansinnen, von Adipositas Betroffene innerhalb einer Gruppe für Kinder und Jugendliche aus suchtbelasteten Familien behandeln zu wollen, ist illusorisch. Neben diesbezüglichen Elterngesprächen und ggf. Weitervermittlung in Adipositas-Beratungsstellen (z. B. in den regionalen Gesundheitsämtern), in Adipositas-Programme (wie z. B. Moby Kids) oder Hilfestellung beim Beantragen einer entsprechenden Kur, können wir jedoch die Kinder und Jugendlichen insofern unterstützen, als dass wir:

- in den Gruppenstunden einen gesunden Imbiss anbieten (viel Obst, gelegentlich Rohkost; erst danach Getreideprodukte wie Brezeln, Kekse oder dergleichen),
- mit den Kindern und Jugendlichen gesundheitsbewusst kochen und backen (siehe Freizeitgestaltung, Kapitel 2),
- entsprechende Workshops gemeinsam mit der TAFEL (Allgemeiner Dienst des Caritasverbandes Schaumberg-Blies e. V.) durchführen,
- einen Sinnesparcours zum Thema Ernährung vorhalten (s.u.).

Sinnesparcours zum Thema Ernährung G

Quelle: KErn – Kompetenzzentrum für Ernährung an der Bayerischen Landesanstalt für Landwirtschaft (2015); angepasst (verkürzt) Wiesel
Alter: ab 6 Jahren
Intention: Kennenlernen neuer Lebensmittel, Sensibilisierung der Sinne, bewusste Wahrnehmung von Geschmack, Geruch, Qualität (Frische, Reife, Verderb), Steigerung der Genussfähigkeit
Durchführung: Aufbau und Durchlaufen der Stationen:

1. **Sehen von Lebensmitteln:** (Äpfel, Weintrauben, Zwiebeln, Tomaten, Kartoffeln, Gurken – in ganzer, halbierter oder stückiger und in verarbeiteter Form, z. B. Apfelmus, Rosinen, Essiggurke)
2. **Ertasten von Lebensmitteln in Fühlsäckchen:** Tasten einzelner Lebensmittel wie Suppennudeln, Reis, Linsen, Erbsen etc. oder vergleichendes Tasten (linke

Hand tastet etwas anderes als rechte: z. B. Haselnuss und Walnuss; Apfel und Birne; Kohlrabi und Kartoffel)

3. **Riechen und Erraten von Lebensmitteln:** In Riechdosen (stark duftende Kräuter wie Basilikum, Pfefferminze; Gewürze wie Vanille, Zimt; Zitrone/Orange; geräucherter Schinken oder Parmesan)
4. **Schmecken der vier Grundgeschmacksrichtungen:** Süß (Zuckerlösung), salzig (Salzlösung), sauer (Zitronensäurelösung), bitter (Enzianwurzeltee); alternativ: Kinder verkosten blind verschiedene Obst- und Gemüsearten, die ähnlich schmecken (Apfel und Paprika; Apfel und Kohlrabi; Gurke und Honigmelone; Gurke und Zucchini)
5. **Hören:** (eigener Kaugeräusche), indem sich die Kinder beim Probieren von Lebensmitteln – geräuschvoller Lebensmittel wie frische Karotten, Knäckebrot, Reiswaffel, Zwiebel, Apfel – die Ohren zuhalten

Anmerkung Wiesel: Es können auch einzelne Teile aus dem Sinnesparcours entnommen und erweitert werden (z. B. ausführliche Geruchsprobe unterschiedlicher Küchenkräuter für Jugendliche).

1.2.3.5 Sportliche Aktivitäten

Sämtliche sportliche Aktivitäten mit den Kindern und Jugendlichen tragen dazu bei, Körpergefühl und Körperbeherrschung zu fördern sowie Selbstwirksamkeit und Teamgeist zu entwickeln. Am häufigsten gehen wir klettern oder schwimmen. Gerade in Bezug auf das **Klettern** spielt die Körpererfahrung und -koordination (Spüren von Anspannung, Entspannung, Schmerzen in den Muskeln, Ausprobieren unterschiedlicher Klettertechniken) eine große Rolle, neben dem Entwickeln von Vertrauen, Überwindung von Angst, Förderung des Selbstwertgefühls, Entwicklung von Leistungsaspiration. Unabdingbar ist hierbei eine Fachkraft, die über einen Kletterschein verfügt. Weitere Anregungen für sportliche Aktivitäten finden sich in Kapitel 2: Freizeitaktivitäten.

1.2.3.6 Sexualität

Das Thema Sexualität spielt für (vor-)pubertäre Kinder und Jugendliche eine große Rolle: zum einen im Sinne des ganz normalen Entwicklungsprozesses, zum anderen wiederum vor dem Hintergrund der Suchtbelastung in der Familie, die oftmals mit mangelnder elterlicher Sensibilität einhergeht: angefangen von obszönem Sprachgebrauch, über wenig verdeckte sexuelle Aktivitäten, Betrachten von pornografischem Material bis hin zu übergriffigem Verhalten gegenüber

Kindern und Jugendlichen. Wenn das Thema Sexualität in der Gruppe angesprochen bzw. Interesse bekundet wird, kann mithilfe entsprechender Materialien (z. B. Ausleihe aus Pro Familia Beratungsstelle; Filme) eine Aufklärungs-Einheit eingefügt werden. Ergänzend können auch Gruppenstunden zum Thema Abgrenzung gestaltet werden, z. B. mittels Präventionsmaterialien gegen sexuellen Missbrauch von Mädchen und Jungen.

Literatur

Behringer, K.H. & Rösch, N. (2016): **Autogenes Training mit Kindern** (mit Audio-Übungen). Weinheim Basel: Beltz.

Croos-Müller, C. (2019): **Hand aufs Herz: Leichte Körperübungen für neuen Mut und Zuversicht.** München: Kösel.

Croos-Müller, C. (2017): **Alles gut – Das kleine Überlebensbuch: Soforthilfe bei Belastung, Trauma & Co.** München: Kösel.

Croos-Müller, C. (2012): **Nur Mut! Das kleine Überlebensbuch: Soforthilfe bei Herzklopfen, Angst, Panik & Co.** München: Kösel.

Croos-Müller, C. (2011): **Kopf hoch – das kleine Überlebensbuch: Soforthilfe bei Stress, Ärger und anderen Durchhängern.** München: Kösel.

Croos-Müller, C. (2020): **Ich schaf(f) das! Leichte Körperübungen für mehr Lebenspower.** 50 Karten. München: Kösel.

Enders, U. (Hg). (2011). **Zart war ich, bitter war`s. Handbuch gegen sexuellen Missbrauch.** Vollständig überarbeitete und erweiterte Neuausgabe. Köln: Kiepenheuer & Witsch.

Heinemann, C. & von der Horst, T. (2008): **Gruppenpsychotherapie mit Kindern: Ein Praxisbuch**. Stuttgart: Kohlhammer.

Julie (2016): **Wettermassage für Kinder**. Zugriff am 16.3.22 unter https://maeusemama.blogspot.com/2016/05/wettermassage-fur-kinder.html.

KErn – Kompetenzzentrum für Ernährung an der Bayerischen Landesanstalt für Landwirtschaft (2015): **Auf die Sinne fertig los ... Komm` auf den Geschmack! Leitfaden zur Durchführung des Sinnesparcours.**

Kruck-Homann, M. (2012): Sexuelle Gewalt – Basiswissen, Prävention und Intervention. In: Sielert, U. & Schmidt, R.-B., **Sexualpädagogik in beruflichen Handlungsfeldern**, S. 212–248. Köln: Bildungsverlag EINS.

Petermann, U. (2001): **Kapitän Nemo Geschichten. Geschichten gegen Angst und Stress** (mit Audio-CD). Göttingen: Hogrefe.

Salbert, U. (2006): **Ganzheitliche Entspannungstechniken für Kinder.** Münster: Ökotopia Verlag.

Uniklinik Düsseldorf: **Kindermassagen: Pizzabacken**. www.uniklinik-duesseldorf.de/fileadmin/Fuer-Patienten-und-Besucher/Kliniken-Zentren-Institute/Verwaltung/Gleichstellungsangelegenheiten/Dateien/Entspannung_und_Kindermassagen.pdf

1.2.4 Biografie

Die Kinder und Jugendlichen, die zu uns in die Beratung bzw. in die Gruppenangebote kommen, haben häufig schon einen eindrucksvollen, außergewöhnlichen Lebens- und teilweise auch Leidensweg hinter sich. In diesem Kapitel werden Methoden vorgestellt, die dazu dienen, sich gemeinsam mit älteren Kindern, Jugendlichen und jungen Erwachsenen ihrem bisherigen Lebensverlauf zu widmen, bedeutsame Stationen zu erkennen, zu verstehen und zu symbolisieren und einen Ausblick auf die Zukunft zu entwerfen.

Mein Leben mit den Persona- und Personita-Kartensätzen [E] [G]

Quelle: Ely Raman, 1994; Ely Raman & Marina Lukyanova, 2006, s. Kap. 1.2.1
Verwendung: Wiesel
Alter: ab 12 Jahren
Intention: Darstellung des bisherigen Lebensverlaufs, Ausblick
Durchführung: Die Kinder- und Erwachsenenportraits können dafür verwendet werden, in einer Linie bisherige Lebensstationen, aber auch Vorstellungen von sich selbst in der Zukunft (wie möchte ich aussehen? wirken? leben?) zu entwerfen. Entsprechende Aufforderungen könnten lauten: *Stelle mithilfe der Bilder/Porträts deine bisherige Entwicklung/deine gewünschte Entwicklung dar. Wie willst du als Erwachsene*r sein? Welche Figuren sprechen dich an? Warum? Was verknüpfst du mit ihnen?*

Lebenslinien [E] [G]

Quelle: unbekannt
Alter: ab 12 Jahren
Intention: bildnerische, minimalistische Darstellung des bisherigen Lebensverlaufs
Durchführung: Auf einem Blatt wird als Linie die Zeitachse aufgetragen (3 – xy Jahre). Der/die Jugendliche kennzeichnet die acht bis zehn wichtigsten, ihm/ihr

noch bewussten Ereignisse in seinem Leben mit Kreuzchen. Falls es sich um positive Erlebnisse handelt, werden die Kreuzchen oberhalb der Zeitachse angesetzt, falls negativ, unterhalb der Zeitachse. Die Kreuzchen werden durch eine Linie verbunden. Anschließend kann die Linie besprochen werden.
Variante: Es werden verschiedenfarbige Linien für verschiedene Lebensbereiche, z. B. Familie, Freunde, Schule, Suchterkrankung der Eltern etc. verwendet.

Fluss meines Lebens E G

Quelle: Beratungsstelle Kompaß, Mambo Mortale, S. 37,38
Alter: ab 16 Jahren
Intention: Reflexion des bisherigen Lebensverlaufs, Entwickeln einer Vision für die Zukunft
Durchführung: Die Jugendlichen werden angeregt, ihr bisheriges Leben als Fluss zu malen, wobei die Quelle für die Geburt steht. Die Aufforderung im Originaltext lautet: *„Ich möchte euch zu einem Experiment einladen, in dem ihr euch mit eurem Lebenslauf beschäftigen könnt. Ich möchte, dass ihr ein Bild malt, das euer Leben als Fluss darstellt. Die Quelle steht für eure Geburt. Überlegt, welche Art von Fluss euer Leben, das ihr bisher geführt habt, am besten charakterisiert. Wo entspringt dieser Fluss? Durch welche Gegenden fließt er? Kommt er an Dörfern oder Städten vorbei? Durch Gebirge und durch flaches Land? Wie ist das Wasser beschaffen, ist es sauber, verdreckt? Leben Fische im Wasser? Gibt es in diesem Fluss Stromschnellen oder Staustufen? Wird der Fluss irgendwo reguliert? Wo mündet der Fluss? Versucht auch herauszufinden, wo ihr heute in eurem Lebensfluss angekommen seid und welcher Teil des Flusses eurer Gegenwart entspricht. Wie wird euer Leben weitergehen? Welche Hoffnungen und Befürchtungen habt ihr? Wie könnt ihr das im Bild des Flusses ausdrücken?“ (Mambo-mortale, S. 37, 38)*
Die Auswertung kann je nach Gruppengröße in der Großgruppe oder in Partnerarbeit erfolgen.
Anmerkung Wiesel: Die Jugendlichen können an die verschiedenen Stationen des Flusses auch jeweilige biografische Situation notieren, z. B. Einschulung, und/oder zusätzlich den Suchtverlauf der Eltern angeben (z. B. noch nicht getrunken, Klinikaufenthalt, Trennung, Rückfälle etc.). Es ist sehr aufschlussreich, gemeinsam mit den Jugendlichen zu erarbeiten, inwieweit der Suchtverlauf der Eltern ihren Lebensfluss beeinflusst hat bzw. noch beeinflusst.

Fallbeispiel: Leander (14) lebt mit seinem alkoholkranken und emotional instabilen Vater, seiner Mutter, einer älteren leiblichen und einer Adoptivschwester zusammen. Der Vater hat bereits mehrere stationäre Aufenthalte absolviert. Leander erklärt zu seinem Bild, noch um die Weihnachtszeit herum sei er sehr fröhlich und unbeschwert gewesen – symbolisiert durch den hüpfenden Fisch. Dies habe sich genau vor ein paar Tagen gewandelt, als er gemerkt habe, dass mit seinem Vater wieder etwas nicht stimme, er werde komisch. Er habe wieder, wie schon häufig in der Vergangenheit, übertriebene (materielle) Wünsche und Forderungen gegenüber der Mutter geäußert (diesmal ein Auto), es sei zum Streit gekommen. Zwar sei der Streit wieder abgeebbt, aber dennoch befürchte er, dass sich nun das Muster aus der Vergangenheit wiederholen könnte, wie unaufhaltsam, automatisch, zwangsläufig: Forderung des Vaters – Streit und Auseinandersetzungen mit der Mutter, eskalierend, bis zum Auszug des Vaters und schließlich in einen Suizidversuch mündend. So sei es bis dato immer gewesen im Abstand von ein bis zwei Jahren.

Symbolarbeit E G

Quelle: in Anlehnung an Wilfried Schneider, Psychologische Symbolarbeit
Alter: ab 10 Jahren
Intention: symbolische Darstellung des bisherigen Lebensverlaufs
Durchführung: Im Raum liegt eine Zeitachse in Form aneinanderliegender (oder miteinander verbundener) Quadrate aus, wobei jedes Quadrat für ein Lebensjahr steht, d. h. nummeriert ist. Ein erstes schwarzes Quadrat symbolisiert die Zeit vor der Geburt, ein zweites gelbes den Moment der Geburt. Die weiteren Quadrate sind weiß. Das Kind oder der Jugendliche wird nun gebeten, aus einem Koffer mit den unterschiedlichsten Gegenständen (möglichst in Kleinformat: kleinteiliges Spielzeug, Puppenhauszubehör, Schmuck, Bonbons, Tierchen, Münzen etc.) diejenigen auszuwählen, die exemplarisch für die Lebensjahre bzw. für Ereignisse in diesen Lebensjahren stehen. Er oder sie setzt die Symbole auf die Quadrate, sodann kann der Verlauf seines bzw. ihres Lebens besprochen, Fragen gestellt, gespiegelt und kommentiert werden.
Variante: Die Lebensjahre und auch die Symbole sind nicht vorgegeben, sondern die Zeitachse oder wesentliche Zäsuren entlang der Zeitachse werden vom Probanden mittels sich (sowieso) im Raum befindlicher Gegenstände dargestellt.

Mein Leben als Film E G

Quelle: Wiesel
Alter: ab 12 Jahren
Intention: biografisches Arbeiten, Reflexion der eigenen Situation auf der Metaebene
Durchführung: Die Gruppenteilnehmenden erhalten eine kurze Einführung. Die Gruppenleitung führt sie gedanklich in einen Kinosaal. Dort geht der Vor-

hang zur Filmaufführung auf und auf der Leinwand wird ein Film mit dem Namen des Gruppenmitglieds als Regisseur*in abgespielt. Folgende Fragen werden gestellt:

- Welchem Genre gehört dein Film an? (Horror, Komödie, Drama etc.)
- Wo spielt er?
- Welche Musik soll im Film vorkommen?
- Wer sind die Hauptpersonen? Beschreibe sie kurz und überlege, welche*r Schauspieler*in sie spielen sollte.
- Welchen Titel soll der Film bekommen?
- Welche Kapitel soll der Film haben?
- Gib jedem Kapitel eine Überschrift und notiere kurz den Inhalt des Kapitels
- Wie soll der Film enden?
- Hat er ein reales Ende oder ein ausgedachtes Ende?

Die Jugendlichen erhalten ein Blatt mit Filmstreifen. Darauf können sie die einzelnen Kapitel ihres Films festhalten. Die Filmidee wird anschließend im Plenum präsentiert und besprochen. Es kann auch eine Variante gewählt werden, die direkt auf die elterliche Suchterkrankung abzielt:

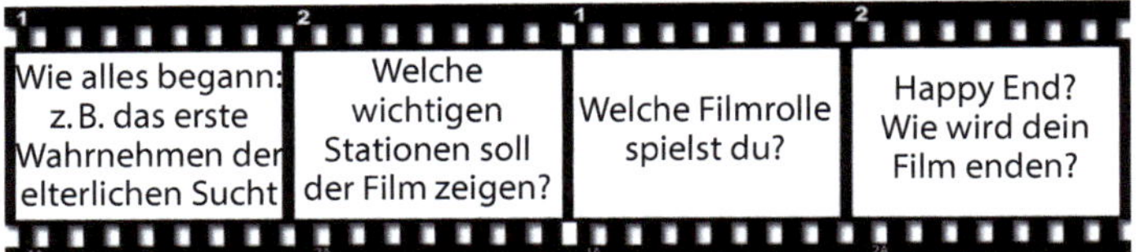

Anmerkung: Diese Übung ist sehr zeitintensiv und kann daher auch mehrere Gruppenstunden beanspruchen. Haben die Jugendlichen Spaß an der szenischen Darstellung, können bestimmte Filmszenen auch von der Gruppe gespielt werden.

Fünf Jahre später E G

Quelle: Vopel, K.W. (1987), angepasst Wiesel

Intention: den eigenen Lebensentwurf gedanklich durchspielen

Durchführung: Die Jugendlichen bekommen einen Fragebogen mit Fragen zu ihrem Leben, wie es in fünf Jahren aussehen könnte/sollte. Diese Fragen können entweder in Einzelarbeit ausgefüllt oder als Partnerübung konzipiert werden.

- Stell dir vor, dass du fünf Jahre älter bist. Wie soll dein Leben dann aussehen?
- Wo willst du leben?
- Womit willst du den größten Teil deiner Zeit verbringen?
- Wie viel Geld willst du verdienen?

- Wer soll dir dann besonders nahestehen?
- Was wirst du an einem durchschnittlichen Tag tun?
- Was wirst du tun, um Spaß zu haben?
- Worauf kommt es dir dann im Leben an?
- Was wird das Wichtigste in deinem Leben sein?
- Was wird der wesentliche Unterschied zu deinem Leben heute sein?
- Was wird dann dein wichtigstes Ziel für die nächste Zukunft sein?

Anmerkung Wiesel: Um die Jugendlichen bei der Entwicklung eines Bildes von sich „Fünf Jahre später" zu unterstützen, ist es auch möglich, zu Beginn eine kleine geführte Fantasiereise zu machen. Um die Thematik der (elterlichen) Suchterkrankung aufzugreifen, sind folgende Zusatzfragen möglich:

- Wie wird dann die Beziehung zu deinen Eltern sein?
- Wirst du ausziehen aus dem gemeinsamen Haus/der Wohnung?
- Wie werden sie auf deinen Wunsch, auszuziehen, reagieren?
- Wie wirst du selbst mit Alkohol/Cannabis etc. umgehen?

Literatur

Kompaß, Beratung für Kinder und Jugendliche alkoholabhängiger Eltern. Suchtprävention im Kindesalter: **Medien und Methoden in der Beratung und Betreuung von Kindern und Jugendlichen alkoholabhängiger Eltern.** Blattsammlung. Hamburg.

Landesstelle Jugendschutz Niedersachsen (Hg.) (1990): **Mambo Mortale. Materialien zur Suchtprävention. Projektdokumentation.** Hannover.

Raman, E. & Lukyanova, M. (2006): Kartensatz **„Personita".** Kirchzarten: OH -Verlag.

Raman, E. (1994): Kartensatz **„Persona".** Kirchzarten: OH Verlag.

Schneider, W. **Psychologische Symbolarbeit. Der Therapiekoffer 4**. Zugriff am 16.3.22 unter www.psychologische-symbolarbeit.de/Therapiekoffer-4/

Volpel, K. W. (1978): **Interaktionsspiele für Jugendliche. Teil 4.** Iskopress.

Weiterführende Literatur

Lattschar, B. & Wiemann, I. (2008): **Mädchen und Jungen entdecken ihre Geschichte. Grundlagen und Praxis der Biografiearbeit.** 2. Aufl. Weinheim München: Juventa.

Ryan, T. & Walker, R. (2007): **Wo gehöre ich hin? Biografiearbeit mit Kindern und Jugendlichen.** 4. Aufl. Weinheim München: Juventa.

1.2.5 Familie

Der Name „Kinder und Jugendliche aus suchtbelasteten Familien" deutet schon an, dass es zu kurz greift, die Kinder isoliert zu betrachten. Vielmehr ist entscheidend, wie die Kinder sich als Teil ihrer Familie wahrnehmen, welche Rolle sie im Familienverbund einnehmen und welchen Stellenwert einzelne Familienmitglieder und die Sucht aus ihrer Sicht einnehmen. Um einen umfassenden Blick auf die Dynamiken, Probleme und Ressourcen in den Familien zu erhalten, bieten sich Methoden aus der systemischen Therapie besonders an. Im Folgenden sollen verschiedene Ansätze vorgestellt werden, die es Kindern und Jugendlichen ermöglichen, ihre Familie kreativ, plastisch und altersgerecht darzustellen. Ein besonderes Augenmerk liegt dabei nicht nur auf der aktuellen, sondern auch auf der Darstellung einer erwünschten, idealen Familiensituation.

1.2.5.1 Symbolisierung der Familie und der familiären Beziehungen

FIT (Familie in Tieren) E G F

Quelle: nach Brem-Gräser, L. (2006), angepasst Wiesel
Alter: ab 6 Jahren
Intention: Symbolisierung der Familienmitglieder als Tiere mit je spezifischen Eigenschaften, Reflexion der Beziehungen zwischen den Tieren (= Familienmitglieder)
Durchführung: Die Kinder werden angeregt, nach einer kleinen Imaginationsübung (*Stellt euch mal vor, ein Zauberer kommt zu euch nach Hause und verzaubert alle Familienmitglieder in Tiere ...)* ihre Familienmitglieder als Tiere zu zeichnen. Dazu erhalten sie Blatt und Buntstifte. Anschließend werden die Zeichnungen besprochen und ausgewertet.
Mögliche Fragen:

- Du hast dich als Tier xy gemalt. Welche Eigenschaften verkörpert es für dich?
- Was verbindest du mit diesem Tier?
- Welche Eigenschaften haben die anderen Tiere für dich?
- Welche Tiere teilen sich einen Lebensraum?
- Welches sind Wildtiere, welches domestizierte Tiere?
- Welche Tiere sind dir/sich nahe? Welche fern?
- Welche Tiere sind dir/sich zu-, welche abgewandt?
- Welche blicken dich/sich an? Welche blicken weg?
- In welche Richtung streben die Tiere?

- Wenn sie lebendig wären, was würde geschehen? Was würden die Tiere miteinander machen?

Wichtig ist hierbei, mit dem Kind die für es selbst bedeutsamen Wesenszüge der Tiere herauszuarbeiten und ihm nicht gängige Zuschreibungen (Tiger sind wild, Hühner sind dumm) überzustülpen. In die Wahl der Tiere durch das Kind kann sowohl dessen „reale" Wahrnehmung als auch Wunschvorstellung einfließen (der Vater als Bär kann implizieren, dass das Kind ihn tatsächlich als starke Figur wahrnimmt oder sich wünscht, er würde eine starke oder stärkere Rolle im Familiengefüge einnehmen).

Anmerkung Wiesel: Die Familie in Tieren kann auch – z. B. im Rahmen eines Familienseminars – parallel mit den Eltern und den Kindern (jeweils in zwei Gruppen mit einer Leitung) durchgeführt werden. Im Großplenum können Eltern und Kinder ihre Ergebnisse dann ein zweites Mal vorstellen. Dabei ist für die Eltern und für die Kinder von großem Interesse, wie sie jeweils vom anderen wahrgenommen, mit welchen Eigenschaften, Vorstellungen und Wünschen versehen werden (siehe auch Kapitel 3.3 Familienseminar).

Fallbeispiel: Tim ist 16 Jahre alt und besucht mit seiner Mutter und seinem Stiefvater das Familienseminar in einer Rehabilitationsklinik. Herr K. befindet sich dort im Rahmen einer stationären Therapie aufgrund seiner Alkohol- und Medikamentenabhängigkeit. Er trinkt bereits seit dem Alter von 15 Jahren; mit 19 Jahren kam eine Medikamentenabhängigkeit hinzu. Er hat bereits mehrere Therapieversuche hinter sich.

Mit dem Stiefsohn hat er das Thema seiner Suchterkrankung noch nicht besprochen. Seine Ehefrau beschreibt Herr K. als „co-abhängig". Sie habe vor ihm mit zwei weiteren Alkoholikern eine Beziehung gehabt. Tim habe die Suchterkrankung auch dieser Partner miterlebt. Tim selbst spielt sehr viel am Computer.

Während des Seminars malen die drei – Tim getrennt von dem Elternpaar - ihre Familie in Tieren:

Tim:

Sich selbst	Faultier	• Lässt alles auf sich zukommen • Gemütlich • Zum Teil genervt, zum Teil froh über die Fürsorge seiner Mutter
Seine Mutter	Biene	• Fleißiges Bienchen • Fürsorglich
Sein Stiefvater	Faultier	• Hier nennt er die identischen Eigenschaften wie bei sich selbst

Mutter:

Sich selbst	Tiger	• Verteidigt ihr Revier • Schleicht gerne hinterrücks zum Ziel • Sucht den Weg des geringsten Widerstandes
Tim	Häschen	• Muss umsorgt und bemuttert werden
Ehemann	Löwe	• Bezieht sich auf Lautstärke beim Streiten (Brüllen) • Imposantes Auftreten • Direkter Konfrontationskurs

Stiefvater:

Sich selbst	Elefant	• Behäbig • Kann auch böse werden, verbal verletzen • Verteidigt sich und sein Territorium • Gutes Gedächtnis • Nicht nachtragend, im Kern sanftmütig
Tim	Esel	• Hochintelligent, aber störrisch und bockig • Teilt aus, wenn man versucht, ihn zu Leistungen zu zwingen
Ehefrau	Huhn	• Verteidigt ihr Nest mit höchster Disziplin • Durchsetzungskraft • Resolut

Vor allem auf der Erwachsenenebene ergaben sich nach dieser Übung neue Impulse für das Zusammenleben nach dem Klinikaufenthalt, insbesondere hinsichtlich der Verteilung von „Machtbefugnissen", auch erzieherische Aspekte betreffend. So antizipierte die Mutter zwischen dem Löwen (ihrem Ehemann) und dem Tiger (sich selbst) „territoriale Machtkämpfe" in der näheren Zukunft. War sie in der Vergangenheit mit der Organisation des Familienlebens auf sich alleine gestellt, hatte diese Alleinstellung offenbar auch gesucht (auch die früheren, ebenfalls abhängigen Partner waren ihr keine Hilfe), so muss sie sich nun möglicherweise mit einem abstinent zurückkehrenden, mehr Verantwortung einfordernden Partner auseinandersetzen – was wiederum eine Umgestaltung im familiären Gefüge und eine Neudefinition der Rollen impliziert. Man beachte im Übrigen die hohe Identifikation des Sohnes Tim mit dem Stiefvater!

1.2.5.2 Exkurs: Die Bedeutung von stationären Entwöhnungsmaßnahmen der Elternteile für die Kinder und Jugendlichen

Die Einschätzung der Mutter demonstriert, was es für Partner*innen, für die Kinder und Jugendlichen, insgesamt für das gesamte Familiensystem bedeutet, wenn ein abhängiges Elternteil eine stationäre Therapie durchläuft. Die Kinder und Jugendlichen erleben diese oftmals als „Black-Box“ (Beschreibung einer Jugendlichen während eines Familienseminars in der Klinik). Die suchtkranken Eltern verlassen die Familie für eine längere Zeit, sind häufig weit entfernt und nur gelegentlich haben oder erhalten die Kinder und Jugendlichen die Möglichkeit, Mutter oder Vater in der Klinik zu besuchen und mitzuerleben, was dort passiert. Oftmals haben sie jedoch über die Therapiedauer höchstens telefonischen Kontakt und sehen die Eltern erst nach dem Klinikaufenthalt wieder. Hat der oder die Suchtkranke die Therapie erfolgreich abgeschlossen, wird er oder sie zumeist von einer positiven Stimmung und Zuversicht getragen und erwartet, dass sein Umfeld diese mit ihm teilt. Die Kinder und Jugendlichen haben allerdings häufig Probleme, der neuen Situation zu trauen. Zu oft haben sie schon erlebt, dass ihre Elternteile rückfällig geworden sind, warum sollte es dieses Mal anders sein? *(Dies zeigt auch die Frage des kleinen Marco, 8 Jahre alt, während des Familienseminars an seine Mutter: „Trinkst du hier was? Wirst du hier kontrolliert? Wirst du wieder was trinken, wenn wir zuhause sind?“).* Es ist wichtig, mit den Eltern und Kindern diese Ambivalenzen und widerstrebenden Gefühle zu besprechen und gerade den Kindern die Rückmeldung zu geben, dass diese auch zulässig und angebracht sind – sie also durchaus ein Recht auf Verhaltenheit und Zweifel haben. Bleibt das suchtkranke Elternteil dann über längere Zeit abstinent, stellen sich häufig Veränderungen innerhalb der familiären Beziehungen und der Organisation des Alltags ein. Gerade bei Müttern oder Vätern, die mit ihren Kindern alleine leben, kann es dann dazu kommen, dass diese auch ihren erzieherischen Auftrag wieder ernst nehmen möchten. (Zitat Tobias, 7 Jahre, nachdem seine Mutter aus einer Langzeittherapie zuhause ist: *„Seit Mama nicht mehr trinkt, darf ich plötzlich viel weniger. Vorher war ihr das immer alles egal.“)* Hier kann es sich als sinnvoll erweisen, die Familien an eine Erziehungsberatungsstelle zu vermitteln, um diese Fragen zu besprechen und Hilfestellungen zu erhalten.

Familie in Tieren [E] [G] [F]

Quelle: Beratungsstelle Kompaß

Alter: ab 8 Jahren

Intention: Kennenlernen bzw. Darstellen der Familienmitglieder, Reflexion der Familienbeziehungen, Einzelarbeit

Durchführung: Die Leitung stellt eine Auswahl von Holztieren (alternativ Gummitieren) zur Verfügung. Die Kinder/Jugendlichen werden aufgefordert, alle Holztiere genau zu betrachten und anzufassen. Im nächsten Schritt soll ein Tier gewählt werden, zu welchem sie eine besondere Beziehung verspüren. Sie sollen herausfinden, welche Eigenschaften, Lebensgewohnheiten und Fähigkeiten das Tier besitzt, die in Zusammenhang mit der eigenen Persönlichkeit stehen. Entscheidend ist auch, welche Gedanken zu dieser Wahl geführt haben und welche Besonderheiten das Tier für den/die Teilnehmer*in interessant bzw. erstrebenswert machen. Im weiteren Verlauf sollen die Kinder/Jugendlichen zu jedem Familienmitglied ein Tier aussuchen, welches zu der Person passen könnte. Bei jeder erneuten Auswahl wird erfragt, was sie veranlasst hat, gerade dieses Tier zu wählen. Wenn für alle Familienmitglieder ein Tier gefunden wurde, soll die Tierfamilie so aufgestellt werden, wie es in ihrer eigenen Familie sein könnte. Entscheidende Kriterien sind die gewählten räumlichen Abstände zwischen den Familienmitgliedern.

Mögliche anleitende Fragen:

- Wer steht zusammen, wer steht weiter weg?
- Wer steht wem wie nahe oder fern, welche Erklärungen gibt es dafür?
- Was gibt es sonst noch zur Tierfamilie zu sagen?
- Welche Wahl fiel leicht, welche schwer?
- Welche Bedeutung hat die Wahl des Tieres in Verbindung mit der Person?

Anmerkung (Kompass): Aufgrund unserer Erfahrungen halten wir diese Übung für besonders gut geeignet für Kinder, da sie in der Regel über ein gutes Vorstellungsvermögen hinsichtlich der Art und Lebensweise einiger Tierarten verfügen. Aber auch in Kleingruppensitzungen, wie z. B. ein Elternteil mit Kind, kamen wir zu vielfältigem Austausch hinsichtlich der Familiensituation.

Musik mit dem Orff´schen Instrumentarium E G

Quelle: angepasst Wiesel

Alter: ab 6 Jahren

Intention: klangliche Vorstellung der eigenen Befindlichkeit, der Familienmitglieder

Durchführung: Die Kinder erhalten die Möglichkeit, mit dem Orff`schen Instrumentarium zu experimentieren.

„Zum kleinen Schlagwerk gehören kontrastreiche Rhythmusinstrumente aus Holz, Metall und anderen Materialien. Wie beispielsweise Handtrommeln, Triangeln, Cymbeln und Rasseln. Diese Instrumente sind quasi die Verlängerung von Händen

und Füßen, den körperlichen Instrumenten, mit denen Menschen klatschend und stampfend Klänge entstehen lassen. (...)
Orff-Instrumente sind elementare Instrumente mit einem großen Aufforderungscharakter. Die Kinder haben sofort Lust, loszuspielen und den Klang zu erproben. Die Instrumente sind leicht zu handhaben und wecken die Freude am Musizieren ohne langweilige Übungsphase.
Der große Vorteil von Orff-Instrumenten liegt in ihrer einfachen Spielweise. Während man bei der Geige erst den „richtigen" Ton treffen muss, erklingt bei den Orff-Instrumenten gleich ein „fertiger" Ton. Das bringt schnell ein ermutigendes Erfolgserlebnis" (aus: www.backwinkel.de/blog/orff-instrumente/).

Einsatzmöglichkeiten:

1. **„So klinge ich heute": Eigene Befindlichkeiten instrumental darstellen**

Zunächst werden die Instrumente von der Leitung kurz vorgestellt und einmal angespielt, damit die Kinder und Jugendlichen eine Idee von deren Klang entwickeln können. Danach überlegen die Gruppenteilnehmenden, welches der Instrumente heute am besten ihren Gefühlszustand wiedergibt. Zum Beispiel:
Natalie wählt das Glockenspiel: „Ich bin heute etwas traurig. Ich habe mich mit meiner besten Freundin gestritten. Ich spiele das Glockenspiel zart und leise."
Max wiederum sucht sich eine Trommel aus: „Ich brauche heute ein lautes Instrument. Ich bin richtig wütend und schlecht gelaunt."

In einem zweiten Schritt kann die Gruppe überlegen, welche Kinder – mit ihren jeweiligen Gefühlszuständen bzw. den entsprechenden Musikinstrumenten – heute am besten zusammenklingen und welche sich vielleicht in ihrem Musizieren stören könnten (s. Kap. 1.1.2, S. 39 und Kap. 1.2.2, S. 71).

2. **„So klingt meine Familie": Familienmitglieder mit Hilfe der Instrumente vorstellen**

In einem ersten Schritt stellen die Kinder und Jugendlichen zunächst ihre Familienmitglieder vor. Dies kann verbal erfolgen bzw. symbolisch mit den Figuren des Familienbretts oder Papierfiguren.

Danach erhalten die Kinder die Aufgabe, für jedes Familienmitglied ein passendes Instrument herauszusuchen. Wenn nicht genügend Instrumente vorhanden sind, kann man mit den Gruppenteilnehmenden einen „Rundgang" organisieren, so dass jedes Kind seine „Klang-Familie" nacheinander vorstellt.

Die Leitung kann die Kinder und Jugendlichen mit folgenden Fragen unterstützen:

- „Welches der Instrumente erinnert dich mit seinem Klang spontan an ein Familienmitglied?"
- Wenn du an Gespräche oder an Situationen mit verschiedenen Familienmitgliedern denkst, verbindest du diese dann mit einem der Instrumente?

Wurden die Familienmitglieder mit dem jeweiligen Instrument vorgestellt, kann zusätzlich überlegt werden, mit welchem Instrument die Suchterkrankung dargestellt werden könnte.

Darstellen der Familie mit den Persona- und Personita- Kartensätzen E G F

Quelle: Ely Raman (1994); Ely Raman & Marina Lukyanova (2006), s. auch Kap. 1.2.1, 1.2.4
Verwendung: Wiesel
Alter: ab 6 Jahren
Intention: Erfassen der Mitglieder der Familie
Durchführung: Die Kartensätze werden im Raum verteilt und die Kinder wählen die Personen (und Persönchen) aus, die ihre Familienmitglieder symbolisieren. Anschließend werden die Familien vorgestellt.

Familienkreis E G

Quelle: Wiesel
Alter: ab 12 Jahren
Intention: Darstellen von Nähe und Distanz im familiären System.
Durchführung: Die Jugendlichen erhalten eine Vorlage, auf der Kreise in verschiedenen Größen dargestellt sind. Sie werden dazu aufgefordert, in die Mitte des Kreises ihren Namen zu schreiben und anschießend zu überlegen, welche Personen sie zu ihrem Familienkreis hinzufügen möchten.
Anschließend fügen sie die Namen in die Kreise ein. Die Personen, die ihnen am nächsten stehen, werden in den kleinsten Kreis geschrieben. Je weiter von dem Innenkreis weg, desto mehr Distanz in der Be-

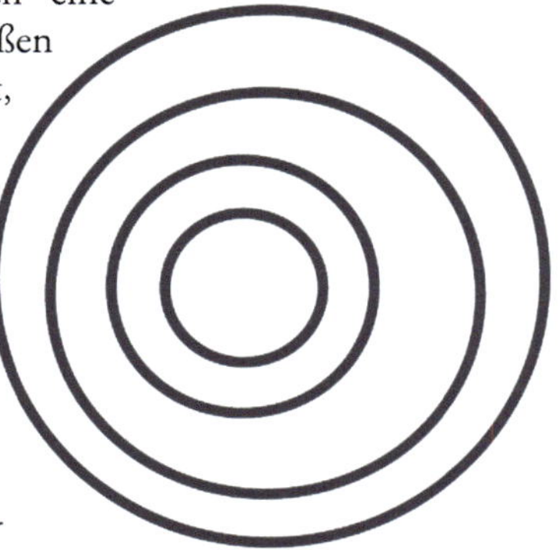

ziehung. In der Vorstellung ihres Ergebnisses sollen die Gruppenteilnehmenden dann beschreiben, was die Beziehung zu diesem jeweiligen Familienmitglied ausmacht.

Anmerkung: Man kann das Kreismodell auch zur Bearbeitung anderer Themen nutzen. Beispielsweise könnte man hier darstellen, mit wem und wie intensiv die Jugendlichen bereits über die Suchterkrankung der Eltern gesprochen haben. Diese Personen werden dann ebenfalls von innen nach außen sortiert. Weiterhin kann mit den Jugendlichen überlegt werden, mit wem sie gerne mehr über die Erkrankung der Eltern reden möchten, oder aber auch, bei wem es ihnen eher unangenehm ist.

Familienwappen E G

Quellen: Beratungsstelle Kompaß; Campana, R. (2010), ergänzt Wiesel
Alter: ab 14 Jahren
Intention: Reflexion der familiären Lebenssituation (z. B. Familienbeziehungen, -atmosphäre sowie Familienregeln und -rituale); Sichtbarmachen der Bedeutung von familiären Einflüssen auf die persönliche Entwicklung
Durchführung: Die Kinder und Jugendlichen erhalten die Vorlage eines Wappens oder können dieses auch wahlweise selbst zeichnen. Für jedes Wappenfeld (Farben, Tiere, Pflanzen, Symbole) gibt es einen bestimmten Arbeitsauftrag, der bildhaft umgesetzt werden soll: So soll die Auswahl der Farben, Tiere, Pflanzen und Symbole in Zusammenhang damit stehen, wie die Familie jeweils erlebt wurde oder wird, welche Atmosphäre sie hatte oder noch hat und wie sich die Teilnehmenden in der Familie gefühlt haben. Gewählt wird eine Zeit, die als besonders deutlich in Erinnerung geblieben ist, z. B. als Alkohol eine wesentliche Rolle in der Familie gespielt hat. Aber auch Gegenwartssituationen eignen sich als Grundlage für diese Übung. Zum Abschluss soll ein typischer Familienwahlspruch überlegt werden, der als Überschrift ins Familienwappen eingesetzt wird. Familienwahlsprüche enthalten oft Regeln oder Rituale, ausgesprochene oder nicht ausgesprochene Aussagen oder Erwartungen wie z. B. die Familienregel: „Nur nicht auffallen!“ oder: „Alle sind schuld!“
Auswertung: Die Teilnehmenden werden gebeten, ihr Familienwappen vorzustellen. Welche Bedeutung haben die gewählten Farben, Pflanzen, Tiere und Symbole in Bezug zur Familiengeschichte? Mögliche anleitende Fragen:

- Wie habt ihr eure Familie bzw. euch selbst erlebt?
- Welche Stimmung bzw. Atmosphäre war vorherrschend?
- Welche Gefühle kenne ich aus dieser Zeit?
- Was hat euch geprägt bzw. welche Bedeutung hatte der Familienwahlspruch?

- ♦ Welche Strategien oder Wege habt ihr gewählt, um in der Familie zurecht zu kommen?
- ♦ Was habt ihr Eigenes entwickelt?
- ♦ Welche Erfahrungen haben die anderen Teilnehmenden in ihren Familien gemacht?

Zum Abschluss der Übung sollte von jedem/jeder Jugendlichen ein eigener Wahlspruch entwickelt werden, der in Zusammenhang mit der zukünftigen Lebenssituation steht. „Das Familienwappen" eignet sich besonders gut für den Einstieg ins Familienthema und ermöglicht eine gezielte Reflexion der Familiensituation. Aufgrund der visualisierten Familienbilder fällt es den meisten Teilnehmenden leichter, über ihre Familie zu sprechen und regt den Austausch in der Gruppe an.

Fallbeispiel: Veronika, 15 Jahre alt, ist Einzelkind. Sie lebt gemeinsam mit Vater und Mutter auf dem Land. Der Vater ist seit vielen Jahren alkoholabhängig, nach zweimaliger Entwöhnungsbehandlung wurde er jeweils wieder rückfällig. Derzeit trinkt er regelmäßig, zumindest, wenn Geld da ist. Seit einem schweren Hinterwandinfarkt ist er erwerbsunfähig. Zudem wurde eine beginnende Leberzirrhose diagnostiziert. Auch die Mutter von Veronika ist gesundheitlich eingeschränkt. Sie selbst ist mit einem cholerischen, missbrauchenden Vater aufgewachsen. Häufig überlegt sie, ihren Mann zu verlassen, fühlt sich jedoch durch Schuldgefühle gehemmt (ich kann ihn doch nicht alleine lassen). Egal, in welche Richtung sie denkt: schuldig fühlt sie sich entweder Veronika oder ihrem Mann gegenüber. Veronika selbst ist adipös, hat häufig suizidale Gedanken, die sich aufgrund verbaler Verletzungen seitens des (angetrunkenen, aggressiven) Vaters und der Mitschüler (Mobbing-Situationen seit der Grundschule) einstellen. Aufgrund der finanziellen Einschränkungen muss Veronika zurückstecken: Eine Überland-Buskarte kann nicht bezahlt werden, sodass sie an das Dorf gebunden bleibt, auch regelmäßige Schwimmbadbesuche oder Trennkost fallen weg. Veronika erstellt folgendes Wappen:

Farben:
- Rot: oft Stress
- Schwarz: fühlt sich innerlich leer, „Papa hat mich nicht lieb."
- Grün: im Moment habe man viel Spaß zusammen, nehme sich in die „Schraubzwinge" etc.

Pflanze: Blumenstrauß: Er symbolisiere, wie einfach und langweilig ihr Leben im Prinzip verlaufe. Verheißungen würden nicht erfüllt, nach spaßigen Episoden sei es schnell wieder langweilig, triste.
Tier: Ihr Hund: Der sei jung, verspielt, halte die Familie zusammen, man spiele gemeinsam mit dem Hund.
Symbol: Noten: Sie sei ein musikliebender Mensch, singe gerne, auch vor der Familie, singe alles, englisch, deutsch, träume davon, am „Supertalent" teilzunehmen. Mit dem Auftritt beim „Supertalent" werde sie es allen zeigen.
Motto: *Der Zusammenhalt fehlt – und jeder hat mit einem anderen Familienmitglied Streit* – der zumeist vom Vater ausgehe.

Familienbrett [E] [G] [F]

Quelle: Ludewig, K. et al. (1983), S. 235-251, angepasst Wiesel
Alter: ab 8–10 Jahre
Intention: Visualisierung der familiären Situation sowie der Position der Suchterkrankung, Variationsmöglichkeiten
Durchführung: Hier erfolgt die Darstellung der Familie mithilfe eines Familienbretts. Das Familienbrett sollte in zwei Teile dividierbar sein, entspricht dies doch der Lebensrealität eines Großteils der von uns betreuten Kinder und Jugendlichen (Trennung, Scheidung). Weiterhin fügen wir dem Familienbrett eine kleine Alkohol-Flasche als Symbol für die Suchterkrankung hinzu. Das Kind bzw. der oder die Jugendliche kann nun seine Familie mithilfe der (unterschiedlich gestalteten) Figuren (groß/klein, männlich/weiblich, unterschiedliche Farben) auf dem Familienbrett anordnen. Auch die Flasche = Suchterkrankung wird positioniert. Beispiele für entsprechende Fragen:

- Wo siehst du dich?
- Wo stehst du? Welches ist dein Platz in der Familie?
- Welche typischen Sätze äußern deine Familienmitglieder dir gegenüber?
- Welcher Familienfraktion ordnest du dich zu?
- Von wem bist du umgeben? Ist es eher eine enge, beengte Umgebung? Wirst du beschützt? Oder bist du alleine (auf dich) gestellt?
- Wie nahe bist du dem Suchtgeschehen? Betrifft es dich direkt? Blickst du es an oder weg?
- Wie verhalten sich die anderen Familienmitglieder gegenüber dem Suchtgeschehen? Welche Position nehmen sie ein?
- Wie würdest du es dir wünschen, wenn du die Möglichkeit hättest, Einfluss zu nehmen? Was sollte sich verändern? Wer sollte sich wohin verändern? Was sollte auf jeden Fall gleichbleiben?

- Was hat sich bereits verändert (z. B. Unterschiede zwischen aktueller Familien- oder Lebenssituation und Herkunftsfamilie)?

Anmerkung Wiesel: Wir setzen das Familienbrett häufig in der Einzelarbeit ein. Die Kinder und Jugendlichen können durch die Verwendung der Figuren die nötige Distanz aufbauen, um freier über die Familienkonstellation und Lebenssituation zuhause zu sprechen und (zumindest imaginär) Alternativen zu entwickeln.

Fallbeispiel: Annette, 15 Jahre, lebt mit ihrer alkoholkranken Mutter, deren ebenfalls alkoholkranken Lebensgefährten, einer älteren Schwester (18) und der jüngeren Schwester (8) in einem Haushalt. Die Mutter trinkt, seit Annette fünf Jahre alt ist. Zusätzlich leidet sie an einer Depression. Schon lange stellt das Zusammenleben mit ihrer Mutter eine große Belastung für Annette dar. Sie sorgt sich sehr um ihre Mutter und fühlt sich über Maßen für sie verantwortlich (Kontrollanrufe daheim, wenn Annette unterwegs ist; Planung von Haushalt und Geldangelegenheiten). In der Schule sind ihre Leistungen sukzessive schlechter geworden und auch aus ihrem Freundeskreis hat sie sich mehr und mehr zurückgezogen. Ihr einziger Halt ist ihre Großmutter mütterlicherseits. Gerne würde sie dort leben, aber sie weiß nicht, ob sie es schafft, die Mutter alleine zu lassen.
Dieser Konflikt wurde in einer Einzelsitzung aufgegriffen und mit dem Familienbrett bearbeitet. Auf dem Brett stellt Annette zwei Szenerien auf: die erste Situation symbolisiert, wie sie sich ein weiteres Zusammenleben mit der Mutter vorstellt, die zweite Konstellation erfasst den Wechsel in den Haushalt der Großmutter.

	Situation aktuell	**Situation, wie sie sich darstellte, würde sie bei der Oma leben**
Oma (GM)	Ihr geht es nicht so gut. Sie sorgt sich um die Zukunft ihrer Tochter.	Sie schaut auch weiterhin nach ihrer Tochter.
Mutter (KM)	Ihr geht es schlecht. Trinkt viel, hat viele Beziehungsprobleme, ist vor allem mit sich selbst beschäftigt.	Ihr würde es schlechter gehen ohne Annette.
Tina (T., jüngere Schwester)	Streitet sich oft mit der Oma, ist ihrem Vater Marco sehr ähnlich.	Keine Veränderung
Annette (A.)	„Ich fühle mich schlecht. Ich brauche meine Mutter viel mehr. Ich fühle mich hilflos, weil ich Mama nicht helfen kann."	„Ich kann jetzt auch nach anderen Sachen gucken. Ich muss nicht ständig sehen, was zuhause los ist. Ich sorge mich um meine kleine Schwester."

	Situation aktuell	Situation, wie sie sich darstellte, würde sie bei der Oma leben
Lebensgefährte Marco	Zu ihm möchte Annette nichts sagen.	
Monika (M., ältere Schwester)	Spielt keine Rolle. Sie ist fast nie zuhause, sondern bei ihrem Freund.	Keine Veränderung

Aktuelle familiäre Situation aus Sicht von Annette

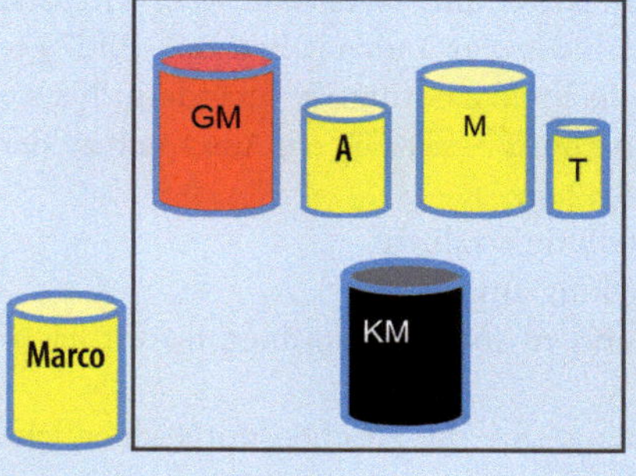

Familiäre Situation, wenn Annette zur Großmutter ziehen würde

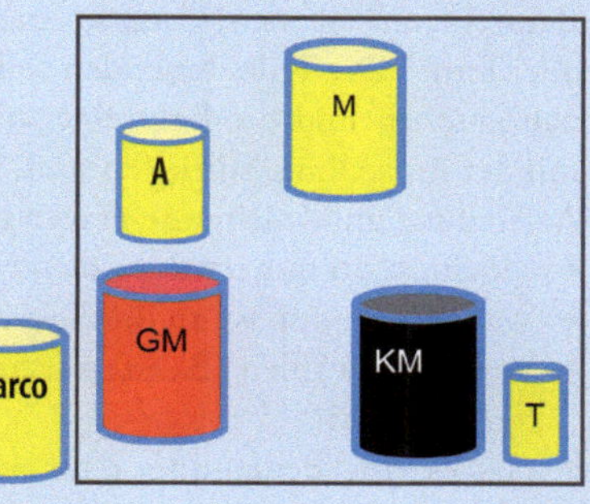

Im Folgeschritt wurde mit Annette überlegt, wie ihre Mutter auf ihr Ansinnen, zur Oma zu ziehen, reagieren könnte, welche Sätze sie möglicherweise äußern könnte:

- „Wenn du gehst, bin ich traurig."
- „Wenn du gehst, bin ich erst einmal böse mit dir."
- „Ich will nicht, dass du gehst."

Das Familienbrett wurde in den weiteren Sitzungen dazu genutzt, um mit Annette an der Entscheidungsfindung zu arbeiten. So wurde überlegt, was sie als Unterstützung bräuchte, um sich lösen, und wie sie diesen Schritt ihrer Mutter gegenüber vertreten könnte.

Im gemeinsamen Termin mit der Mutter wurde Annette in der Formulierung ihres Wunsches flankiert. Besonders wichtig erschien, der Mutter den Konflikt, in dem sich das Mädchen befand, zu verdeutlichen und sie dahingehend zu bestärken, Annette die Erlaubnis zu erteilen, sich jetzt einmal nicht um sie kümmern und sorgen zu müssen. Schlussendlich wurde ein Probewohnen bei der Großmutter vereinbart.

Familienbeziehungen E G F

Quelle: Beratungsstelle Kompaß
Alter: ab 14 Jahren
Intention: Visualisieren der sozialen Beziehungen und deren Qualität innerhalb der Familie, Bewusstwerden und Reflexion der Familienbeziehungen sowie der eigenen Position innerhalb der Familie

Durchführung: Den Teilnehmenden werden Bauklötze unterschiedlicher Größe und Farbe zur Verfügung gestellt. Sie werden gebeten, für jedes Familienmitglied einen Baustein auszuwählen, von dem sie glauben, er würde die jeweilige Person gut symbolisieren (Farbe, Form, Höhe). Die Bausteine sollen anschließend auf einem Papier so angeordnet werden, dass ein räumlicher Abstand zwischen den Bausteinen (Personen) entsteht, nach dem Kriterium: „Wer steht wem wie nahe oder fern?" Die Teilnehmenden sollten sich das entstandene „Baustein-Bild" genau ansehen und die Bausteine solange in ihrer Zuordnung verändern, bis sie mit der Aufstellung zufrieden sind. Im Anschluss bietet sich ein Austausch zu der Aufstellung an. Anleitende Fragen könnten sein:

- Möchtest du mir etwas zu dieser Aufstellung erzählen?
- Was fällt dir auf, wenn du diese Aufstellung ansiehst?
- Wen auszuwählen (Baustein/Person) und einander zuzuordnen fiel dir leichter/schwerer?
- Hat es eine Bedeutung, dass einige Bausteine die gleichen/unterschiedliche Formen und Farben sowie Größen haben?

In einem weiteren Schritt sollen sich die Teilnehmenden Gedanken zu den Beziehungen der einzelnen Familienmitglieder untereinander machen. Wenn sie sich über die Art der Beziehungen klarer geworden sind, sollen sie ein Symbol finden (z. B. Herz, Blitz, Mauer, Blume, Sonne, Ohr, Faust etc.), welches die Beziehung zweier Personen verdeutlichen könnte. Dieses Symbol soll zwischen den jeweiligen Bausteinen eingezeichnet werden. Die symbolische Darstellung ermöglicht einen intensiven Austausch über die Wahrnehmung und das Erleben der Familienbeziehungen und der eigenen Position innerhalb der Familie.
Zur Auseinandersetzung mit der eigenen Familie oder Familiengeschichte bieten sich auch „Was wäre, wenn"-Fragestellungen an sowie Fragen wie:
Stelle die Bauklötze (Personen) so,

- wie du deine Familie derzeit wahrnimmst,
- wie du dir deine Familie gerne wünschst,
- wie es war, als dein Vater/deine Mutter trank,
- wie es war, als dein Vater/deine Mutter noch nicht trank,
- wie es war, als du dich ganz wohl in deiner Familie fühltest,

♦ wie es aussähe, wenn du dich in deiner Familie ganz wohl fühlen würdest.

Mittels der Bausteine und der symbolischen Darstellung der Familienbeziehungen entsteht ein vielfältiges Familiensoziogramm, das eine Reflexion oder eigenen Familiensituation leichter zulässt. Bei einigen Jugendlichen umfassen diese methodischen Schritte mehrere Beratungseinheiten, insbesondere das Finden der passenden Symbole.

Erstellen eines Familienbaums E G F

Quelle: Wiesel

Intention: Verdeutlichen von Familienstrukturen; Orientierungshilfe im beraterischen Prozess

Alter: ab 8 Jahren

Durchführung: Die Kinder erhalten ein großes Plakat und werden gebeten, darauf einen Baum ihrer Wahl zu malen. Den Baum bestücken sie im Folgenden mit ihren Familienmitgliedern: sie notieren deren Namen und die Art der familiären Beziehung und kreieren dazu einen typischen Satz oder eine Aussage, die sie mit dem Familienmitglied verbinden.

Anmerkung: Oft fällt den Kindern bei dieser Übung auf, dass sie Teile ihrer Verwandtschaft nicht kennen, die Namen ihnen nicht geläufig sind oder sie den Verwandtschaftsgrad nicht genau einordnen können. Aus der Arbeit mit dem Stammbaum können sich infolgedessen Fragen an die Eltern ergeben (wie heißen meine Cousinen, warum kenne ich meine Tante nicht?). Vielleicht kommen auch Wünsche bei den Kindern und Jugendlichen auf wie z. B.: Ich möchte meinen Vater wieder mehr sehen, ich würde gerne meinen Großvater kennenlernen etc.

Erstellen eines Genogramms E G F

Quelle: McGoldrick, M. & Gerson, R. (2008), angepasst Wiesel

Alter: ab 12 Jahren

Durchführung: Die Jugendlichen erhalten ein DIN A3-Blatt mit der Vorgabe, ihren Familienstammbaum zu zeichnen. Männliche Familienmitglieder werden mit einem Quadrat symbolisiert, weibliche mit einem Kreis, Verbindungslinien zeigen über die drei Generationen hinweg, wer mit wem verheiratet (durchgezogene Linie) bzw. liiert (gestrichelte Linie) war bzw. ist und welches Familienmitglied aus welcher Verbindung stammt.

Kleine Trennungsstriche zeigen eine beendete Beziehung an. Mittels eines Symbols für die Suchterkrankung (z. B. Flasche) kann verdeutlicht werden, inwieweit sich eine Abhängigkeitserkrankung durch die Familie, durch die Generationen zieht bzw. inwieweit die Elternteile familiäre Muster wiederholt haben (z. B. die

Mutter sich wieder einen alkoholkranken Partner ausgesucht hat, nachdem auch ihr Vater Trinker war).

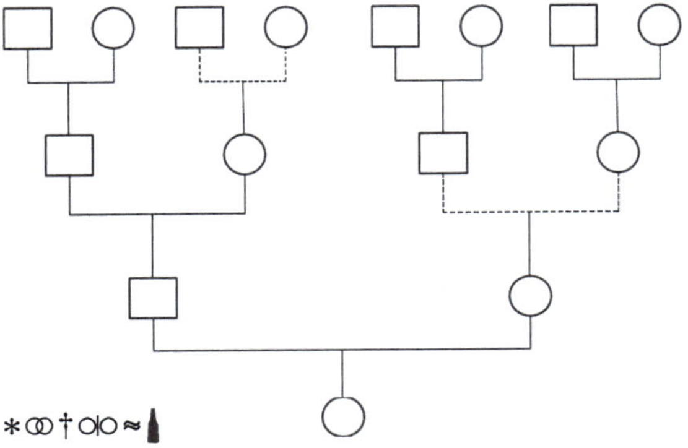

Fallbeispiel: Lilly ist eine 16 Jahre alte Gymnasiastin. Sie lebt im Haushalt zusammen mit ihrem alkoholabhängigen Vater, ihrer Mutter, die an Angststörungen und Depressionen leidet, sowie deren Pflegemutter. Lillys Versuch, der familiären Misere durch den Wechsel in eine Wohngruppe zu entgehen, scheitert an ihren Schuldgefühlen der Mutter und deren Pflegemutter (= der Pflegeoma) gegenüber bzw. an ihren sozialen Ängsten.
Auf ihrem Genogramm hat sie die Familienmitglieder, die eine Alkoholabhängigkeit aufweisen (aufwiesen) bzw. Alkoholmissbrauch betreiben (ihren Vater, dessen – verstorbene – Eltern, die beiden Partner der Großmutter m., die leibliche Tochter der Pflegeoma und deren Partner) farbig gekennzeichnet. Mit einer anderen Farbe sind diejenigen Familienmitglieder versehen, zu denen sie eine ihrer Ansicht nach gute Beziehung pflegt. Anhand des Genogramms können mit Lilly die familiären Muster und deren Weitergabe an die nächste Generation thematisiert werden, z. B. der mütterlichen Ängste und Schuldgefühle auf Lilly, aber auch der mütterlichen Neugier und Unternehmungslust (Ressourcen).

Mind-Map zum Thema Partnerschaftswahl [E] [G]

Quelle: Wiesel
Alter: ab 14 Jahren
Intention: Verdeutlichen, welche Faktoren bei der Partnerschaftswahl eine Rolle spielen, evtl. Bezug nehmen auf die Partnerschaftswahl der Eltern, zugleich erarbeiten, welche Kriterien für die Gruppenteilnehmenden selbst relevant sind oder werden könnten.

Durchführung: Auf einer Mind-Map werden auf Zuruf Kriterien gesammelt, von denen die Teilnehmenden m Geinen, dass sie bei der Wahl des Partners/der Partnerin eine Rolle spielen. Diese können dann unter verschiedenen Fragestellungen diskutiert werden:

- Wie wichtig ist dieser Punkt für dich/euch?
- Was denkt ihr, war bei der Partnerschaftswahl deiner/eurer Eltern ausschlaggebend? Ist das auch für dich/euch relevant? Oder nicht? Und warum?
- Wie erlebt ihr Partnerschaften? Was zeichnet für euch eine gelungene Partnerschaft aus? Was eine unbefriedigende?
- Könnt ihr euch vorstellen, dass die Beziehung zu den eigenen Eltern auch etwas mit der Partnerschaftswahl zu tun hat? Und wenn ja, was?

Anmerkung: Gerade im Hinblick darauf, dass sich ein Großteil der Mädchen, die in einer suchtkranken Familie aufwachsen, später wieder suchtkranke Partner suchen, erscheint es uns wichtig, die Jugendlichen bereits im Vorfeld dahingehend zu sensibilisieren.

Ich bastle mir meine*n Traummann/Traumfrau G

Quelle: Wiesel
Alter: ab 14 Jahren
Intention: Thema Partnerschaft und Partnerschaftswahl
Durchführung: Die Mädchen bzw. Jungen sammeln zunächst in der Gruppe mittels Mind-Map alles, was ihnen zum Thema Partnerschaft einfällt. Dabei können sie sich an ihren eigenen Erfahrungen in bisherigen Beziehungen orientieren, aber auch an den Beziehungen ihrer Eltern. Hierzu findet ein Austausch in der Gruppe statt.

Im zweiten Schritt basteln sich die Jugendlichen in Einzelarbeit ihren Traummann bzw. ihre Traumfrau. Es kommen alle möglichen Materialien zu Einsatz (z. B. mit Stiften malen, aus Zeitungen ausschneiden etc.)

Im gemeinsamen „Museums-Rundgang“ werden die Traumpartner*innen den anderen vorgestellt.

Folgende Fragen an die Jugendlichen können begleitend formuliert werden:

- Was macht deine*n Traummann/Traumfrau aus?
- Welche äußeren Merkmale sind dir wichtig?
- Welche Charaktereigenschaften sollte er/sie haben?
- Gibt es Dinge, die er/sie auf keinen Fall haben sollte?
- Was würden deine Eltern zu deinem Traummann/deiner Traumfrau sagen?
- Was wäre, wenn dein Freund/deine Freundin Suchtmittel konsumieren würde?
- Hast du so jemanden schon im realen Leben getroffen?

1.2.5.3 Kreative Ansätze

Malen von Bildern, die familiäre Szenen aufgreifen E G

Quelle: Wiesel
Alter: ab 6 Jahren
Intention: Darstellen von familiären Erlebnissen
Durchführung: Die Kinder zeichnen typische Situationen oder relevante Szenen in ihrer Familie nach.

Fallbeispiel: Auf dieser Zeichnung hat Valerie, 8 Jahre alt, festgehalten, wie ihr alkoholisierter Vater, nachdem er ihre Mutter angegriffen hatte, von der herbeigerufenen Polizei abgeführt wird. Man bemerke die riesigen „tätlichen" Hände des Vaters.

Tonen der Familie oder einzelner Familienmitglieder E G

Quelle: Wiesel
Alter: ab 8 Jahren
Intention: kreative Darstellung der Familie

Durchführung: Die Kinder erhalten Ton und können damit ihre Familie, einzelne Familienmitglieder, sich selbst oder familiäre Szenen gestalten. Auf dem Foto sieht man, wie der 8-jährige Giuseppe seinen Vater dargestellt hat: am Tisch sitzend, eine Zigarette (oder einen Joint) rauchend.

Mein Traumhaus – Basteln eines Hauses aus Karton E G

Quelle: Wiesel
Alter: ab 6 Jahren
Intention: Wunschvorstellung der Kinder von einem Zuhause, Erfassen der häuslichen Struktur, Darstellen familiärer Szenen

Durchführung: Die Kinder erhalten einen großen bunten Karton, auf welchem sie den Grundriss ihres Wunschhauses oder ihrer Wohnung samt Zimmern aufzeichnen. Mittels unterschiedlichster Deko-Materialien (Bordüren, Glitterpapier, Bänder, Stoffreste, Ausschnitte aus Prospekten, Stifte) können sie nun ihr Haus ausgestalten und z. B. mit Mobiliar versehen. Wenn alle Kinder ihre Arbeit beendet haben, werden die Bilder in einer Galerie ausgestellt und die gesamte Gruppe schaut sich die Werke an. Die jeweiligen „Künstler" werden um eine Einführung gebeten. Entsprechende Fragen an die Kinder könnten lauten:

- Wer lebt mit dir zusammen in diesem Haus/Wohnung?
- Was magst du besonders in diesem Haus/Wohnung?
- Gibt es einen Ort, an dem du dich besonders gerne aufhältst?
- Hast du einen Rückzugsort? Brauchst du überhaupt einen Rückzugsort?
- Wer kommt dich besuchen?
- Was machst du in deinem Zuhause?
- Willst du eine besondere Geschichte erzählen, die in diesem Haus/Wohnung passiert?

In einem weiteren Schritt (zumeist in einer weiteren Sitzung) können die Kinder Szenen spielen, die in ihrem Zuhause stattfinden. Dazu können kleine Figuren wie beispielsweise „Mensch ärgere dich nicht"-Figuren genutzt werden.

Anmerkung: Obwohl es sich hier um ein Traumhaus handelt und die Kinder in der Regel sehr stolz darauf sind, ein solches geschaffen zu haben, finden sich in der szenischen Darstellung dann häufig Rekurse auf die tatsächlichen, realen Gegebenheiten. Beispielsweise hält sich die Figur des Lebensgefährten (in realiter: heroinabhängig) der Mutter sehr lange im dargestellten Badezimmer auf; eine andere Mutter findet gar keinen Eingang in die Darstellung der häuslichen Szene (befindet sich aktuell auch nicht in der Familie, sondern in Entwöhnungsbehandlung). Andere Eltern und Geschwister kommen nur zum Weihnachtsbesuch in das Traumhaus (in Wirklichkeit lebt das Kind auch schon sehr lange in einer Jugendhilfeeinrichtung und sieht seine Eltern tatsächlich fast nur an Feiertagen).

1.2.5.4 Wünsche an die Eltern, an die Familie

„Die idealen Eltern" G F

Quelle: unbekannt
Alter: ab 12 Jahren
Intention: Reflexion und Darstellung der Wünsche an die Eltern

Durchführung: In der Gruppe werden ein Vater und eine Mutter ausgewählt, die sich dem Rest der Gruppe gegenübersetzen. Die anderen schreiben Verhaltensweisen und Tätigkeiten auf Zettel, die sie sich von Eltern gewünscht hätten bzw. die ideale Väter und Mütter machen sollten. Die Zettel werden an das Elternpaar aufgeklebt, dort, wo sie hingehören (z. B. loben – neben den Mund). Wenn die Elternfiguren fertig sind, veranstaltet die ganze Gruppe einen Besuch im „Wachsfigurenkabinett: Die idealen Eltern".

Familien-Wunschbaum E G F

Quelle: in Anlehnung an Broich, K.-H. (1994), S. 124, ergänzt Wiesel
Alter: ab 6–8 Jahren
Intention: Stärkung der Gemeinsamkeit der Familie; Unterstützen der Kinder und Jugendlichen beim Formulieren von Wünschen an die Eltern
Durchführung: Aufgabe der Familie ist es, gemeinsam einen Wunschbaum zu malen und an dessen Äste eines oder mehrere Wunschblätter anzuheften (echte Blätter oder Kopiervorlagen). Dies können allgemeine Wünsche sein, die das Zusammenleben betreffen, aber auch gezielte Wünsche im Hinblick auf das Suchtverhalten der Eltern. Hierbei ist (auch) von Relevanz, ob die Kinder und Jugendlichen sich trauen, entsprechende Inhalte an ihr suchtkrankes, aber auch an das andere (möglicherweise ebenfalls auf die Suchterkrankung konzentrierte) Elternteil zu formulieren. Genauso relevant ist die Reaktion der Eltern: Vermögen sie entsprechende Wünsche/Forderungen auszuhalten und zu akzeptieren?
Anmerkung Wiesel: Sammeln die Kinder und Jugendlichen alleine ihre Wünsche, sollte gemeinsam überlegt werden, wie diese den Eltern transportiert werden könnten. Werden die Wünsche hingegen als Familie gemeinsam gesammelt, sollte darauf geachtet werden, dass die Kinder und Jugendlichen diese ohne Reglementierung durch die Eltern vorbringen können (s. o.).

Fallbeispiel: Max ist 10 Jahre alt und Sohn eines Alkoholikers. Er lebt mit ihm, seiner Mutter und der älteren Schwester im gemeinsamen Haushalt. Wenn der Vater trinkt, wird er oftmals unberechenbar und den Kindern gegenüber – zumindest verbal – ausfallend. Max formuliert folgende Wünsche an seine Familie und Haustiere:
Papa: *Dass er mich nicht mehr anschreit.*
Mops (Hund): *Dass er auf mich hört.*
Tina (Schwester): *Dass sie nicht mehr mit mir schreit.*
Percy (Freund der Schwester): *Dass er offen zu mir ist.*
Mama: *Dass sie Mittagsschicht macht* (statt Nachtschicht – Max ist verängstigt, wenn er nachts mit dem in der Regel betrunkenen Vater alleine ist).

Insbesondere aufgrund des letztgenannten Wunsches (an die Mutter) und der damit implizit verbundenen Gefährdungsfrage fand im Anschluss ein Elterngespräch statt, in welchem Max Anliegen transportiert und gemeinsam mit der Mutter nach Lösungen gesucht wurde.
Anmerkung: der Vater beging wenige Monate später Suizid, sodass zunächst eine Verlagerung des Fokus in den Gesprächen mit den beiden Kindern (siehe 1.2.6 – Tod) und schließlich die Vermittlung in Kinder- und Jugendpsychotherapie erfolgte.

1.2.5.5 Familienskulpturen im Zusammenhang mit der rehabilitativen Maßnahme des Elternteils

Skulptur 1 [E] [G] [F]

Quelle: Quinten, C. (2001), S. 110
Alter: ab 12 Jahren
Intention: Darstellen der suchtbelasteten familiären Situation vor der rehabilitativen Maßnahme des Elternteils und im Anschluss (Wunsch)
Durchführung: In einem ersten Schritt werden die Jugendlichen angeleitet, eine typische Situation in der Zeit vor der Therapiemaßnahme ihres Elternteils zu skizzieren und durch entsprechende Darstellung im Raum unter Zuhilfenahme von Gegenständen wie leere Flaschen zu vergegenständlichen. Die Erstellung der Skulptur wird von der Leitung verbal begleitet, das Erleben aller Familienmitglieder erfragt. In einem zweiten Schritt modellieren die Teilnehmenden eine Familiensituation, die sie sich nach Beendigung der Therapie wünschen. Die beiden Skulpturen (vorher/nachher) werden fotografisch festgehalten und mit Titeln versehen.

Skulptur 2

Quelle: in Anlehnung an Broich, K.-H. (1994), S. 117 – 120; ergänzt Wiesel
Alter: Eltern und Kinder jeden Alters
Intention: Darstellung der Beziehungen, der Kommunikation und der Rollen innerhalb der Familie
Durchführung: Zur Verfügung stehen Materialien wie Knete, Holzklötze, Steine, Seile etc. Die gesamte Familie erhält den Auftrag, eine familiäre Szene so zu bauen, wie sie sich diese nach der rehabilitativen Maßnahme wünschen würde. Von Bedeutung ist sowohl die Interaktion bei der Entstehung der

Familienskulptur als auch das fertige Ergebnis. Anschließend werden die Skulpturen mit der Familie besprochen.

Mögliche Fragestellungen:

- Wie gefällt das Ergebnis? Sind alle gleichermaßen zufrieden mit dem Ergebnis?
- Hatte die Familie den Eindruck, gemeinsam die Skulptur zu erstellen? Oder war es eher das Werk eines oder einiger Familienmitglieder? Hat es Spaß gemacht, zusammen zu gestalten?
- Wie verlief der Prozess des Bauens? Wie hat sich der Gruppenprozess gestaltet? War es einfach oder schwierig, zusammen zu arbeiten? Wurde dabei kommuniziert oder eher geschwiegen? Wer hat welche Rolle übernommen? Wer hat Ideen eingebracht? Wer die anderen motiviert? Wer ausgebremst? Wer blockiert? Gab es ein Familienmitglied, das eine dominierende Rolle einnahm? Wer hat sich gefügt? Wer war eher aktiv dabei? Wer passiv?

Das Foto stellt eine imaginierte, erwünschte Situation nach Therapie der Mutter dar:
die Familie sitzt am Tisch und spielt, während die hässliche Fratze des Alkohols verbannt ist.

Literatur

Brem-Gräser, L. (2006): **Familie in Tieren. Die Familiensituation im Spiegel der Kinderzeichnung.** 9. Auflage. München: Ernst-Reinhardt Verlag.

Broich, K.-H. (1994): Kinder in der ambulanten Suchtkrankenarbeit. Projekt Kinderseminar. In: Arenz-Greiving, I. & Dilger, H. (Hg.) (1994), **Elternsüchte – Kindernöte. Berichte aus der Praxis,** S. 98–110. Freiburg: Lambertus.

Campana, R. (2010). **Das Familienwappen: Eine Methode zum besseren Verständnis der emotionalen Situation und dem familiären Umfeld von Kindern und Jugendlichen.** Kontext: Band 41, Ausgabe 2, S. 101–116.

Kompaß, Beratung für Kinder und Jugendliche alkoholabhängiger Eltern. Suchtprävention im Kindesalter: **Medien und Methoden in der Beratung und Betreuung von Kindern und Jugendlichen alkoholabhängiger Eltern.** Blattsammlung. Hamburg.

Ludewig, K., Pflieger, K., Wilken, U. & Jakobskötter, G. (1983): **Entwicklung eines Verfahrens zur Darstellung von Familienbeziehungen.** Familiendynamik 8, S. 235–251. Hamburg.

McGoldrick, M. & Gerson, R. (2009): **Genogramme in der Familienberatung**. 3. Auflage. Bern: Hans Huber.

Quinten, C. (2001): „Mein Kind hat nichts gemerkt …" Die Kinder- und Jugendseminare in den Kliniken Daun-Thommener Höhe. In: Zobel, M. (Hg.), **Wenn Eltern zu viel trinken**, S. 105–112. Bonn: Psychiatrie-Verlag.

Stachowske, R. (2002): **Mehrgenerationentherapie und Genogramme in der Drogenhilfe – Drogenabhängigkeit und Familiengeschichte**. Heidelberg/Kröning: Asanger.

1.2.6 Suchterkrankung in der Familie

Kernstück der Gruppen- und Einzelarbeit ist, altersadäquat, verständlich und möglichst lebendig Wissen über die Abhängigkeitserkrankung in der Familie zu vermitteln. Die Bedeutung psychoedukativer Elemente in der Arbeit mit Kindern und Jugendlichen aus suchtbelasteten Familien zeigt sich vor dem Hintergrund, dass süchtige, aber auch co-abhängige Elternteile Signale senden und Verhalten zeigen, die aus der Perspektive der Kinder oft nicht verständlich sind – im Übrigen oft auch nicht aus Erwachsenenperspektive. Die Kinder versuchen dann häufig vergeblich, Erklärungen zu generieren, um sich das Geschehen, das Wesen der Eltern begreifbar zu machen. Diese Erklärungen können im schlimmsten Fall mit Schuldgefühlen oder Selbstwertschädigungen einhergehen (ich bin schuld daran, dass mein Elternteil sich so verhält) – erst recht dann, wenn Elternteile tatsächlich ihrem ferneren oder näheren Umfeld, dem/der Partner*in, den Kindern etc. Schuld und Verantwortung für das eigene Verhalten (Versagen) zuschreiben. Je mehr Einsicht Kinder und Jugendliche in die Suchterkrankung gewinnen, desto wahrscheinlicher ist, dass alternative, auf die Folgen der Abhängigkeitserkrankung bezogene Erklärungen für Erfahrungen und Erlebnisse angenommen werden und so das Kind oder den Jugendlichen entlasten.

In diesem Kapitel werden zunächst bereits existierende Medien für die Arbeit mit den betroffenen Kindern und Jugendlichen vorgestellt, die teilweise mit Begleitmaterial oder ergänzenden Herangehensweisen und Handlungsanleitungen versehen sind – es sind diejenigen Medien, die wir in unserer Arbeit am häufigsten verwenden. Weitere Bücher, Filme und Broschüren, teils auch für Erwachsene, sind in der Literatur/Fachbücher gelistet. In der Folge werden Herangehensweisen aufgezeigt, wie man gemeinsam mit Kindern und Jugendlichen Medien zum Thema gestalten kann. Weiterhin werden Methoden dargestellt, die wir konzipiert haben, um auf individuelle Fragestellungen (nach Aufklärung einzelner Kinder) eingehen zu können. Im letzten Teil wird auf mit der Suchterkrankung assoziierte Themen wie Fremdunterbringung, Substitution, Haftstrafen, Tod eines Elternteils Bezug genommen.

1.2.6.1 Medien

Leon findet seinen Weg

Cornelia Teske; Illustrationen von Klaus Maria Knichel (2007)
Alter: 4–7 Jahre
Themen: Alkoholerkrankung des Vaters, Übernahme von Rollen durch das Kind
Inhalt: Der mutige, kleine Igel Leon trägt ein schweres Geheimnis in sich. Sein Vater isst von faulen Früchten eines Weinberges. Er stolpert dann über unsichtbare Steine und sein Gesicht ist rot und aufgebläht wie ein Luftballon. Leon traut sich nicht, mit jemandem darüber zu reden. Erst als eines Tages Luna auftaucht, fasst er Vertrauen und erzählt. Ein Heilungsprozess kann beginnen.

Handlungsleitfaden zum Einsatz des Bilderbuches „Leon findet seinen Weg“ für pädagogische Fachkräfte von Cornelia Teske

Inhalt: Im Leitfaden finden sich zunächst allgemeine Hinweise zum Verhalten von Kindern in suchtbelasteten Familien und zum praktischen Umgang mit dem Buch „Leon findet seinen Weg“. Sodann werden zu jedem einzelnen der 12 Bilder des Buches Handlungsempfehlungen gegeben („Darum wurde dieses Bild gewählt“; „Gewünschte Wirkung des Themas auf die Kinder“; „Weitere enthaltene Themen“; „Spielideen/Arbeitsansätze“).

Anmerkung Wiesel: „Leon“ ist aus unserer Arbeit nicht mehr wegzudenken. Wir haben das Bilderbuch in unzähligen Varianten mit Kindern ab dem Vorschulalter durchgearbeitet, teils am Stück (z. B. im Rahmen von suchtpräventiven Unterrichtseinheiten für Grundschulkinder; im Rahmen von Lesungen) oder aufgeteilt in Einheiten über fünf bis zehn Sitzungen für die Kinder, die

Wiesel besuchen, teils in Einzel-, in Geschwister- oder in Gruppenkonstellation. Dabei konnten wir zum einen auf die Anregungen durch den Handlungsleitfaden zurückgreifen, zum anderen eigene weiterführende Methoden entwickeln. Beispiele:

- Gestalten von Leons Igelfamilie aus Salzteig.
- Malen von großformatigen Bildern zu Leon; Malen von Bildern zu der Fragestellung, welche Fortsetzung die Geschichte finden könnte, wie es mit Leon weitergehen könnte, ob sein Vater die Igelhöhle (= Therapieeinrichtung) tatsächlich aufsuchen wird, wie es danach in der Familie zugehen könnte etc.
- Entwicklung eines Hörspiels zu Leon, in dem die Kinder die Rollen von Leon, Vater und Mutter, Luna etc. übernehmen (siehe auch Kapitel 1.2.6: Erstellung von Medien gemeinsam mit Kindern und Jugendlichen).

Auch in der Schulung von Fachkräften, Erzieher*innen etc. findet „Leon“ immer wieder Eingang – lassen sich doch mittels der Verhaltensweisen des kleinen Igels Leon typische Rollenmuster, wie sie Kinder in Suchtfamilien einzunehmen tendieren, anschaulich erläutern (siehe auch Kapitel 1.2.6: Ergänzende Ansätze).

Alles total geheim

Kirsten Boie, Illustrationen von Silke Brix-Henker (1990)
Alter: Ab 5 Jahren
Themen: Alkoholerkrankung des Vaters, Geheimniswahrung, Freundschaft
Inhalt: Sein Vater ist Geheimagent, sagt Gernot. Er fängt Spione und Verbrecher und Rauschgiftbanden – genau wie im Fernsehen. Aber das ist alles total geheim. Michi darf niemandem davon erzählen, nicht mal Mama und Papa. Jetzt versteht Michi, warum Gernot ihn nie mit sich in die Wohnung nimmt. Mama hat neulich gesagt, dass Gernots Vater arbeitslos ist und seine Mutter deshalb putzen gehen muss. Aber was wissen die Großen schon! Das ist doch alles nur Tarnung!

Alles total geheim – Verfilmung des Bilderbuchs

Landesfilmdienst Niedersachsen e.V./Medienpädagogisches Zentrum
Das Video zeigt eine Verfilmung des Bilderbuches „Alles total geheim“ von Kirsten Boie und Silke Brix-Henker. Es ist Bestandteil des gleichnamigen Medienpaketes zum Thema „Kinder aus Familien mit Suchtproblemen“.

Alles total geheim – Kinder aus Familien mit Suchtproblemen. Materialien zur Suchtprävention

Landesstelle Jugendschutz Niedersachsen (2013)

Anmerkung Wiesel: Auch „Alles total geheim“ (sowohl Buch als auch Verfilmung des Bilderbuches) setzen wir sehr häufig in unserer Arbeit mit den Kindern ein, das Buch oftmals über mehrere Sitzungen hinweg. Hiermit lassen sich insbesondere die Themenkomplexe Beschämung, Geheimniswahrung und Freundschaft aufgreifen. Mögliche Fragen zu „Alles total geheim“:

- Wie hat euch die Geschichte gefallen?
- Habt ihr auch Freunde?
- Wie erlebt Michi den Gernot?
- Wie kommt euch der Vater von Gernot vor?
- Glaubt ihr Gernots Darstellung?
- Was könnte Gernot zu seiner Darstellung der familiären Situation bewegen?
- Kommt euch irgendetwas an dem Michi oder Gernot bekannt vor?
- Gibt es Ähnlichkeiten zwischen den Jungen und euch?
- Kennt ihr auch Geheimnisse aus eurer Familie?

In der Regel lassen wir offen, welche Version „wahr“ ist – die Gernots (Vater als Geheimagent) oder die von Michis Eltern (prekäre Zustände in der Familie, bedauernswerter Gernot). Wichtiger erscheint uns die Reaktion der Kinder auf Buch und Film – ihre Einschätzungen, Vermutungen, Begeisterung oder Skepsis.

Der Schal, der immer länger wurde

Klaus-Peter Wolf, Bettina Göschl und Maria Blazejovsky (2006)

Alter: 5–7 Jahre

Themen: Alkoholerkrankung des Vaters, Abhängigkeit als Schal

Inhalt: Papa ist lieb und lustig und für jeden Spaß zu haben. Doch manchmal verändert Papa sich, dann wird er ungeduldig und weiß oft nicht mehr, was er sagt. Ob das an dem Schal liegt, den er immer trägt? Der Schal wird manchmal länger, dann ist er wieder kürzer. Je länger er ist, desto mehr wickelt er Papa ein und verändert ihn. Doch wie kann Papa den Schal wieder loswerden? Ein Kinderbilderbuch über die Alkoholkrankheit des Vaters aus der Sicht des Kindes, in dem die Situation (Gewalt im Vollrausch, Hoffnung, Enttäuschung, Angst) ebenso beschrieben wird wie die kindlichen Erklärungsversuche (der Schal, der immer länger wird und den Vater gefangen hält) und die Lösungsmöglichkeiten (Trennung, Therapie).

Tom und Tina

Beatrice Michel und Mathias Frei (2000)
Alter: ab 5 Jahren
Themen: Drogenabhängigkeit der Mutter, Begleitumstände Sucht, Freundschaft
Inhalt: Tina wohnt nahe beim Hauptbahnhof. Beim Einschlafen hört sie die Züge vorbeirattern. Die Kinder im Quartier treffen sich im großen Hof hinter dem Haus von Tina, um Verstecken zu spielen, Grimassen zu schneiden oder auf den alten Mauern herum zu klettern. Hier ist immer etwas los, Tina langweilt sich nie. Tina schaut jeden Tag nach Tom, im Hof und auf der Straße. Tom geht in die zweite Klasse. Er kann fast alles allein. Einkaufen, Beutelsuppe und Spiegeleier kochen, für seine Mutter Espresso zubereiten. Bei Tom zuhause ist alles anders. „Seine Mutter ist ein verrücktes Huhn", sagt Tinas Mutter. „Nein, nein, nicht verrückt, nur ein wenig krank", meint Tina. Sie will nicht zulassen, dass Tom wegziehen und bei einer Pflegefamilie leben soll. Die Begegnung mit dem Schicksal vom Tom und seiner drogenabhängigen Mutter regt Kinder und Erwachsene zum offenen Gespräch über Drogen und Begleitumstände von Sucht an.

Drogenkinder – Begleitbroschüre zu „Tom und Tina" für Eltern und Lehrpersonen

Herausgegeben vom Pestalozzianum, Abteilung Gesundheitsförderung und Suchtprävention.
Die Begleitbroschüre enthält Hintergrundinformationen über die Situation von Kindern drogenabhängiger Eltern sowie allgemein über Sucht und Drogen. Es werden konkrete Hinweise vermittelt, wie man mit Kindern über das Thema Sucht sprechen kann.
Anmerkung Wiesel: Mögliche Fragen zu „Tom und Tina"

- Wie gefällt euch die Geschichte/gefallen euch die Bilder?
- Wie kommt euch die Mutter von Tom vor? Wie verhält sie sich? Was hat sie für Bekannte?
- Wie lebt der Tom? Was macht er alles? Warum macht er das alles?
- Was denkt ihr, wie Tina den Tom erlebt?
- Wie erlebt sie ihn und seine Familie im Vergleich zu ihrer eigenen?
- Wie lebt und was erlebt sie selbst daheim?
- Wo geht die Mutter von Tom hin? Warum wechselt Tom in eine Pflegefamilie?
- Was denkt ihr, wie es ihm damit ergeht?
- Wie könnte eine Fortsetzung der Geschichte aussehen?

Kinderfachbuch

Flaschenpost nach Irgendwo – Ein Kinderfachbuch für Kinder suchtkranker Eltern

Schirin Homeier und Andreas Schrappe (2009)
Alter: 8–10 Jahre
Themen: Alkoholerkrankung des Vaters, Trennung der Eltern
Inhaltsbeschreibung: Irgendwas muss sich ändern: Marks Papa trinkt zu viel, die Eltern streiten nur noch, und in der Schule geht alles drunter und drüber. Mark kann mit niemandem darüber reden. In seiner Not schreibt er eine Flaschenpost. Dann nehmen die Dinge ihren Lauf ... Durch eine liebevoll illustrierte Bildergeschichte und einen altersgerechten Erklärungsteil erhalten Kinder von suchtkranken Eltern konkrete Hilfestellung für ihren Alltag. Ein Ratgeber für erwachsene Bezugspersonen und Fachkräfte rundet das Kinderfachbuch ab.
Anmerkung Wiesel: Das Kinderfachbuch lässt sich sehr gut im Einzelsetting mit Kindern aus suchtbelasteten Familien einsetzen, auch über mehrere Sitzungen verteilt.
Von der Autorin sind weitere Kinderfachbücher erschienen, die sich mit elterlicher Depression, Trennung der Eltern und dem Aufwachsen oder der zeitweiligen Unterbringung in einer Adoptiv- bzw. Pflegefamilie befassen – ebenfalls Themen, die für Kinder aus suchtbelasteten Familien relevant sein können (siehe Literatur).

Fachbuch für Jugendliche

Janis Welt

Handbuch für Kinder und Jugendliche, deren Eltern alkoholkrank sind
Ursula Bußler (2013)
Alter: Kinder; Jugendliche
Themen: Alkoholerkrankung der Eltern
Inhalt: Der Comic handelt von den täglichen Herausforderungen, die entstehen, wenn ein Elternteil in der Familie schon zu lange und zu viel Alkohol trinkt. Dabei sind die Situationen, die Janis bewältigen muss, keine Seltenheit. Sie lassen sich in vielen Familien beobachten. Mit dem Comic wird betroffenen Kindern und Jugendlichen die Möglichkeit gegeben, sich über das Thema umfangreich zu informieren.

Filme

Mein Freund Arno

von Gerburg Rohde-Dahl (1988) – aus der Reihe Bettkantengeschichten
Alter: empfohlen ab 12 Jahren; FSK 6
Themen: Alkoholerkrankung der Mutter, Heldenkind, Freundschaft
Inhalt: Empört kommt Maren nach Hause. Freundin Rieke hat ihr die Tür vor der Nase zugeschlagen, obwohl sie eingeladen war! Im Hintergrund stritten Riekes Eltern. Das erinnert Marens Vater an seine Kindheit. In einer Rückblende erzählt er die Geschichte von seinem Freund Arno und dessen alkoholkranker Mutter. Nun versteht Maren, wie wichtig eine gute Freundin ist, wenn es in der Familie drunter und drüber geht.
Anmerkung Wiesel: Nach unserer Erfahrung sind die Kinder bzw. Jugendlichen in der Regel sehr berührt bei Betrachten des 30-minütigen Filmes – trotz der zeitlichen Einbettung in die 1960er-Jahre. Die Verhaltensweisen der Mutter, die Beschämung des Kindes (Arnos), seine Sorge um den gesundheitlichen Zustand der Mutter, die Fürsorge für die jüngeren Geschwister und seine generelle Überforderung werden sehr eindrücklich gezeigt und lösen bei den Kindern und Jugendlichen zumeist Identifikationsprozesse aus.
Fragen zum Film Arno

- Wie hat euch der Film gefallen?
- Könnt ihr etwas über die Freundschaft der beiden Jungen sagen? Was, glaubt ihr, bedeutet dem Arno die Freundschaft?
- Was ist schwierig für Arno? Um was kümmert er sich, für wen sorgt er?
- Wie geht er mit den Belastungen um?
- Wie reagiert er in unterschiedlichen Situationen? Z. B. gegenüber seinem Freund, den Mitschüler*innen, dem Lehrer? Warum könnte er so reagieren?
- Mit was tröstet er sich? Worin besteht seine Freude? Auf was hofft er?
- Was könnte er machen? Wie und wo könnte er sich Hilfe suchen?
- Glaubt ihr, dass seine Mutter geheilt zurückkehrt?
- Wie würdet ihr in Arnos Situation reagieren?
- Kommen euch einzelne Szenen bekannt vor?

Zoey

Ein Spielfilm über die Lebenswelt von Kindern aus einer suchtbelasteten Familie. Medienprojekt Wuppertal im Auftrag des Blauen Kreuz Deutschland (2015)
Alter: ab 12 Jahren
Themen: Alkoholerkrankung des Vaters; Rückfall nach Therapie
Inhalt: In dem 40-minütigen fiktionalen Spielfilm geht es um die 14-jährige Zoey, die mit dem Rückfall ihres alkoholkranken Vaters zu kämpfen hat. Der

Alltag des Teenagers gerät ins Wanken und sie muss Verantwortung für ihren Vater, ihren 8-jährigen Bruder und sich selbst übernehmen, was nicht ohne Folgen bleibt.

Die DVD „Zoey" enthält weiterhin **Pädagogisches Begleitmaterial,** erstellt von Christine Kogge. Das Begleitmaterial informiert über die Lebenswelt, die Probleme und Herausforderungen von Kindern in suchtbelasteten Familien. Es unterstützt Lehrkräfte, pädagogische Fachkräfte und Mitarbeitende in der Suchtselbsthilfe, das Thema in der Klasse, Jugendgruppe oder Selbsthilfegruppe anzusprechen und vertiefend zu bearbeiten. Gegliedert in 3 Module (Die Personen im Film; Alkohol – vom Genuss zur Abhängigkeit; Kinder – Sucht – Hilfe) ist es fernerhin versehen mit Literaturhinweisen und Adressen von Organisationen, an die sich die Multiplikator*innen wenden können.

Sowohl DVD als auch das pädagogische Begleitmaterial sind 2020 in ein Praxisbuch eingeflossen: **Praxisbuch zur Arbeit mit Kindern und Jugendlichen aus Suchtfamilien.** Das Handbuch beinhaltet auf 156 Seiten zudem Hintergrundwissen, Fachartikel, Methoden und Handlungsempfehlungen mit der Arbeit mit Kindern & Jugendlichen aus Suchtfamilien.

Herausgegeben wurde es von **blue:prevent**, welches die **Jugend- und Präventionsangebote des Blauen Kreuzes umfasst**. Zu bestellen unter: www.blaues-kreuz.de/de/projekte-und-veranstaltungen/projekte/spielfilm-zoey/

Spiele

Flieg, Dino

Das Spiel „Flieg, Dino" (2022) ist im Rahmen des Fluffi-Klubs, eines suchtpräventiven und resilienzfördernden Kita-Programms von Nacoa Deutschland e.V., in Zusammenarbeit mit den Spieleentwickler*innen von Playing History, entstanden und eignet sich vorrangig für Vorschulkinder im Alter von 4 bis 7 Jahren. „Flieg, Dino" erzählt die Geschichte eines jungen Flugdinos namens Tika, welches von einem Vulkan aus die vielen großen und kleinen Dinos in der Umgebung beobachtet. Tika lernt dadurch unterschiedliche Gefühle wie Traurigkeit, Scham, Freude, Wut, Angst und Stolz sowie Strategien im Umgang mit ihnen kennen. Doch plötzlich beginnt der Vulkan zu brodeln und die Kinder müssen gemeinsam Federn für Tika erspielen, sodass sich das Flugdinojunge rechtzeitig in Sicherheit bringen kann. Hierfür werden jeweils 2 der 26 Szenenkarten aufgedeckt und die passenden Gefühle erwürfelt. Auf etwa einem Drittel der 26 Szenenkarte sind Situationen abgebildet, die Kindern aus sucht- oder psychisch belasteten Familien besonders vertraut sein können (eine leere Frühstücksdose, streitende Familienmitglieder, eine verschmutzte Wohnung oder ein rauchendes Familienmitglied).

Ziel des Spiels ist die Vermittlung eines Zugangs zu Gefühlen – allgemein, aber eben auch im Zusammenhang mit einer (etwaigen) familiären Suchterkrankung. So sind die Bilder der Dinos bewusst weitgehend genderneutral gestaltet, es werden explizit keine Zuschreibungen von Mutter, Vater oder Kind vorgenommen, sodass es der Interpretation und Fantasie der Kinder obliegt, wen sie in den Dinos und deren Verhaltensweisen wieder entdecken. Dadurch können Loyalitätskonflikte auf Seiten der Kinder vermieden und eine offene und vertrauensvolle Erzählatmosphäre geschaffen werden. Es geht in dem Spiel explizit nicht darum, Kinder aus suchtbelasteten Familien ausfindig zu machen oder zum „Verrat" ihrer Eltern anzuregen, sondern darum, betroffenen Kindern bereits im Vorschulalter ein Medium zur Verfügung zu stellen, mit dessen Hilfe sie sich entlasten können. So können beispielsweise auch typische Themen wie die Übernahme von spezifischen Rollen oder das Bestehen von Schuldgefühlen auf Seiten der Kinder kindgerecht aufgegriffen werden. Die Botschaft „Du darfst über deine Gefühle sprechen und alle deine Gefühle sind erlaubt" bildet den zentralen Aspekt des Spiels.

„Flieg, Dino" ist über die Homepage von Nacoa Deutschland e.V. (https://nacoa.de/service/bestellung) und über die Homepage von Playing History (https://playinghistory.org/) zu erwerben.

Literatur

Blue:prevent (2021): **Praxisbuch zur Arbeit mit Kindern und Jugendlichen aus Suchtfamilien. Blaues Kreuz e.V.**

Boie, K. (1990): **Alles total geheim.** Hamburg: Oetinger.

Bußler, U. (2013): **Janis Welt. Handbuch für Kinder und Jugendliche, deren Eltern alkoholkrank sind.** Vertrieb: CHROMA e.V.

Homeier, S. & Schrappe, A. (2009): **Flaschenpost nach Irgendwo. Ein Kinderfachbuch für Kinder suchtkranker Eltern.** Frankfurt am Main: Mabuse-Verlag.

Landesstelle Jugendschutz Niedersachsen (Hg.) (2013): **Alles total geheim – Kinder aus Familien mit Suchtproblemen.** Materialien zur Suchtprävention.

Michel, B. & Frei, M. (2000): **Tom und Tina.** Zürich: Atlantis.

NACOA Deutschland e.V. (2022): **„Flieg, Dino".** Spieleverlag Playing History. Berlin.

Pestalozzianum, Abteilung Gesundheitsförderung und Suchtprävention (Hg): **„DrogenKinder". Begleitbroschüre zu „Tom und Tina" für Eltern und Lehrpersonen.**

Teske, C. (2007): **Leon findet seinen Weg**. Hg. Landeszentrale für Gesundheitsförderung in Rheinland-Pfalz e.V.

Teske, C. **Handlungsleitfaden zum Einsatz des Bilderbuches Leon findet seinen Weg.** Hg. Landeszentrale für Gesundheitsförderung in Rheinland-Pfalz e.V., Materialien zur Gesundheitsförderung.

Wolf, K.-P., Göschel, B. & Blazejovsky, M. (2006): **Der Schal, der immer länger wurde.** München: Betz.

Filme

Alles total geheim. Verfilmung des Bilderbuchs von Kirsten Boie. Landesfilmdienst Niedersachsen e.V. /Medienpädagogisches Zentrum.

Mein Freund Arno. Regie: Gerburg Rohde-Dahl. BRD, 1988.

Zoey. Ein Spielfilm über die Lebenswelt von Kindern aus einer suchtbelasteten Familie. Medienprojekt Wuppertal im Auftrag des Blauen Kreuz Deutschland e.V. BRD, 2015 (darin: Pädagogisches Begleitmaterial. Erstellt von Christine Kogge).

1.2.6.2 Arbeitsmaterialien, Hilfestellungen

Antoine de Saint-Exupéry (1950): Der kleine Prinz [G] [E]

12. Kapitel: Der Säufer Übersetzung ins Deutsche von Alexander Varell

Auf dem nächsten Planeten wohnte ein Trinker. Dieser Besuch war sehr kurz, doch er stürzte den kleinen Prinzen in tiefe Melancholie.

- „Was machst du da?", fragte er den Trinker, der schweigend vor einer Sammlung leerer und einer Sammlung voller Flaschen saß.
- „Ich trinke", antwortete der Trinker mit finsterer Miene.
- „Warum trinkst du?", sagte der kleine Prinz.
- „Um zu vergessen", erwiderte der Trinker.
- „Um was zu vergessen?", wollte der kleine Prinz wissen und hatte bereits Mitleid.
- „Um zu vergessen, dass ich mich schäme", gestand der Trinker und ließ den Kopf hängen.
- „Wofür schämst du dich?", erkundigte sich der kleine Prinz, der ihm helfen wollte.
- „Fürs Trinken!", schloss der Trinker und versank endgültig in Schweigen.
- Und ratlos machte sich der kleine Prinz davon.
- „Die Erwachsenen sind wirklich sehr, sehr seltsam", sagte er sich im Stillen während der Reise.

Da verschwand der kleine Prinz bestürzt. »Die großen Leute sind wirklich sehr, sehr sonderbar«, dachte er sich, während er weiterreiste. Aus: Saint-Exupery, A. de (1950): Der Kleine Prinz, erschienen im Karl Rauch Verlag, Neuausgabe 2010, S. 42.

Anmerkung Wiesel: Die Geschichte kann gemeinsam mit den Kindern gelesen und anschließend diskutiert werden. Entspricht dies auch ihrer Erfahrung mit dem betroffenen Elternteil? Wird der Teufelskreis deutlich? Wie könnte man ihn unterbrechen? Woher kommt Beschämung, wie entstehen Schamgefühle? Wie ließe sich anderweitig mit ihnen umgehen? Wie ihnen Ausdruck verleihen? Etc.

Anmerkung Wiesel: Michelle Halbheer, die Autorin von „Platzspitzbaby" (2015) beschreibt in ihrem autobiografischen Buch eindrücklich, wie ihr die Lektüre des kleinen Prinzen dabei geholfen hatte, das Verhalten ihrer drogenabhängigen Mutter zumindest ansatzweise zu verstehen (diese selbst hatte ihr das Buch geschenkt).

The Bag of Rocks G

Recovery Stories
Jerry Moe: Helping Kids at Betty Ford

Jerry Moe kümmert sich um erwachsene Alkoholabhängige und Suchtkranke, aber noch mehr sorgt er sich um deren Kinder. Seit 36 Jahren widmet er sich dem Versuch, den Schaden für die Jungen und Mädchen zwischen 7 und 12 Jahren zu mildern. Er leitet ein Modellprojekt für Kinder im Betty-Ford-Center, das Kindern hilft, das vergangene und gegenwärtige Chaos in ihrem Leben zu verstehen.

„(…) Wir verwenden Metaphern, damit die Kinder verstehen können – dass Menschen wie ein Fisch am Angelhaken hängen und nicht wegkommen. Oder wie ein Kaugummi, das in deinen Haaren klebt und du Hilfe brauchst, es rauszubekommen. Es ist wichtig, sie zum Reden darüber zu bringen, wie es war und es nicht bei sich zu behalten. Das geschieht auf eine erfahrbare Weise. Wir haben einen Rucksack, der mit 41 Pfund kleiner Steine befüllt ist. Sie dürfen ihn anheben und damit herumlaufen, um ihnen zu zeigen, wie schwer er ist und wie er das tägliche Leben beeinträchtigen kann. Auf jeden Stein ist ein beängstigendes Gefühl oder Problem gemalt: Schmerz, Schuld, Scham, Kampf, Missbrauch. Wir sagen ihnen, dass ihre Mamas und Papas einen unsichtbaren Sack im Innern mit sich herumtragen. Wir fügen hinzu, dass einige Erwachsene trinken und Drogen nehmen, weil sie nicht wissen, wie sie den Sack loswerden können. Zunächst versetzt der Alkohol den Sack in einen Schlafzustand. Aber wenn der Alkohol oder die Drogen abgebaut sind, müssen die Erwachsenen den Sack wieder aufheben. Doch nun ist er schwerer geworden. Wir sagen, dass einige Menschen den Punkt erreichen, an dem der Sack so schwer ist, dass er sich nicht mehr ruhigstellen lässt, egal wieviel sie trinken. Aber das ist gut so. Dann suchen sie Hilfe. Es hängt alles zusammen und ergibt Sinn, sogar für kleinere Kinder.

Dann wenden wir uns ihnen zu. Wir erklären, ‚wegen all des Chaos und der Unsicherheit, in der ihr gelebt habt, habt ihr euren eigenen Sack mit Steinen bekommen'. In diesem Kreis bitten wir sie, die Steine aus dem Sack zu lassen und damit ihre Traurigkeit, Wut und Angst – ihre geheimen Gefühle. Wir warnen die älteren 10- und 11-jährigen Kinder, dass Suchtverhalten in der Familie liegt und der einzige bekannte Weg, der nicht in eine Falle führt, der ist, niemals zu rauchen, zu trinken oder Drogen zu nehmen. (…)"

In: Mooney, Al J., Dold, C. & Eisenberg, H. (2014): **The recovery book.** Workman Publishing; 2nd Revised ed Edition. (Eigene Übersetzung)

„Mein Vater liebt mich. Mein Vater ist krank.“ E G

Ein Arbeitsheft für Kinder von Alkoholkranken von Claudia Black (1989), (im Original: “My dad loves me, my dad has a disease. A workbook for children of alcoholics”); übersetzt von Petra Andreas-Siller, drobs Lüneburg
Alter: Kinder und Jugendliche zwischen 6 und 14 Jahren

> „Claudia Black ist mit einem alkoholkranken Elternteil aufgewachsen. Wie in vielen Familien, in denen ein Alkoholkranker lebt, wuchs sie mit der Regel auf: **‚Es ist nicht in Ordnung, über Alkoholismus in der Familie zu sprechen.‘** Dann, etwa im Alter von 6 Jahren, fühlte sie sich einsam, ängstlich und enttäuscht über ihre Familie.“
> *(Zitiert mit freundlicher Genehmigung durch die Autorin)*

Dieses Arbeitsheft hat sich in der praktischen Arbeit mit den Kindern und Jugendlichen aus Suchtfamilien sehr bewährt. Es wird anschaulich und präzise beschrieben, wie es für Kinder ist, in einer Familie gemeinsam mit Alkoholkranken zu leben.

Die Kinder und Jugendlichen erhalten an vielen Stellen die Gelegenheit, ihre eigenen Erlebnisse bildnerisch oder schriftstellerisch zu verarbeiten. Im Folgenden sind Auszüge zu jedem der drei Unterkapitel (Alkoholismus, Gefühle, Gesundwerden) aus dem Arbeitsheft aufgeführt.

Inhalt

Kapitel 1 Alkoholismus

Manchmal tun Menschen, die Alkoholiker sind, Dinge, die ganz verrückt wirken, z. B. **verstecken sie ihre Flaschen**. Das ist auch so eine Sache, die schwer zu verstehen ist. Erinnere dich: Alkoholiker sind krank, die Krankheit heißt Alkoholismus. Darum tun sie Dinge anders als sonst und manchmal tun sie Dinge, die verrückt wirken. **Das ist Teil ihrer Krankheit**.

- Verstecken deine Mutter oder dein Vater ihre Flaschen?
- Male ein Bild, wo sie ihre Flaschen verstecken.

Kapitel 2 Unsere Gefühle

Wenn unsere Eltern Alkoholiker sind, sind wir manchmal **verwirrt** darüber, was sie über uns fühlen und was wir über sie fühlen. Normalerweise sind Vater oder Mutter nett zu uns, aber oft, wenn sie trinken, tun sie das Gegenteil von dem, was sie fühlen. **Der Alkohol macht den Unterschied zwischen Fühlen und Handeln.**

Manchmal wenn unsere Eltern trinken, sind wir nicht mehr sicher, ob wir sie wirklich noch liebhaben. Manchmal hassen wir sie in diesem Moment, manchmal ist Hass das einzige Gefühl, das wir haben.
Beide **Gefühle sind wahr**: Liebe und Hass. In bestimmten Momenten haben wir nur ein starkes Gefühl: Hass, aber das ist nur für diesen bestimmten Moment. All die **anderen Gefühle**, die Liebe, sind weiterhin in uns und sie **kommen schnell zurück**.
Manchmal mögen wir nicht, wie sich unser Vater oder unsere Mutter verhält. Gewöhnlich wissen wir, dass sie innen drin wirklich gut sind.

- Was fühlst du über deine Eltern? Male ein Bild.

Kapitel 3 Gesundwerden
Du fühlst dich verwirrt und aufgeregt, weil dein Vater oder deine Mutter aufgehört hat zu trinken, es ist Schrecken und Glück zur gleichen Zeit. Wenn es so ist, ist es normal. Du bist froh, weil dein Vater oder deine Mutter aufgehört hat zu trinken, aber zur gleichen Zeit befürchtest du, sie könnten ja auch wieder damit anfangen.
Menschen denken oft, wenn jemand damit aufhört zu trinken, ist Zuhause alles wieder wunderbar. Das ist oft sehr wahr. Aber manche Kinder finden, dass es nicht stimmt. Manche Kinder finden, dass ihre Eltern weiterhin streiten, sich gegenseitig beschuldigen oder einfach nicht froh sind.
„Wenn deine Eltern aufgehört haben zu trinken, es aber zuhause immer noch Probleme gibt, **gib nicht auf**. Jede Familie braucht **viel Zeit**, bis die Probleme bewältigt sind.

- Wenn dein Vater oder deine Mutter aufgehört hat zu trinken, zeige uns, was sich jetzt verändert hat."

„Deine Welt – im Bild" E G

Quelle: Beratungsstelle Kompaß; Anregungen durch Black, C. (1988)
Alter: ab 8 Jahren
Intention: Visualisieren von Erlebnissen und Gefühlen
Durchführung: Einige Kinder teilen ihre Lebenssituation über die Herstellung von Bildern mit. Wenn sie möchten, können sie das Thema ihres Bildes frei bestimmen. Es können jedoch familien- und suchtspezifische Themen durch einleitende Fragen auch vorgegeben werden. Beispiele, die aus dem Arbeitsheft von Claudia Black entnommen wurden:

- „Wenn Eltern Alkohol trinken, verändern sie sich. Manchmal denkt man, sie werden ganz andere Menschen (…). Verändert sich Dein Vater oder deine Mutter, wenn sie trinken?"

- „Wie fühlst du dich, wenn deine Mutter/dein Vater trinkt?“
- „Was tut dir gut bzw. was hilft dir, wenn es dir in deiner Familie mal nicht gut geht?“
- „Wie ist es, wenn du nach der Schule nach Hause kommst?“
- „Was passierte, als deine Mutter/dein Vater einen Rückfall erlitt?“

„Hoffnungsvolle Botschaften“ E G

Quelle: NACOA; in Anlehnung an Black, C. (1988), S. 164.
Alter: ab 8 Jahren
Intention: Aufklärung über das Wesen der Sucht, Selbstbestärkung, Lösen von Schuldgefühlen
Durchführung: Den Kindern wird ein Arbeitsblatt mit folgenden Merksätzen ausgeteilt und besprochen:

- **Sucht ist eine Krankheit.**
- Du hast sie nicht verursacht.
- Du kannst sie nicht heilen.
- Du kannst sie nicht kontrollieren.
- Du kannst für dich selber sorgen, indem du deine Gefühle mit Erwachsenen besprichst, denen du vertraust.
- Du kannst gesunde Entscheidungen treffen – für dich.
- Du kannst dich selber achten und lieben.

Anmerkung Wiesel: Diese Merksätze können auch Eingang in die Abschiedsmappe finden.

Ungeschriebene Regeln in der Suchtfamilie E G

Quelle: Wegscheider S. (1988)
Alter: ab 14 Jahren
Intention: Aufklärung über das Wesen der Suchterkrankung und der innerfamiliären Dynamik
Durchführung: Den Jugendlichen wird ein Arbeitsblatt mit den **ungeschriebenen Familienregeln in Suchtfamilien** ausgeteilt und besprochen. Dabei kann auf die eigenen Erfahrungen zurückgegriffen werden.

- Das Wichtigste im Familienleben ist der Alkohol.
- Der Alkohol ist nicht die Ursache des Problems.
- Der oder die Alkoholkranke ist nicht für seine Abhängigkeit verantwortlich – schuld sind die anderen, sind die Umstände.
- Der Status quo muss erhalten bleiben, koste es was es wolle.
- Jeder in der Familie ist ein „Enabler“, sozusagen ein „Zuhelfer“.

- Niemand darf darüber reden, was in der Familie wirklich los ist, weder untereinander noch mit sonst jemandem.

Hilfestellungen für Kinder und Jugendliche in Familien mit Alkoholproblemen E G

Kuntz, H. (2016), S. 201–204

(mit freundlicher Genehmigung durch den Autor)

„Da die folgenden Bekräftigungen direkt für dich als Sohn oder Tochter von Eltern mit Alkoholproblemen gedacht sind, wechsle ich die Anredeform und spreche dich unmittelbar persönlich an. Erwachsene sollten dir die Chance gewähren, dich gemäß den Bekräftigungen zu verhalten. Haben dein Vater, deine Mutter oder sogar beide ein Problem im Umgang mit Alkohol, ist das für dich als Kind oder Jugendlicher eine Bürde, die dein Leben überschattet. Im Rahmen des Möglichen vermagst du dich allerdings selbst zu entlasten, wenn du unbeirrbar an deinen nachstehenden Rechten als Kind festhältst.

- Als Kind oder Jugendlicher hast du ein Recht auf deine Kindheit. Es ist dein Geburtsrecht, dass deine Mutter und dein Vater als Erwachsene ihre angemessene elterliche Verantwortung für dein Wohlergehen übernehmen.
- Wenn dein Vater oder deine Mutter zu viel Alkohol trinkt und du darunter leidest, ist es dein Recht, das Problem beim Namen zu nennen. Nur dadurch kann sich etwas für dich verändern.
- Du ganz allein darfst sagen, wie es dir in deiner Familie geht. Du spürst es tief in dir drin. Als Kind oder Jugendlicher bist du überaus feinfühlig für die Wahrnehmung der familiären Stimmungen. Vertrau unbeirrbar auf deine Gefühle. Was du spürst, ist richtig. Lass dir von keiner Person einreden, deine Gefühle seien falsch. Versucht jemand, dir deine Gefühle auszureden, frage dich, weshalb es für die Person wichtig ist, die Richtigkeit deiner Wahrnehmung zu bestreiten. Lass dich nicht verrückt machen, nur weil andere Menschen zu bequem, zu unsicher, zu konfliktscheu oder zu beziehungsabhängig sind, um ein Alkoholproblem in deiner Familie eindeutig als solches zu bezeichnen.
- Falls deine eigenen Stimmungen stark schwanken zwischen unsicher, niedergeschlagen, ratlos, enttäuscht, wütend, besorgt, ängstlich, verantwortlich, verzweifelt oder auch hoffnungsvoll sein, liegt das nicht daran, dass mit dir etwas nicht stimmt. Mit dir ist alles in Ordnung. Deine berechtigten, wechselnden Gefühle sind ein Zeichen dafür, wie schwer es für dich ist, in deiner Familie alleine mit dem Trinken eines Elternteils zurechtkommen zu müssen.
- Du bist niemals verantwortlich dafür, dass dein Vater oder deine Mutter zu viel Alkohol trinken. Lass dir in keiner Situation einreden, sie würden bloß

trinken, weil du als Kind zu böse, zu faul, zu undankbar, zu wenig hilfsbereit oder einfach nicht gut genug bist. Jede eventuelle Beschuldigung deiner Person ist ein Versuch deiner Eltern, von ihrer Verantwortung für ihr Trinken abzulenken.

- Streng dich nicht vergeblich an, das Trinken eines Elternteils kontrollieren zu wollen. Flaschen zu verstecken oder auszuschütten bringt dir nur vermeidbaren Ärger ein. Sage aber laut und deutlich ‚Nein', wenn dich dein Vater oder deine Mutter losschicken möchten, um alkoholische Getränke für sie einzukaufen.
- Du darfst mit Recht erwarten, dass dich der nicht trinkende Elternteil vor den Launen des anderen schützt. Ist er dazu nicht willens oder in der Lage, hast du das Recht, dich nach anderweitigem Schutz umzuschauen. Niemand darf dich durch sein Trinken belästigen. Nicht einmal dein Vater oder deine Mutter.
- Selbst wenn dein Vater oder deine Mutter trinken, hast du sie vermutlich immer noch sehr gerne. Du wirst sie nach außen hin schützen und nichts Schlechtes über sie erzählen wollen. Deine Loyalität verdient Anerkennung. Es wird sie dir bloß niemand danken. Mit dem Bestreben, deine Eltern zu schützen, sitzt du in einer lähmenden Beziehungsfalle. Entscheidest du dich für den Schutz deiner Mutter oder deines Vaters, muss es dir zwangsläufig schlechter gehen, weil du dich in dem Falle nicht mehr selbst ausreichend zu schützen vermagst. Sorge besser für dich. Die Last der Sorge für deine Eltern stellt die Generationen auf den Kopf. Sie überfordert dich und erdrückt deine Lebensfreude.
- Es ist dein Recht, deine Mutter oder deinen Vater aufzufordern, sich Hilfe für ihr Alkoholproblem zu suchen. Zwingen kannst du sie allerdings dazu nicht. Trinkende Menschen sind überaus eigenwillig darin, ob sie ihr Problem wahrhaben möchten oder nicht.
- Wird die Situation zu Hause unerträglich für dich, hast du das Recht, die Tür zu deinem Zimmer hinter dir zuzumachen oder wegzugehen. Bleibe eine Weile bei Verwandten oder guten Freunden, wo du dich sicher aufgehoben fühlst.
- Leidest du auf Dauer so stark unter der familiären Situation, dass es dir die Luft zu Atmen raubt, versuche von dir aus aktiv die Situation zu verbessern. Tue das nötigenfalls sogar gegen den ausdrücklichen Wunsch eines nicht trinkenden Elternteils. Suche dir eine Vertrauensperson, mit welcher du über deine Lage sprichst. Du verrätst damit niemanden. Du wendest dich auch nicht gegen deine trinkenden Eltern als Menschen, sondern gegen den Alkohol, der sie daran hindert, ihre Rollen als Mutter und Vater so auszufüllen, wie du das als Kind brauchst. Sind deine Eltern nicht zur Übernahme ihrer elterlichen Verantwortung in der Lage, gibt es daran nichts zu beschönigen, zu

entschuldigen oder zu deuteln. In dem Falle steht dir als Kind Hilfe von außen zu. Es steht dir die Möglichkeit offen, dich alleine oder mit Unterstützung einer vertrauten Person an ein Familienzentrum oder ans Jugendamt zu wenden. Alles ist besser als ein stilles Weiterleiden.

- Wenn dein Vater oder deine Mutter zu viel trinkt, bedeutet das nicht, dass sie dich als Kind nicht mehr lieben. Wenn du allerdings das untrügliche Gefühl hast, dass deine Eltern dich nicht wirklich gern haben, dann lass dir deren mangelnde Liebe von niemanden schönreden. Dein Gefühl täuscht dich nicht. Da hilft kein Herumreden um den heißen Brei. Es ist zwar für dich unendlich traurig, der Tatsache ins Gesicht zu sehen, dass dein Vater oder deine Mutter dich als Kind nicht gerne genug haben. Doch sage dir immer wieder, dass das nicht an deiner mangelnden Liebenswürdigkeit liegt, sondern daran, dass deine Eltern einer größeren Hassliebe verfallen sind: dem Alkohol. Suche dir die Zuneigung, die du als Kind brauchst, bei dir nahe stehenden, beziehungsfähigen Menschen, die es gut mit dir meinen.
- Niemand steht das Recht zu, deine Grenzen als Kind zu überschreiten oder gar zu verletzen, auch nicht in betrunkenem Zustand. Betrunkensein ist keine Entschuldigung für Fehlverhalten. Führt das Trinken eines Elternteils zu Grenzverletzungen mit seelischer oder körperlicher Gewalt oder zu sexuellen Übergriffen, ist es dein unbestreitbares Recht, dich dagegen mit einer Anzeige zur Wehr zu setzen. Das erfordert ein ungeheures Maß an Mut von dir. Wiederum bist nicht du es, der mit einem solchen Schritt die Familie zerstört, sondern der Elternteil, welcher dir Gewalt antut. Du klagst bloß ein, was dir als Kind unverbrüchlich zusteht: dein Geburtsrecht auf körperliche und seelische Unversehrtheit.
- Lass dich nicht damit vertrösten, dass du nicht das einzige Kind bist, das unter dem Trinken eines Elternteils zu leiden hat. Die Tatsache, dass mit dir zusammen noch viel zu viele andere Kinder und Jugendliche vom gleichen Problem betroffen sind, macht dein persönliches Leiden nicht geringer. Allerdings kann dir der Austausch mit anderen Kindern helfen, die eigenen Gefühle besser zu verstehen. Außerdem kannst du lernen, wie du dich erfolgreicher zu wehren vermagst, damit die Lebensfreude wieder in dein Leben einziehen kann. Scheue dich nicht, dich bei Suchtberatungsstellen zu erkundigen, ob es dort eine Gruppe für Kinder und Jugendliche aus alkoholbelasteten Familien gibt. In jedem Falle steht es dir zu, dich selbstständig an eine Beratungsstelle zu wenden, um dort professionelle Hilfe für dich in Anspruch zu nehmen. Die Adressen findest du im Telefonbuch oder im Branchenverzeichnis. Du darfst auch jemanden Dritten bitten, dir bei der Adressensuche zu helfen.

Es ist ein menschliches Drama für dich, gezwungenermaßen mitzuerleben, wie der schädliche Alkoholgebrauch deines Vaters oder deiner Mutter dich selbst und den Rest deiner Familie belastet. Doch muss dein Leiden kein Lebensschicksal bleiben.

Nicht selten erwachsen aus alkoholbelasteten Familien ausgesprochen feinfühlige, liebenswerte und persönlich starke Menschen. Im Augenblick deines Leidens vermagst du diese Perspektive zwar nicht zu sehen. Mir als außenstehendem Dritten ist es jedoch möglich, dir zu versichern, dass der Alkoholkonsum deines Vaters oder deiner Mutter nicht alle deine persönlichen Hoffnungen und Zukunftschancen mit ertränken muss."

Anmerkung Wiesel: Diese Hilfestellung kann mit älteren Jugendlichen entweder in der Einzelberatung gelesen und besprochen werden oder Eingang in die Abschiedsmappe finden (s. Kap. 1.1.4).

Literatur

Black, C. (1988): **Mir kann das nicht passieren: Kinder von Alkoholikern als Kinder, Jugendliche und Erwachsene**. Wildberg: Bögner-Kaufmann.

Black, C. (1989): **"My dad loves me, my dad has a disease": A workbook for children of alcoholics.** Minneapolis: Hazelden.

Kuntz, H. (2016): **Drogen & Sucht – Alles, was Sie wissen müssen** (S. 201-204), Weinheim: Beltz.

Moe, J. (2014): Helping Kids at Betty Ford. In: Mooney, Al J., Dold, C. & Eisenberg, H. **The recovery book.** Workman Publishing. http://therecoverybook.com/jerry-moe/

Saint-Exupery, de A. (2000): **Der kleine Prinz.** Düsseldorf: Karl Rauch Verlag.

Wegscheider, S. (1988): **Es gibt doch eine Chance. Hoffnung und Heilung für die Alkoholiker-Familie**. Wildberg: Bögner-Kaufmann.

Erstellung von Medien gemeinsam mit Kindern und Jugendlichen

Hörspiel zu „Leon findet seinen Weg“ (s. o.) G

Quelle: Wiesel
Alter: ab 8 Jahren
Intention: Vertonung des Bilderbuchs „Leon findet seinen Weg“, gemeinschaftliche Produktion eines Mediums
Durchführung: Über mehrere Sitzungen hinweg wird die Geschichte gelesen und bearbeitet (siehe auch: Handlungsanweisungen zu „Leon findet seinen Weg“). Gemeinsam mit den Kindern wird überlegt, wie man die Rollen ausgestalten könnte, welche – nicht im Buch enthaltenen – Sprechbeiträge der Protagonist*innen man hinzufügen könnte (z. B. Leon als Spaßmacher: könnte einen Witz erzählen). Sodann werden die Rollen verteilt und es kann mit den Aufnahmen begonnen werden.

Erstellen eines Comics zum Thema elterliche Abhängigkeit I G

Quelle: Mark Isringhaus (2017)
Alter: ab 10 Jahren
Intention: Auseinandersetzung mit der elterlichen Suchterkrankung und Möglichkeit zur Distanzierung
Durchführung: Eine kreative Art und Weise, um sich in der Arbeit mit Kindern mit der elterlichen Suchterkrankung auseinanderzusetzen und gleichzeitig die Zusammenarbeit durch eine gemeinsame Gruppenaktivität zu fördern, ist das Erstellen eines eigenen Comics. Sinnvoll ist es hierbei, den Kindern und Jugendlichen einen groben inhaltlichen Rahmen vorzugeben.
Als erste Orientierung ist im Folgenden ein Beispielcomic abgebildet, den Mark Isringhaus, Student der Hochschule für Technik und Wirtschaft Saar, im Rahmen eines Abschlussprojekts (2017) entwickelt und freundlicherweise zur Verfügung gestellt hat.
Material

- Fingerpuppen (Spielware)
- Einrichtungsgegenstände
- Plattform zum Arrangieren der Figuren
- Einfarbiger Hintergrund
- Kamera
- Bildbearbeitungsprogramm

Ablauf

Nach Vorgabe eines groben inhaltlichen Rahmens sollen die Kinder die Geschichte nach und nach mit Leben füllen. Hierzu bieten sich z. B. folgende Fragen an:

- Wo findet die Geschichte statt?
- Wann findet die Geschichte statt?
- Wer spielt dabei eine Rolle?
- Welchen Titel hat die Geschichte? Wie heißen die Personen in der Geschichte?
- Welche Eigenschaften hat Person „x"? Wie könnte Person „y" jetzt reagieren?
- Wie fühlt sich/was denkt Person „x" jetzt?
- Was passiert als Erstes?/Danach?/Zum Schluss?

Die einzelnen Szenen werden mithilfe der Fingerpuppen arrangiert und fotografiert, anschließend mit einem Bildbearbeitungsprogramm aus- und zurechtgeschnitten. Die einfarbigen Hintergründe werden nun durch eigene szenische Hintergründe (z. B. Fotos) ersetzt, die das Geschehen und die Atmosphäre untermalen. Zuletzt werden Bilder und Texte in einem Dokument zusammengefügt und können ausgedruckt und gebunden werden.

Beispielcomic

Hi, mein Name ist Tobi und ich bin 11 Jahre alt. Ich lebe mit meiner Familie etwas außerhalb der Stadt. Ich gehe voll gerne raus vor die Tür, weil wir ganz viele Kinder in der Nachbarschaft haben. Wir spielen dann Fußball oder fahren Fahrrad, ganz egal, Hauptsache draußen.

Aber so glücklich wie heute war ich schon lange nicht mehr. Heute kommt Papa endlich wieder nach Hause. Papa war längere Zeit in einer Klinik. Warum? Das will ich euch jetzt erzählen.

Auf dem Bild hier feiere ich gerade mit meiner ganzen Familie meinen 9. Geburtstag. Mama deckt den Tisch und Oma erzählt am laufenden Band Witze. Unser vorlauter Hund Shiva versucht sich währenddessen einen Spitzenplatz am Tisch zu ergattern und Papa schleicht sich gerade von hinten an mich ran. Der mit der Krone auf dem Kopf bin ich. Heute ist ja schließlich mein Geburtstag und Papa hat sich dafür extra freigenommen. Papa ist einfach der Größte!

Hier bin ich alleine mit Papa. Papa ist für mich einfach der Größte. Leider hat Papa nicht immer Zeit, denn er muss richtig viel arbeiten. Manchmal so viel, dass er dann noch nicht mal mehr mit mir spielen kann. Er sagt dann immer, dass es wichtig wäre, in der Schule aufzupassen und dass er das nicht immer so getan hätte. Jetzt würde er dafür bestraft werden. Trotzdem, Papa ist mein absoluter Held. Mit dem kann man immer ganz viel Quatsch machen und außerdem ist er der stärkste Mensch der Welt!

Hier bin ich mit meinen allerbesten Freunden draußen am Spielen. Wie ihr ja schon wisst, leben wir schön im Grünen. Da kann man als Kind richtig was erleben. Ich liebe es draußen zu sein und mit meinen Freunden was zu machen. Unser Hund Shiva kommt meistens mit. Mama freut es, dann muss sie nicht immer mit ihr raus Gassi. Ihr seht also, bei mir war eigentlich alles in bester Ordnung. Mama und Papa haben sich richtig lieb und Omi war auch klasse drauf. Irgendwann jedoch hat sich was geändert. Irgendwas ist passiert und ab dem Zeitpunkt war alles etwas anders. Papa hat mir später erzählt, was passiert war.

Hier ist Papa bei seinem Chef. Papa meinte, dass er auf der Arbeit Mist gebaut hätte und dass er nun die Folgen zu tragen habe. Aber dass sein Chef gleich so weit gehen würde, hätte selbst Papa nicht vermutet. Papa durfte ab sofort nicht mehr zur Arbeit gehen. Ihm ging es danach richtig schlecht.

Nach dem Gespräch mit seinem Chef war Papa dann ganz viel durch den Kopf gegangen. Er hatte richtig Angst vor der Zukunft. Er muss ja unbedingt arbeiten. Er meinte immer: „Das alles muss ja auch jemand bezahlen." Und das war schließlich er. Nur wie sollte er das ohne Job schaffen? Damit hatte er ja schließlich das Geld auch verdient.

Zu der Zeit konnte er keinen klaren Gedanken fassen. Alles hätte sich immer nur gedreht. Wie auf einer Achterbahn. Aber eine Sache war in seinem Kopf immer vertreten. Er nannte diesen Gedanken später einfach nur den „Teufel".

Am Tag der Kündigung kam Papa völlig zerstört nach Hause. Ihm schien es wirklich nicht gut zu gehen. Er hatte unglaublich große Angst davor, Mama zu erzählen, was passiert war. Er schämte sich dafür, dass dieser blöde Chef ihn gefeuert hatte.

Papa hatte alles gemacht, damit Mama nicht böse auf ihn war. Mama meinte aber immer wieder, dass alles seine eigene Schuld war und dass er immer so viele Fehler machen würde.

Das würde sie immer tierisch aufregen. Sie wiederholte dann immer wieder, dass Papa genau wie Opa sei. Immer wenn alles schön und klasse wäre, müsse er es versauen.

Papa war nach dem Streit mit Mama ziemlich schnell nach draußen gegangen. Dabei knallte er die Tür super fest zu. Er brauche Zeit für sich, um über alles nachzudenken. Und alles wäre ... Draußen wäre ihm dann immer wieder dieser „Teufel“ im Kopf rumgespuckt.

Der „Teufel“ hätte sich in sein Ohr gepflanzt und ihn nicht mehr in Ruhe gelassen. Er hätte so lange auf ihn eingeredet, bis er irgendwann eingeknickt sei. Der Teufel wusste alles besser und hatte schon lange einen Plan ausgetüftelt, mit dem Papa alle Sorgen vergessen würde. Das alles klang so einfach und verführerisch.

Eines Tages kam Papa dann schließlich zusammen mit dem Teufel nach Hause. Irgendwie konnte er sich kaum noch auf den Beinen halten. Ihm muss wohl sehr schwindelig gewesen sein. Mama war total sauer auf Papa. Beide hatten sich angeschrien, sodass man eigentlich nichts verstehen konnte. Auf jeden Fall war es so laut, dass ich oben wach geworden bin.

Ich konnte die Geräusche von unten erst gar nicht zuordnen. Ich dachte zuerst, dass irgendwelche Einbrecher im Haus wären. Auf jeden Fall hatte ich mega viel Angst. Ich wusste ja nicht, dass Papa zusammen mit seinem neuen Freund unten war. Als sich alles wieder beruhigte, nahm ich meinen Mut zusammen und bin runter gegangen.

Als ich unten ankam, war nur noch Mama da. Papa und sein Freund waren wieder weg. Mama ging es gar nicht gut. Sie war am Weinen. So hatte ich sie noch nie gesehen. Ich habe dann probiert sie irgendwie zu trösten. Das war ziemlich ungewöhnlich und komisch. Sonst war es ja immer Mama, die MICH tröstete.

Papa kam nach diesem Vorfall immer zu den ungewöhnlichsten Zeiten nach Hause. Manchmal auch längere Zeit gar nicht. Mit mir spielen wollte er dann irgendwie auch nicht mehr so viel. Außer es war nicht so anstrengend. Er hatte plötzlich einfach nicht mehr so viel Zeit für mich. Kaum war er da, musste er auch schon schnell wieder weg.

Mama ging es dabei gar nicht gut. Sie war zu dieser Zeit richtig traurig. Manchmal hatte ich sie sogar im Bett weinen hören. Und das, obwohl zwei Wände dazwischen sind!

Papa meinte später, dass der Teufel ihm ziemlich zugesetzt hätte. Er hätte täglich Zeit mit ihm verbracht und beinahe wäre er selber zu einem Teufel geworden. Ihm hätten nur noch die Hörner gefehlt. Dann wäre es vorbei gewesen.

Zum Glück wäre dann aber – gerade noch rechtzeitig – ein Engel aufgetaucht. Die Gespräche mit dem Engel wären ganz schön anstrengend und schwierig gewesen. Zudem war der Teufel noch immer da und hätte den Engel bekämpfen wollen. Aber irgendwas musste der Engel gesagt haben, das Papa ziemlich erschrocken hatte.

In Begleitung mit dem Engel war Papa dann irgendwann nach Hause gekommen. Anders als die Wochen davor hatte Papa Zeit mit uns verbracht. Er hatte Tränen in den Augen.

Papa meinte, dass er unter keinen Umständen werden wolle wie sein Vater und dass er an sich arbeiten wolle. Er meinte, dass er uns über alles lieben würde und dass er uns nicht verlieren wolle. Er suche sich zusammen mit dem Engel Hilfe. Ich habe das erst gar nicht verstanden. Später dann aber schon.

Gemeinsam sind wir dann in so eine „Klinik" gegangen. Da waren noch ganz viele andere Menschen, die wohl auch Bekanntschaft mit diesem Teufel gemacht hatten. Bei denen war wohl auch irgendwas im Leben anders gelaufen als geplant.

Papa hat mir später erzählt, dass ihm der Aufenthalt richtig gut getan hätte. Er sagte was davon, dass er seine Vergangenheit jetzt besser verstehen würde. Was immer das heißen mag. Und dass es nie verkehrt ist, wenn man sich Hilfe suchen würde. Schließlich würde auch Superman manchmal Hilfe brauchen!

Erarbeiten eines Comics II G

Quelle: Wiesel, gemeinsam mit dem Comic-Zeichner Sebastian Wachs
Alter: ab 10 Jahren
Intention: Gemeinsames Erarbeiten von Aufklärungsmaterialien
Durchführung: Für (kleinere) Kinder gibt inzwischen eine beachtliche Menge geeigneter Bücher, die unterschiedliche Problemlagen darstellen.
Für Jugendliche hingegen existiert nur wenig Literatur, die diese Altersgruppe anspricht und auch während einer Gruppenstunde gemeinsam bearbeitet werden kann. (Die wenigen thematisch passenden Romane eignen sich nur sehr bedingt für die Gruppenarbeit.)
Um hier Abhilfe zu schaffen, kann beispielsweise ein Comic produziert werden, der die Lebenswelt der Jugendlichen in suchtbelasteten Familien und die damit verbundenen Schwierigkeiten veranschaulicht. Auch hier gibt es die Möglichkeit, eine Kooperation mit einer Hochschule, z. B. für bildende Künste oder

Design einzugehen, deren Studierende dann mit den Jugendlichen gemeinsam einen Comic zur Lebenswelt von Kindern und Jugendlichen aus Suchtfamilien erarbeiten. In dem hier gezeigten Beispiel fand zunächst ein Vorgespräch des Comic-Autors mit den Fachkräften statt, um mögliche Themen für den Comic festzulegen. Der Künstler fertigte danach Skizzen an. Diese wurden anschließend in den Jugendgruppen besprochen – die Jugendlichen haben die Dialoge zu den Bildern selbst entwickelt.

In einem zweiten Teil des Projekts könnte, ebenfalls mit Unterstützung eines oder einer Kunst-Studierenden, ein Workshop zum Comic-Zeichnen, d. h. zur Erstellung und grafischen Ausgestaltung eines eigenen Comics angeboten werden.

Sebastian Wachs, Comiczeichner bei der in Saarbrücken ansässigen guido-verlagsgruppe, hat bereits zwei Comics veröffentlicht: „Niemand im Schnee“ und „Weißes Herz“.

Instagramm @neuroticks. https://guido-verlagsgruppe.de/shop/

E-Mail: wachs@guido-verlagsgruppe.de

Video-Clip „Nicht gern zuhaus" Meks feat. Akademic

Dieses Video war ein Projekt der Fachstelle „Lichtblick" vom Kinderschutzbund Orts- und Kreisverband Trier e. V. in Kooperation mit dem Treffpunkt am Weidengraben e. V. und medien+bildung. Es entstand mit einer Gruppe von Jugendlichen in den Osterferien 2013. www.kinderschutzbund-trier.de/fachstelle-lichtblick/

Literatur

Activity Original. Catty, U. & M. / Führer, M. & J.E. © 2002, 2015 Piatnik, Wien.

Hessische Landesstelle für Suchtfragen (HLS) e. V. (2011):

Warum Nils so schlecht in Mathe ist …

Warum Marie sich um ihre Schwester kümmern muss …

Warum Paul nicht mehr zum Skaten kommt …

Mielke, H. (2009): **Der Elch im Wohnzimmer.** Zugriff am 7.7.18 unter https://nacoa.de/traudich/derelch.html.

Erarbeiten von Fotostorys mit Jugendlichen [E] [G]

Warum Nils so schlecht in Mathe ist …
Warum Marie sich um ihre Schwester kümmern muss …
Warum Paul nicht mehr zum Skaten kommt … Drei Informationsbroschüren für Kinder und Jugendliche aus suchtbelasteten Familien, herausgegeben von der Hessischen Landesstelle für Suchtfragen (HLS) e. V., 2011
Die drei Fotostorys entstanden mit Unterstützung und fachlicher Beratung von Drachenherz, einem Arbeitszweig der Suchtberatungsstelle Marburg des Blauen Kreuzes in Deutschland. In den Fotostorys werden Kinder und Jugendliche im Alter von zwölf bis 16 Jahren altersgerecht angesprochen. Am Beispiel der drei fiktiven Protagonist*innen werden Alltagssituationen dargestellt, denen Kinder suchtkranker Eltern täglich ausgesetzt sind.
Anmerkung Wiesel: Diese Fotostorys lassen sich auch in der eigenen Gruppenarbeit einsetzen. Die Jugendlichen können die Stories in Kleingruppen bearbeiten und anschließend im Plenum vorstellen. Mögliche Anregungen könnten lauten:

- Gebt den anderen eine kurze Zusammenfassung der Story.
- Hat euch der Fotoroman gefallen?
- Konntet ihr euch in die Protagonist*innen einfühlen?
- Wo habt ihr euch wiedererkannt, wo nicht?

- Welche Stelle hat euch am meisten angesprochen? Berührt?
- Hättet ihr etwas anders gestaltet? Was?

Gestaltung einer Homepage für betroffene Jugendliche G

Quelle: Wiesel
Alter: ab 12 Jahren
Intention: Reflexion der eigenen Zeit und der Position in der Wiesel-Gruppe, Vermittlung von themenspezifischen Inhalten an andere Jugendliche, Nutzen der eigenen Erfahrungen, um anderen Betroffenen Informationen über das Wesen einer spezifischen Gruppe für Jugendliche aus Suchtfamilien zu vermitteln und somit die Hemmschwelle abzubauen, für sich selbst Hilfe anzunehmen.
Mögliche Gestaltungsideen für die Homepage:

- Ansprache betroffener Jugendlicher, indem Teilnehmende aus der Gruppe von ihren Erfahrungen mit der Gruppe berichten (exemplarisch ein Zitat: *„Am Anfang war ich sehr skeptisch, immerhin hatte ja meine Mutter das Problem und nicht ich. Auch hatte ich keine Idee, wen ich dort treffen würde und wie so ein Treffen ablaufen würde. Das waren auch meine Gedanken vor dem ersten Besuch: Wie würde ich aufgenommen, was würde gemacht werden und wie sind die Leute dort? Ich sollte dort immerhin von meiner privaten Familiensituation erzählen. Vor allem: Wie würden die Leute reagieren, wenn ich ihnen von dem Verhalten meiner Mutter erzähle …“*).
- Beispielhafte Darstellung des Ablaufes einer Gruppenstunde, Darstellung der Inhalte in der Gruppenarbeit.
- Fragen und Antworten zum Thema der elterlichen Suchterkrankung (Jugendliche formulieren ihre Fragen an Eltern, Expert*innen und sich selbst – die Antworten können entweder als schriftliche Zitate verwendet oder auch gefilmt werden (z. B. Expert*innen-Interview) und als Video-Clips auf der Homepage erscheinen).

Erstellung eines Aktionsspiels zum Thema Sucht und Familie G

Quelle: Wiesel
Alter: ab 12 Jahren
Intention: Annäherung an das Thema auf spielerische Art und Weise
Durchführung: In Anlehnung an das Spiel „Activity“ kann mit den Jugendlichen ein ähnliches Spiel zum Thema „Sucht und Familie“ entwickelt werden. Dazu werden unter den Oberkategorien:

- Erklären (Umschreiben des Worts, ohne die Wortteile zu verwenden),

- Zeichnen,
- Pantomime

Begriffe rund um das Thema Sucht und Familie gesammelt. Für jede Kategorie gibt es entsprechend farbige Karten. Die Jugendlichen notieren darauf ihre Begriffe. Auf einem gemeinsam gestalteten Spielfeld sind neben leeren Feldern zusätzlich Aktivitätsfelder abgebildet, die anzeigen, welcher Kategorie eine Karte entnommen werden muss. In der Arbeit mit unseren Jugendlichen sind dabei folgende Resultate entstanden:

Erklären	Abhängigkeit, Stimmungsschwankung, Entzug, Gruppenzwang, Filmriss, Kontrolle, Hilfe, Suchtberatungsstelle, handysüchtig, Rolle, Träumer*in, Rückfall
Zeichnen	Cannabis, (Rolle des) Clowns, Kinder aus Suchtfamilien, Computersucht, Alkopops, Flasche, Suchtklinik
Pantomime	Scham, Alkohol trinken, Angst, ich bin stärker als Alkohol, Rolle des Helden/der Heldin, Betrunkene*r, Aggression, kalter Entzug, Spielsucht

Anmerkung: Wenn die jeweilige Karte dargestellt wurde, kann kurz in der Gruppe über den Terminus gesprochen werden, und ob die Bedeutung allen klar ist. Wenn die Jugendlichen möchten, kann sich auch der- oder diejenige zu Wort melden, der/die den Begriff eingebracht hat, und berichten, welche Bedeutung dieser für ihn oder sie hat.

Theaterwerkstatt „Der Elch im Wohnzimmer" G

(mit freundlicher Genehmigung von Christina Gerling und Dirk Bernsdorff)

Die Theaterwerkstatt „Der Elch im Wohnzimmer" entstand im Rahmen der COA-Aktionswoche 2016 und fußt auf einer Kooperation zwischen den Fachstellen für Suchtprävention des Diakonischen Werks Altenkirchen (Dirk Bernsdorff) und Westerburg (Christina Gerling, Reiner Kuhmann), zwei weiterführenden Schulen, einem Jugendzentrum und der Theaterpädagogin und Schauspielerin Jennifer Paulus. Suchtpräventiven Charakter hat das Werkstatt-Projekt, indem Kreativität als Lebenskompetenz zum Tragen kommt, es prozess- und ergebnisorientiert angelegt ist und den Darstellenden (=Schüler*innen) Rollenambiguität erlaubt (sich selbst spielen und doch Distanz wahren).

Das Improvisationstheater basiert auf der Geschichte vom „Elch im Wohnzimmer" (s.u.) und wurde innerhalb von 2 Tagen von 9 Schüler*innen eigenständig konzipiert: die Rollen entwickelt, die Szenen erarbeitet und zu einem Skript zusammengefügt, entsprechende Musik und Requisiten ausgewählt. Es handelt von Anna, der Tochter eines Alkoholikers, und ihrer (durchaus ebenfalls alkoholaffinen) Peer-Group. Die Abhängigkeitserkrankung des Vaters wird symbolisiert durch den „Elch im Wohnzimmer" – einer Metapher, die deutlich macht, wie riesig, raumgreifend, alle Anwesenden erdrückend und auch stinkend die familiäre Sucht geartet ist. In den 5 Szenen des Stücks, die alternierend im Kreis der Peers und bei Anna zu Hause spielen, findet eine Entwicklung dergestalt statt, dass Anna sich schließlich ihren Freund*innen offenbart und diese sie dazu animieren, den Schulsozialarbeiter einzuschalten. Exemplarisch soll hier eine der Szenen wiedergegeben werden:

Szene 4. Streit zwischen den Eltern

Anna kommt hinzu, sie hat eine Eins geschrieben und möchte es erzählen.
Vater sitzt vor dem Fernseher und guckt Fußball. Elch steht mitten im Raum.

Vater: SCHIEß, MANN, SCHIEß DOCH ENDLICH!

Mutter kommt aufgebracht in den Raum und stellt sich vor den Fernseher.

Mutter: Sag mal, hast du die Rechnung vom Strom nicht gezahlt?

- Zweite Mahnung
- Was soll das denn?

Vater: Was soll was? → geh mir aus dem Bild!

Die Mutter bleibt demonstrativ vor dem Bild stehen und hält die Rechnung hoch.

Mutter: Hallo, was machst du eigentlich?

- Miete
- Ich halte die ganze Familie zusammen
- Gehe arbeiten, mache Überstunden, gehe einkaufen, räume auf.

Vater: Ich gehe auch arbeiten, guck doch, ich trage noch meinen Anzug.

- Gehe jeden Tag in die Firma, manage alles.

Mutter: Toll für dich, ich glaube nicht, dass du wirklich JEDEN TAG arbeiten gehst.

- Und was hast du eigentlich unserer Tochter letztens an den Kopf geworfen.
- SIE SEI EIN UNFALL, HALLO?

Anna kommt in den Raum und versucht, Aufmerksamkeit zu bekommen.

Anna: Hallo Mama, Papa. Ich habe eine 1 in Französisch geschrieben.

Mutter: Ja toll,

- Ich bin gerade mit deinem Vater beschäftigt.

Anna: Toll, immer bist du mit ihm beschäftigt.

Der Vater wird zunehmend genervter.

Vater: So jetzt geht mal beide aus dem Bild, verdammt!

Anna merkt sofort, dass der Vater wieder etwas getrunken hat und wird sauer.

Anna: Du bist ja schon wieder betrunken.

- Du bekommst nichts hin.
- VERSAGER.

Elch geht zu Anna (Vater steht hinter Elch) – Elch gibt Anna eine Backpfeife Anna rennt aus dem Zimmer.

Mutter: Spinnst du eigentlich, dann zahl ich halt die Rechnung. Anna, warte!

Vater und Elch setzen sich wieder aufs Sofa. Elch legt kumpelhaft den Arm um den Vater.

Vater realisiert, was er getan hat und bekommt Schuldgefühle. Er legt das Gesicht in die Hände.

Die kleine Tochter kommt in den Raum, erkennt, dass es dem Vater sehr schlecht geht. Sie nimmt dem Elch die Flasche aus der Hand. Und öffnet diese dem Vater.

Vater: Danke.

Ausgangspunkt für das Theaterstück ist die Geschichte „Der Elch im Wohnzimmer", von Henning Mielke, die 2009 auf der Website TRAU-DICH! veröffentlicht wurde.

> „Stell dir vor, bei euch stünde ein ausgewachsener Elch im Wohnzimmer. Das Tierchen riecht recht streng, beansprucht eine Menge Platz, und sobald es sich bewegt, geht jede Menge Zeug zu Bruch. Der Elch ist Dauergast bei euch. Stell dir vor, dass es in deiner Familie ein geheimes Abkommen gibt, dass niemand jemals darüber sprechen darf, dass da ein Elch im Wohnzimmer steht. Bei Strafe strengstens verboten! Alle müssen so tun, als wäre der Elch nicht da. Und alle halten sich auch daran. Wenn er auf den Boden scheißt ... Husch, husch, wird der Mist beseitigt, ohne Aufsehen zu erregen. Die Familie hat keinen Platz mehr, um gemeinsam zu Abend zu essen, weil der Elch so riesig ist. Jeder quetscht sich in eine Ecke und tut so, als wäre alles in bester Ordnung. Kannst du dir vorstellen, wie sich die Kinder in der Familie nach einer Woche fühlen? Nach zwei Wochen? Nach drei? Wahrscheinlich würden sie ihre Eltern am liebsten laut anschreien: „Schafft endlich den verdammten Elch raus!" Aber: Es gilt ja die geheime Regel: kein Wort über den Elch! (...)."

1.2.6.3 Die Aufklärung von Kindern über die Abhängigkeitserkrankung des Elternteils – individuelle Lösungen (Wiesel)

Gelegentlich treten Elternteile oder andere Erziehungsverantwortliche mit dem Wunsch nach einer Aufklärung des Kindes über die je eigene oder die Suchterkrankung des Partners oder der Partnerin an uns heran – häufig vor anzutretenden Haftstrafen oder vor einem längeren Aufenthalt in einer Rehabilitationsklinik. Im Folgenden werden zwei individuell zugeschnittene Herangehensweisen vorgestellt.

Puzzle [E]

(Entwickelt für ein Grundschulkind, dessen Vater heroinabhängig und inhaftiert ist.)

Eine Möglichkeit, ein Kind über die Suchterkrankung seines Elternteils aufzuklären, besteht in der Erstellung eines Puzzles. Die Idee entstand in der Betreuung des 9-jährigen Thomas, der gemeinsam mit dem heroinabhängigen Vater im Haushalt der Oma lebt. Thomas hatte zwar viele ihn beunruhigende, verwirrende Wesenszüge seines Vaters bemerkt und im Verlaufe der Gruppensitzungen benannt, konnte diese jedoch nicht in einen Zusammenhang bringen und auch nicht deren Ursache begreifen.
Mein Vater:

- Ist im Gefängnis.
- Streitet viel mit der Oma.
- Raucht sehr viel, hält Versprechen, aufzuhören, nicht ein.
- Besucht in der Stadt immer die gleiche Toilette.
- Ist sehr viel unterwegs, meldet sich nicht ab, ich weiß nicht, wann er wiederkommt.
- Liegt viel im Bett, schaut TV, will nicht mit mir spielen.
- Beklaut mich.

Die einzelnen Verhaltensweisen erschienen dem Jungen fremd und unverständlich. Insbesondere konnte er nicht nachvollziehen, warum sein Vater eine Haftstrafe absitzen musste. Er nahm an, es hänge damit zusammen, dass er Geld für Zigaretten gebraucht habe. In Absprache mit der (sorgeberechtigten) Oma und der Tante des Jungen gestalteten wir ein Puzzle mit acht Teilen, sieben äußeren und einem inneren Teil (DIN A3; buntes Papier auf Karton).

Im Gespräch mit dem Jungen sammelten wir zunächst dessen schon mehrfach geäußerte Beobachtungen und notierten je eine auf die sieben Puzzleteile. Das Puzzleteil in der Mitte blieb zunächst frei – erst im Verlaufe des Gesprächs füllten wir es mit dem Begriff der „Abhängigkeit" aus – dem zentralen Puzzleteil, das dem Kind verdeutlichte, dass seine Beobachtungen zusammenhingen und eine Ursache hatten: die Suchterkrankung des Vaters.

Deutlich wurde Thomas somit auch, dass nicht er selbst Schuld an dem merkwürdigen Gebaren seines Vaters hatte oder dieses bedingte. Das Kind erhielt eine schlüssige und schlussendlich erleichternde Erklärung für das Verhalten seines Vaters.

Anmerkung: Die Oma und die Tante hatten im Vorfeld große Befürchtungen geäußert, der Junge könne durch Erwähnung der Applikationsart der Droge (spritzen) und weiterer, mit dem Drogenmilieu in Zusammenhang stehender Inhalte traumatisiert werden oder womöglich das Verlangen entwickeln, es (später) seinem Vater gleichzutun. Abgesehen davon, dass die Applikationsform nicht Gegenstand der Sitzung war und auch nicht sein sollte, überwog nach unserer Auffassung der salutogenetische Aspekt der Aufklärung den möglicherweise auch belastenden, erschreckenden Moment. Tatsächlich stand für den Jungen im anschließenden Gespräch auch nicht der Konsum selbst, sondern vielmehr dessen finanzieller Aspekt („Aber Drogen sind doch teuer?!") im Vordergrund – in

Verbindung nämlich mit der Entwendung des eigenen angesparten Geldes durch den Vater.

Memory E

(Entwickelt für ein Kindergartenkind, dessen Vater spielsüchtig ist und kurz vor einer Haftstrafe steht.)

In einem weiteren Fall wurde ein 6-jähriger Junge auf Wunsch seiner Mutter über die pathologische Glücksspielsucht des Vaters aufgeklärt. In diesem Fall entwickelten wir ein Memory, auf dessen Kartenpaaren zur Hälfte **Kinderspiele** (Ball, Bauklötze, Puppe etc.), zur anderen Hälfte **Erwachsenenspiele,** und zwar insbesondere solche, in denen potenziell um Geld gespielt wird oder gespielt werden kann, dargestellt waren (Automatenspiel, Spielkarten etc.).

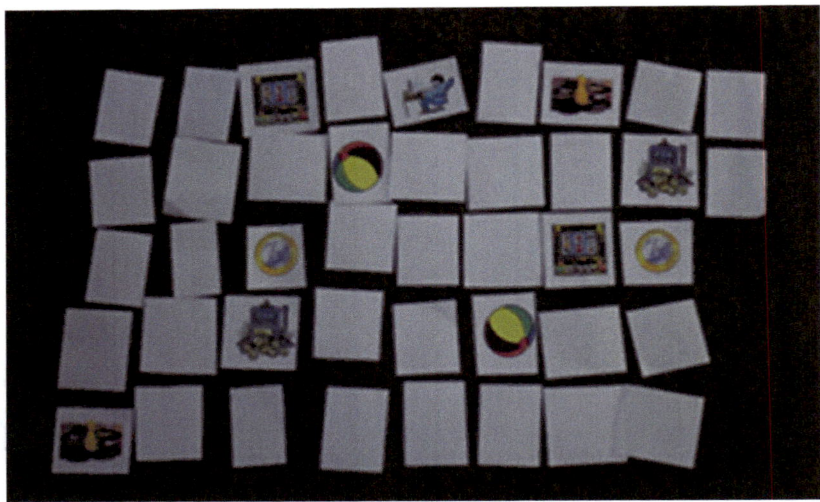

In einem ersten Schritt wurde mit dem Jungen das Memory gespielt, wobei die von dem Kind aufgedeckten Kartenpaare zwei Holzfiguren zugeordnet wurden: Einer größeren, die die Erwachsenenwelt und Erwachsenenspiele symbolisierte, und einer kleineren, die das kindliche, unbelastete Spiel und somit die Erfahrungswelt des Kindes darstellte. Im zweiten Schritt erfolgte die eigentliche Aufklärungsarbeit, indem mit dem Kind das abhängige Spielverhalten einiger Erwachsener, die Sucht nach Geldgewinn, thematisiert wurde. Weiterhin die Fol-

geerscheinungen einer solchen Sucht wie Verschuldung oder, im Falle des Kindes, die anstehende Haftstrafe des Vaters. Im Verlaufe der Sitzungen stellte sich heraus, dass das Kind bereits Wissen über das Glücksspiel des Vaters generiert hatte insofern, als der Vater das Kind in Spielhallen mitgenommen hatte.
Anmerkung: Weiß das Kind bereits Bescheid über die pathologische Glücksspielsucht des Elternteils, kann das Memory auch als Hilfestellung zum weiterführenden Gespräch verwendet werden. Hier können mit dem Kind seine Erfahrungen und Erlebnisse in Bezug auf das elterliche Glücksspiel, die damit verbundenen Gefühle, aber auch der eigene Umgang mit spielen, gewinnen und verlieren bearbeitet werden. Häufig erleben wir bei den Kindern von glücksspielsüchtigen Eltern bereits eine geringe Frustrationsschwelle, was das Verlieren im Spiel anbelangt.

1.2.6.4 Weitere Möglichkeiten, die Suchtbelastung in der Familie aufzugreifen

„Dr. Sommer-Spiel" G

Quelle: Beratungsstelle Kompaß
Alter: ab 10 Jahren
Intention: Möglichkeit eröffnen, über Tabuthemen zu sprechen
Durchführung: Das Spiel wurde nach Dr. Sommer aus der Zeitschrift *Bravo* benannt. Das Ausgangsthema wird gut leserlich auf eine große Karte geschrieben. Die Teilnehmenden schreiben ihre Fragen oder Anmerkungen zum Thema auf kleine Karten (z. B. „Ab wann wird man süchtig? Der Vater meiner Freundin ist oft betrunken, brüllt rum und verbietet ihr alles. Was kann sie denn machen?"). Die von den Teilnehmenden beschriebenen Karten werden in einen Karton geworfen, sodass die Anonymität gewahrt bleiben kann. Die Gruppenleitung nimmt eine der Karten aus dem Karton und liest die Frage/Anmerkung vor. Die gesamte Gruppe versucht nun, die Frage zu beantworten bzw. diskutiert über die Anmerkung, d. h. die gesamte Gruppe übernimmt die Rolle des Dr. Sommer.

Assoziationskarten E G

Quelle: Beratungsstelle Kompaß: Ria Hankemann; ergänzt Wiesel
Alter: ab 10 Jahren
Intention: Lebenssituationen anderer betroffener Jugendlicher kennenlernen, Informationsvermittlung Alkoholismus in der Familie

Durchführung: Verschiedene Karteikarten werden verdeckt im Raum verteilt. Sie enthalten Begriffe rund um das Thema Alkohol- und Drogenmissbrauch und Abhängigkeit. Die Jugendlichen werden aufgefordert zu assoziieren: *„Was fällt euch ein, wenn ihr an Alkoholmissbrauch bzw. -abhängigkeit in der Familie denkt und folgende Begriffe hört?“*

- Geld, Feier, Lärm, Streit, Kontrolle, Tabu, Krankheit, Fahren und Trinken, Abhängigkeit, Unberechenbarkeit, Peinlichkeiten, Saufen, Versprechungen und Enttäuschungen, Gefühle, Lügen, Schläge, Trennung, Einkauf.

Eine zweite Kartengruppe (zur vertiefenden Arbeit mit Jugendlichen) kann folgende Begriffe enthalten:

- Trinkgewohnheiten, Filmriss, Familienkrankheit, Entzug, Entzugssymptome, Co-Abhängigkeit, Missbrauch, Problemtrinker*in

Anmerkung Wiesel: In einem weiteren Schritt können die Jugendlichen diejenigen Karten auswählen, die am ehesten etwas mit ihrer Familie zu tun haben und erklären, warum diese für sie relevant sind.

Alles dreht sich [E] [G]

Quelle: Wiesel
Altersgruppe: ab 12 Jahren
Intention: Bedeutung und Auswirkung der elterlichen Suchterkrankung reflektieren
Durchführung: Die Kinder und Jugendlichen erhalten ein DIN A4-Blatt, auf dem im Außen vier Felder aufgezeichnet sind. In der Mitte wird das Blatt mithilfe einer Flachkopfklammer befestigt, sodass es auf einem Untergrund (z. B. Tonkarton) drehbar ist. Die Jugendlichen drehen jeweils eine Station weiter und beschriften diese. Die Stationen haben folgende Überschriften:

- Wer sagt in deiner Familie was zum Thema Sucht? *(z. B. Vater: Er verspricht immer wieder, dass er nicht mehr trinkt, tut es aber trotzdem;* die Jugendliche selbst an ihrem Vater gerichtet*: Warum lässt du dir nicht helfen und quälst uns damit?)*
- Erlebst du Einschränkungen durch die Suchterkrankung deiner Eltern? *(z. B. Ich kann nicht einfach so Freunde mit nach Hause bringen. Ich kann mich schlecht auf die Schule konzentrieren.)*
- Welche Frage habe ich zum Thema Sucht? (*z. B. Warum gestehst du (Vater) dir deine Sucht nicht ein? Wie entsteht eine Sucht? Willst du daran nichts ändern?)*
- Symbol für die Sucht zeichnen (*z. B. weinender Smiley; Smiley mit wütendem Mund).*

Anmerkung: Im Fallbeispiel der 15-jährigen Emma, die alleine mit einem alkoholkranken Vater aufwächst, wurde die Übung dazu genutzt, um ein gemeinsames Gespräch mit dem Vater vorzubereiten. Während des Familientermins bezog sich Emma dann auf die Vorlage, um ihre Sorgen mitzuteilen und ihre Wünsche an den Vater zu äußern.

Leerer Stuhl E G

Quelle: Methode aus der Gestalttherapie, ursprünglich dem Psychodrama entstammend
Alter: ab 12 Jahren
Intention: Haltung zu den suchtkranken Eltern, emotionaler Bezug zu den Eltern
Durchführung: Bei dieser Technik, die aus der Gestalttherapie stammt, wird ein leerer, also unbesetzter Stuhl oder ein ähnliches Requisit verwendet. Der leere Stuhl dient als Projektionsfläche bzw. Platzhalter für Bezugspersonen, die für die Jugendlichen im Zusammenhang mit einem bestimmten Thema bedeutsam, aber abwesend sind. Die Jugendlichen werden aufgefordert, sich auf dem Stuhl ihre (suchtbelastete) Familie/Familienmitglied vorzustellen und eine Position zu dieser/diesem zu entwickeln. Die Position ist durch räumliche Nähe oder Distanz gekennzeichnet, durch Zu- oder Abwendung, aber auch durch Körperhaltung, Mimik und Gestik, die der/die Jugendliche einnimmt. Im Anschluss daran können die Haltung des oder der Jugendlichen und seine/ihre Wünsche an die Person bzw. Familie besprochen werden.
Anmerkung Wiesel: Um die Jugendlichen auf die Übung vorzubereiten, kann der Stuhl zunächst mit anderen, weniger belasteten Themen „besetzt" werden. Beispielsweise Schule, Freundeskreis etc.

Fallbeispiele:

- Katharina, 14 Jahre: Sie setzt symbolisch zunächst den Alkohol auf den Stuhl. Katharinas Mutter ist vor zwei Jahren infolge einer Überdosis an Medikamenten gestorben. Sie war langjährige Alkoholikerin. Die Jugendliche stellt sich mit dem Rücken zum Stuhl an den entferntesten Platz im Raum. Sie erklärt, dass sie nichts mehr mit dem Thema Alkohol zu tun haben möchte. Wenn es die Raumgröße zulassen würde, wäre sie noch weiter weg gegangen. Der Alkohol habe dazu geführt, dass ihre Mutter Suizid begangen habe.
- Tim, 15 Jahre: Er lebt mit seinem alkoholkranken Vater alleine zusammen. Dieser trinkt, seitdem Tim in den Kindergarten geht. Zu seiner Mutter hat der Junge keinen Kontakt mehr. Sie konsumiert illegale Drogen. Tim setzt sich selbst auf den Stuhl. Er beschreibt, dass er seinen Vater auf dem Schoß sitzen habe. Er fühle sich sehr für den Vater verantwortlich und sorge sich sehr um ihn. Oftmals müsse er sich auch um den Haushalt kümmern. Mit dem

Einverständnis von Tim setzt sich ein anderer Jugendlicher auf seinen Schoß. Tim soll beschreiben, wie es sich anfühlt mit diesem Gewicht auf dem Schoß. Wie es sich verändert, wenn das Gewicht wegfällt. In einem nächsten Schritt kann mit Tim reflektiert werden, ob er eine Position für sich suchen kann, mit der er sich wohler fühlt. Er wählt den Platz hinter dem Stuhl. So habe er den Vater immer noch genau im Blick, es sei aber nicht mehr ganz so nahe und er habe mehr Freiheiten. In der Einzelberatung kann dann mit Tim überlegt werden, wie er diese Situation in die Realität umsetzen könnte.

Rollenspiele, die Situationen in der suchtbelasteten Familie aufgreifen G

Alter: ab 12 Jahren
Intention: Aufarbeiten des Erlebten, alternative Lösungsstrategien entwickeln
Durchführung: In Rollenspielen können Erlebnisse, möglicherweise immer wiederkehrende Situationen und Konstellationen innerhalb der suchtbelasteten Familie aufgegriffen und eventuell (neue) Lösungsansätze generiert werden. Etwaige Situationen können der Gruppe vorgegeben oder gemeinsam mit den Jugendlichen und basierend auf deren Erfahrungen erarbeitet werden. Die Person, die eine Situation einbringt, kann unter den Gruppenteilnehmenden Protagonist*innen auswählen, die die Familienmitglieder darstellen. Sie kann sich selbst spielen, ihre eigene Rolle aber auch an ein anderes Mitglied delegieren. Es können verschiedene Lösungsmöglichkeiten durchgespielt und im Anschluss an das Rollenspiel besprochen und bewertet werden. Wichtig ist, den Jugendlichen aufzuzeigen, dass sie sich Hilfe von außen suchen können und dürfen.
Beispielepisoden:

- Tom, dessen Mutter alkoholabhängig und derzeit trocken ist, hat noch einen älteren Bruder. Er beobachtet, wie dieser heimlich und zum wiederholten Male Bong raucht. Er macht sich große Sorgen um den Bruder, weiß aber nicht, wie er ihn ansprechen soll und/oder ob er das Geheimnis gegenüber seiner Mutter lüften soll. Wie wird sie reagieren? Wen kann er noch ansprechen?
- Kerstin, deren Vater alkoholabhängig ist, befindet sich mit ihrem jüngeren Bruder Simon auf dem Fußballplatz, er hat Training. Während des Trainings trinkt der Vater gemeinsam mit seinen Kumpeln ein Bier nach dem anderen. Schon ziemlich angetrunken, fordert er die Kinder nach dem Training auf, mit ihm ins Auto zu steigen. Kerstin hat Angst. Was soll sie tun?
- Tobias schläft in seinem Zimmer, als er hört, dass sein Vater nach Hause kommt. Kurze Zeit später hört er nur noch, wie sich seine Eltern immer lauter

streiten. Tim kann nicht mehr schlafen, traut sich aber auch nicht, das Zimmer zu verlassen.

- Melanie und ihre jüngere Schwester freuen sich aufs Mittagessen, es gibt Nudeln mit Tomatensauce. Als sie am Tisch sitzen, verdreht ihre Mutter die Augen und fällt mit dem Kopf in die Tomatensauce. Melanie hat furchtbare Angst, in ein Heim zu müssen, wenn das herauskommt.
- Tanja hat große Probleme in Mathematik. Dennoch möchte sie gerne das Abitur schaffen. Sie weiß, dass sie eigentlich Nachhilfe bräuchte, sie weiß aber zugleich, dass die Familienkasse leer ist, nicht zuletzt aufgrund der Alkoholabhängigkeit ihres Vaters. Ihre Mutter versucht bereits, jeden übrig gebliebenen Cent in Tanjas Ausstattung wie Kleidung etc. zu investieren. Tanja möchte nicht zur Last fallen. Was soll sie tun?

Verfassen eines Briefes an das Elternteil G

Quelle: Fachstelle Beratung und Behandlung im Caritasverband Schaumberg-Blies e. V.
Alter: ab 10 Jahren
Durchführung: Das Kind, die Jugendliche oder auch die erwachsene Person kann ihre Wünsche, Kritik, Vorhaltungen, Empfindungen in Bezug auf das betroffene oder auch das andere Elternteil verschriftlichen. Wesentlich dabei ist nicht das Absenden des Briefes, sondern die innere Verarbeitung und Klärung der Beziehung. Die Briefe können auch Grundlage für eine Stuhlarbeit sein, in welcher das betroffene Elternteil (imaginiert) auf einem Stuhl sitzt und seiner- oder ihrerseits auf den Brief reagiert.

Fallbeispiele:
Brief einer 15-Jährigen an ihren alkoholkranken Vater:
„Lieber Papa! Ich hoffe, es geht dir gut. Mir geht es so weit gut, hab wieder viel Stress in der Schule und so. Naja, nächste Woche fahr ich ja nach Italien ⇨ Abstand. Ich habe lange überlegt, ob ich schreiben soll oder nicht. Meine Stimmungsschwankungen wie jetzt den Kontakt und dann doch wieder nicht haben dich sicher ziemlich verwirrt und das tut mir auch leid. Aber ich wusste nur nie, wie es weitergehen soll. Wir haben uns ziemlich voneinander abgelebt. Keine Vater-Tochter-Beziehung und ich weiß auch nicht, wie wir das wieder hinbekommen. So wie früher wird es nie wieder werden. Vor ganz vielen Monaten saß ich mit Sandra im Auto und wir sprachen über dich und mich. Sandra sagte diesen Satz zu mir: „Jasmin, klar brauchst du Zeit, die Wahrheit, dass dein Vater Alkoholiker ist, alles zu verarbeiten. Aber irgendwann wirst du ihn wieder ansehen als deinen Vater. Dein Vater wird er immer bleiben."

Ich habe jetzt verstanden, habe dich akzeptiert und hoffe, dass wir wieder langsam anfangen können, uns näher zu bringen. Vor allem sollten wir uns aussprechen. Über alles und dann ganz von vorne anfangen. (…)
Ich möchte, so schwer es dir auch fällt, dass du dich bei mir nicht meldest. Ich werde mich nach Italien auf irgendeine Weise bei dir melden. Versprochen. Bitte melde dich nicht vor mir. Ich hab dich sehr lieb. Jasmin"

Brief der erwachsenen Tochter einer alkoholkranken Mutter an ihren Vater:
„Ich will mir heute von der Seele reden, was mich schon immer belastet und dennoch nie ausgesprochen wurde. Du brauchst dazu nichts zu sagen, hör bitte nur zu und raste nicht aus.
Weil es mir viele Jahre schon nicht gut geht, habe ich angefangen, mein Leben neu zu strukturieren und alten Ballast aufzuarbeiten, um mich davon zu befreien. Dazu gehört ganz klar, was mich seit frühester Kindheit belastet.
Ich empfand nie Geborgenheit, sondern lediglich an mich gerichtete Erwartungshaltungen. Ich sollte brav sein, nicht auffallen und wurde schon von klein an darauf geprägt, immer acht zu geben, dass andere nichts Schlechtes über mich denken.
Das ständige Spannungsverhältnis zwischen dir, Mama und Oma, eigentlich zwischen allen Erwachsenen in meiner direkten Umgebung, war für mich allein schon eine riesige Last. Dazu kam dann noch das schon frühe Eingespanntwerden, um auf Mama aufzupassen, damit sie nicht trinkt, oder sie unter Kontrolle zu halten, wenn sie getrunken hat. Wenn ich heute an meine Kindheit denke, fehlt mir schier die Luft zum Atmen.
Allein die Situation, in der ich wegen Mama unter ständigem Stress stand, war schon unerträglich. Doch dazu kam noch die erdrückende Last, dass ich das Gefühl hatte, nie gut genug zu sein und nichts falsch machen zu dürfen.
Ich habe immer noch den Satz im Ohr: „Du fängst alles an und machst nichts fertig" – aber wann ist etwas fertig? Man fängt etwas an, probiert sich aus, wächst daran, lernt daraus oder hatte einfach auch mal nur Spaß. Wenn ich die Nachbarskinder bei uns spielen sehe, unbekümmert, Unsinn machend, einfach Kinder sein, dann merke ich immer wieder, dass ich das gar nicht hatte. Einfach zwanglos und frei sein. Ich wurde so darauf sensibilisiert, an deinem Gesicht abzulesen, ob mein Verhalten in Ordnung ist oder nicht, dass es keiner Worte mehr bedurfte. Was einfach schrecklich war.
Als Mama aus ihrer Therapie nicht mehr zurückkam, habe ich auch ihre Arbeit im Büro und die Bankgänge, die dir nicht lagen, wie selbstverständlich übernommen. Und hier hatte ich dann das Gefühl, dass nie berücksichtigt wurde, dass ich das mit 14 Jahren überhaupt nicht schaffe. Ich war völlig überfordert und konnte kaum noch für die Schule arbeiten.

Völlig unbegreiflich ist mir bis heute, warum ich dann abends noch fast täglich zum Zigaretten ziehen losgeschickt wurde und die Firmenpost im Ort zu Fuß austragen musste. Was zusätzlich jede Woche viele Stunden in Anspruch nahm.
Aus den Zeiten während Mamas Therapie hatte ich bis dahin auch die sonntäglichen Fahrten zu ihr in die Klinik noch nicht verarbeitet. Mir war klar, dass es eigentlich genug zwischen euch zu reden gegeben hätte, aber ihr habt mich als Puffer zwischen euch gestellt. Und habt mich zum gegenseitigen Vermitteln benutzt, hier schon und dann noch viele Jahre danach. Ich versuchte natürlich zu vermitteln und zu schlichten, um irgendwie aus der Situation herauszukommen. Das Dramatische für mich war, dass für mich völlig klar war, dass das Ziel jeglicher Therapie an euch vorbeiging, ihr habt aneinander vorbeigeredet, euch Fehler nicht eingestanden, nicht zugehört und somit eure Probleme nie thematisiert. Das mit anzusehen war schlimm und ich fühlte mich benutzt. Und dann auch noch die schweigsame Hin- und Rückfahrt von uns beiden.
Darauf folgten die Zeiten, in denen du mich nicht mehr unter Kontrolle hattest, denn ich musste mich dauernd widersetzen, um aus meinen Zwängen auszubrechen. Das hat mich unendlich viel Kraft gekostet.
Auch hier wurde dann nicht mehr kommuniziert, ich erinnere mich an Jahre, in denen du nur mit mir geredet hast, wenn etwas zu erledigen war. Ansonsten herrschte Schweigen, das war für mich wie Folter. Und die Konsequenz daraus war, mir schnell einen Job zu suchen, leider den Falschen, und mit 18 auszuziehen. Das war nicht gerade der leichteste Start ins Erwachsenenleben.
Wie schon gesagt, erwarte ich nicht, dass du dich dazu äußerst, es geht mir darum, dass es ein Befreiungsschlag für mich ist, diesen Druck, Ballast und Frust auszusprechen und abzuwerfen.
Und ganz klar für mich ist, dass ich in dieses antrainierte Verhalten, für andere zu funktionieren, nicht mehr zurückfallen werde, sondern mein Leben leben werde, wie ich es möchte und wie es für mich gut ist.
Wenn du das akzeptieren kannst, haben wir vielleicht die Chance, auf einer neuen Basis neu anzufangen."

Einladen verschiedener Personen: Erwachsene, die ehemals Kinder aus einer suchtbelasteten Familie waren; abstinent lebende Suchtkranke G

Quelle: Wiesel
Alter: ab 12 Jahren
Intention: Erfahrungsaustausch, Kennenlernen von Resilienzen und Ressourcen
Durchführung: Gemeinsam mit den Jugendlichen wird überlegt, mit welchen Fragestellungen man erwachsene Personen, die ehemals Kinder in einer suchtkranken Familie waren, selbst aber nicht erkrankt sind, oder Personen, die suchtkrank wurden, heutzutage jedoch abstinent leben, einladen könnte.

Besonders relevant sind hier die Resilienzfaktoren (siehe auch Einleitung), die ehemaligen betroffenen Kindern halfen, sich trotz der Belastungen und widrigen Umstände ihrer Sozialisation zu gesunden Erwachsenen zu entwickeln. Ähnlich interessant ist für die Jugendlichen zu erfahren, welche Motive und Faktoren abhängigkeitserkrankten Personen zu einem suchtmittelfreien Leben verhelfen können.

Beispiel: Die etwa 40-jährige Frau K. sucht von sich aus den Kontakt zu Wiesel. Sie war selbst Betroffene, hat von der Arbeit mit den Kindern und Jugendlichen aus suchtbelasteten Familien gehört und möchte gerne einen Beitrag leisten. In ihrer Kindheit existierte kein entsprechendes Angebot. Sie besucht unsere Jugendgruppe und berichtet aus ihrem Leben: Ihre Mutter war alkoholkrank, später hatte sie einen Drogen konsumierenden Lebensgefährten.

Aus dieser Beziehung stammte ein schwerstbehindertes Kind – das jüngere (Halb-)Geschwister von Frau K. Die häusliche Situation empfand Frau K. als unerträglich. Dennoch gab es Faktoren, die es ihr ermöglichten, mit den widrigen Umständen umzugehen bzw. diesen teilweise zu entgehen. Da diese Faktoren größtenteils den im Eingangskapitel beschriebenen Resilienzfaktoren von Wolin & Wolin (1995) entsprechen, sollen sie hier in entsprechender Reihenfolge wiedergegeben werden:

- **Einsicht** (z. B., dass mit dem alkoholabhängigen Elternteil etwas nicht stimmt)
  So erlebte sich Frau K. über weite Strecken „wie in einer anderen Welt“ und fragte sich bisweilen: „In welchem Film bin ich hier gelandet?“ Sie generierte ein eigenes Erklärungsmodell für das Trinken ihrer Mutter (wg. des behinderten Kindes, ihrer Schuldgefühle und der Totalüberforderung).
- **Unabhängigkeit** (z. B. sich von den Stimmungen in der Familie nicht mehr beeinflussen zu lassen)
  Frau K. führte ein „anderes Leben“, sie war nur wenig zu Hause, grenzte sich ab, in teils rigider, „egoistischer“ Manier, aus Gründen des „Selbstschutzes“ heraus.

- **Beziehungsfähigkeit** (z. B. in eigener Initiative Bindungen zu psychisch gesunden und stabilen Menschen aufzubauen)
  Wichtige Bezugspersonen waren der Trainer im Kegelclub, ihre beste Freundin, mit der sie viel „on tour" war und ihre Oma, bei der sie im Kleinkindalter gelebt hatte und die bis zum Alter von zehn Jahren ihre Hauptbetreuungsperson gewesen war. Weiterhin stellte ihre Tante eine Vertrauensperson dar sowie der Pfarrer, der sie gefirmt hatte. Frau K. gab überdies an, nie „an Falsche" geraten zu sein.
- **Initiative** (z. B. in Form von sportlichen/sozialen Aktivitäten)
  Frau K. suchte sich selbst Sportarten aus und betrieb diese eigeninitiativ, z. B. das Kegeln im Club
- **Kreativität** (z. B. in Form von künstlerischem Ausdruck)
  Auf einer Taufe lernte Frau K. im Alter von zehn oder elf Jahren eine Sozialpädagogin kennen, mit der eine rege Brieffreundschaft entstand: ca. alle 14 Tage schrieb sich Frau K. alles von der Seele. Frau K. berichtet, diese Briefe hätten es ihr ermöglicht, ihre Erlebnisse daheim zu reflektieren und aus einer distanzierteren Position zu betrachten. Die Brieffreundschaft habe ihr dabei geholfen, ihre Ziele umzusetzen und trotz der mangelnden Unterstützung durch die Mutter erfolgreich die Schule zu beenden.

Frau K. ist heute verheiratet, Mutter zweier Kinder und arbeitet als Verwaltungsangestellte. Sie lebt suchtmittelfrei.

Literatur

Kompaß, Beratung für Kinder und Jugendliche alkoholabhängiger Eltern. Suchtprävention im Kindesalter: **Medien und Methoden in der Beratung und Betreuung von Kindern und Jugendlichen alkoholabhängiger Eltern.** Blattsammlung. Hamburg.

Wolin, S. & Wolin, S. (1995): **Resilience among youth growing up in substance-abusing families**. Pediatric Clinics of North America. 42 (2), S. 415–29.

Zobel, M. (2017): **Kinder aus alkoholbelasteten Familien. Entwicklungsrisiken und Chancen.** 3. Aufl. Göttingen: Hogrefe.

1.2.6.5 Assoziierte Themen

Gefängnis [E] [G]

Quelle: Wiesel
Alter: ab 12 Jahren
Intention: Aufklärung insbesondere derjenigen Kinder und Jugendlichen, deren Elternteile inhaftiert sind, waren oder werden. Sie haben oft nur vage, unzureichende Vorstellungen von einem Gefängnisaufenthalt, wünschen sich jedoch oftmals, mehr darüber zu erfahren. Hier bietet sich ein Interview mit einer Fachkraft, die Suchtberatung in der Justizvollzugsanstalt durchführt, an. Mögliche Fragen könnten lauten:

- Wie viele Gefängnisse gibt es im entsprechenden Bundesland, wie viele Gefangene?
- Was ist geschlossener, was offener Vollzug?
- Was ist U-Haft?
- Warum kommt man überhaupt ins Gefängnis?
- Was heißt Suchtberatung in der JVA?
- Kann man sich im Gefängnis beraten, therapieren lassen? Einzeln oder in Gruppen?
- Was ist Therapie statt Strafe? Für wen gilt das?
- Wie viele Leute sitzen mit/wegen einer Suchtproblematik ein?
- Um welche Substanzen geht es da?
- Was ist an Drogen verboten?
- Sitzen mehr Leute ein, weil sie gegen das BTM verstoßen haben oder wegen Beschaffungskriminalität?
- Kann man im Gefängnis auch Suchtmittel konsumieren?
- Welche Suchtmittel werden im Gefängnis am häufigsten konsumiert?
- Wie werden die reingeschafft?
- Wird das oft entdeckt?
- Was passiert dann?
- Wie lange sind die Gefangenen dort?
- Was machen sie den ganzen Tag?
- Wie sieht eine Zelle aus? Was darf man darin alles besitzen?
- Wo gehen die Häftlinge hin, wenn sie entlassen werden?
- Kommen manche auch immer wieder?
- Wie läuft es ab, wenn man jemanden im Gefängnis besuchen möchte?

Anmerkung: Wenn sich der oder die Jugendliche einverstanden erklärt, kann moderierend auch immer wieder auf dessen bzw. deren Elternteil, eigenes Erleben und Erfahrung Bezug genommen werden. (*Was glaubst oder weißt du darüber,* *warum dein Vater im Gefängnis ist/war? Was denkst du, wie es ihm dort ergeht? Hast du ihn schon einmal besucht? Wie war das für dich? etc.)*

Literatur

Treffpunkt e.V. (Hg.) (2017): **Wie Schokopudding und Spaghetti**. Ein Vorlesebuch für Kinder im Alter von 3–6 Jahren. Vogt, S. & Seuferling, A.: Begleitmaterial zum Buch für Eltern und Fachkräfte.

Juki-online: **Beratung für Jugendliche und Kinder rund ums Gefängnis**. Zugriff am 17.3.22 unter www.juki-online.de/ueber-uns-Papa-im-Gefaengnis.html.

Substitution E G

Quelle: Wiesel
Alter: ab 12 Jahren
Intention: Aufklärung insbesondere derjenigen Jugendlichen, deren Eltern sich in Substitution befinden oder befanden. Auch hier bietet sich ein Interview mit einer Fachkraft aus der psychosozialen Begleitung Substituierter an. Mögliche Fragen könnten lauten:

- Welche Leute kommen zu euch?
- Warum?
- Müssen sie oder kommen sie freiwillig?
- Was ist Heroin?
- Wie viele Menschen konsumieren Heroin?
- Wie verhalten sich Menschen, die Heroin konsumiert haben?
- Wie lange hält die Wirkung von einer Dosis Heroin an?
- Auf welche Art und Weise wird Heroin konsumiert?
- Warum ist es illegal?
- Wieviel kostet es?
- Warum wird man davon so schnell abhängig?
- Was sind die größten Gefahren beim Konsum von Heroin?
- Was sind Drogenersatzstoffe?
- Warum gibt es das Drogenersatzstoff-(=Substitutions-)Programm?
- Wie heißen die Drogenersatzstoffe?
- Wie wirken sie? Im Vergleich zu Heroin?
- Was wird damit erreicht oder vermieden?
- Wo werden die Drogenersatzstoffe eingenommen? In der Praxis? Zu Hause? (Take home-Vergabe)
- Kann man von den Drogenersatzstoffen auch abhängig werden?

- Wie häufig kommen Betroffene in eine Substitutionsstelle?
- Wie lange kann man an so einem Programm teilnehmen?
- Unter welchen Umständen muss man das Programm verlassen?
- Was kann man machen, wenn man das Programm verlassen musste?
- Was versteht man unter dem Begriff „Beikonsum“ oder „Beigebrauch“?
- Warum betreiben manche Substituierte Beigebrauch?

Anmerkung: Wenn sich der oder die Jugendliche einverstanden erklärt, kann moderierend auch hier immer wieder auf dessen/deren Elternteil, sein/ihr Erleben und seine/ihre Erfahrung Bezug genommen werden. (*Seit wann ist deine Mutter in Substitution? Was weißt du darüber? Was glaubst du, warum sie Heroin gespritzt hat? Erlebst du einen Unterschied, seitdem sie substituiert ist?*)

Tod [E] [G]

Quelle: Wiesel

Kinder und Jugendliche mit suchtkranken Eltern können auch mit dem sich abzeichnenden oder tatsächlichen Tod (oder Suizid) eines Elternteils oder näherer Verwandter/Bekannter konfrontiert sein. Etwa 7 Prozent der von uns betreuten Kinder und Jugendlichen hatten bereits entweder Vater oder Mutter oder den bzw. die Lebensgefährt*in eines der Elternteile verloren, wobei nicht in allen Fällen die Todesursache (zwangsläufig) der Abhängigkeitserkrankung zuzuschreiben war bzw. dies sich nicht immer rekonstruieren ließ. Kinder und Jugendliche tragen große Ängste vor dem Verlust eines Elternteils in sich. Gleichzeitig spüren sie aber auch eine enorme Wut darüber, dass der Vater oder die Mutter trotz des schlechten Gesundheitszustandes weiterhin konsumiert und somit sein/ihr Leben riskiert. Diese Wut können sie aber oftmals nicht ausdrücken, da sie die kranken Eltern nicht noch mehr belasten wollen. Einhergehend mit dem drohenden Verlust des Elternteils ist – neben dem völligen Unverständnis und der Wut – auch immer die Frage des Kindes nach dem eigenen Wert (Bin ich nicht liebenswert genug? Bin ich für mein Elternteil nicht wert, für mich weiterzuleben?) verbunden. In Gesprächen mit Kindern und Jugendlichen, deren Eltern schwer erkrankt oder bereits verstorben waren, kamen folgende Fragen auf:

- Warum nimmt meine Mutter weiter Drogen, obwohl sie weiß, dass es sie krank macht, sie sogar sterben könnte?
- Warum entscheidet sich mein Vater für die Sucht und nicht für mich und riskiert somit, dass er mich hier alleine lässt?
- Hat meine Mutter mich nicht lieb, wenn sie trotzdem weiter trinkt, obwohl sie schon so schwer krank ist?

- Obwohl ich so wütend auf ihn bin, kann ich die Wut überhaupt nicht richtig zeigen, meinem Vater geht es doch so schlecht!
- Was passiert mit mir, wenn meine Mama wirklich sterben sollte?
- Warum hat sich mein Papa umgebracht? Warum hat er das gemacht?

Hier gilt es, die Fragen, Sorgen, Befürchtungen und die Wut der Kinder und Jugendlichen einfühlsam aufzugreifen, zu spiegeln und dem Kind zu vermitteln, dass das selbstzerstörerische Verhalten des Elternteils nicht seinen eigenen Wert berührt, sondern in der Natur der Abhängigkeitserkrankung begründet ist – so schwer begreifbar dies auch scheint.

Literatur

Bauer, J. (2003): **Opas Engel.** Hamburg: Carlsen

Erlbruch, W. (2007): **Ente, Tod und Tulpe.** München: Verlag Antje Kunstmann.

Lüftner, K. & Gehrmann K. (2017): **Für immer.** Beltz. Weinheim.

Nilson, U. & Erikson, E. (2015): **Die besten Beerdigungen der Welt.** Moritz Verlag. Frankfurt am Main.

Nilson, U. & Anna-Clara Tidholm (2002): **Adieu Herr Muffin.** Frankfurt am Main: Moritz Verlag.

Reitmeier, C. & Stubenhofer, W. (1998): **Bist du jetzt für immer weg? Mit Kindern Tod und Trauer bewältigen.** Freiburg: Christophorus.

Schindeler, R.(1981): **Pele und das neue Leben. Eine Geschichte von Tod und Leben.** Lahr: Kaufmann Verlag.

Schössow, P. (2018): **Gehört das so?** Berlin: Hanser Literaturverlag.

Stalfelt, P. (2018): **Und was kommt dann? Das Kinderbuch vom Tod.** Frankfurt am Main: Moritz Verlag.

Treiber, J. (2008): **Die Blumen der Engel.** Wien: Betz.

Varley, S. (2001): **Leb wohl, lieber Dachs.** Wien: Betz.

Fremdunterbringung G

Quelle: Wiesel

Häufig entstehen für Kinder und Jugendliche aus Suchtfamilien akute bzw. latente kindeswohlgefährdende Situationen, in denen eine Unterbringung außerhalb der Familie notwendig wird. Dauerhafte Fremdunterbringungen erfolgen zumeist dann, wenn den Eltern das Sorgerecht für ihre Kinder entzogen wurde oder ein Sorgerechtsentzug im Raum steht. Eine Unterbringung kann jedoch auch kurzzeitig oder mittelfristig erfolgen, z. B. so lange, bis das betroffene Elternteil den Auflagen des Jugendamts bzw. des Familiengerichts (z. B. nach einer Therapie, nach unauffälligen Screening-Werten als Beleg für Abstinenz) nachgekommen ist. Entsprechend einer internen Auswertung lebten zum Eintritt in das Angebot Wiesel 15 Prozent der Kinder nicht mehr zuhause, sondern waren in Einrichtungen der stationären Jugendhilfe, bei Verwandten oder in Pflegefamilien untergebracht. Für die Arbeit mit den Kindern und Jugendlichen heißt dies zum einen, dass das Thema der Fremdunterbringung in die Gruppenstunden mit einfließt und zum anderen ganz praktisch, dass sich die Kooperation der Gruppenleitung auf zusätzliche Systeme erweitert (Mitarbeiter*innen Jugendamt, Familienhelfer*innen, Mitarbeiter*innen Wohngruppe, Großeltern etc.).

In der Arbeit mit den Kindern und Jugendlichen kommen folgende Fragen zum Tragen:

- Wie kann ich mich an das Jugendamt wenden, wenn ich Hilfe brauche?
- Wie kommt man in eine Wohngruppe? Kann das auch gegen meinen Willen und den Willen meiner Eltern passieren?
- Wie sieht es in einer Wohngruppe aus? Habe ich mein eigenes Zimmer? Kann ich meine Sachen mitnehmen? Darf ich meine Eltern trotzdem besuchen?
- Wie lange bleibt man in einer Wohngruppe und wie wird entschieden, ob man wieder zu seiner Familie nach Hause kann?
- Welche Regeln gibt es in einer Wohngruppe?
- Was gibt es außer einer Wohngruppe für Hilfsangebote (Verwandtschaftspflege, Pflegefamilie)?

Um mit den Gruppenteilnehmenden die Thematik aufzugreifen, kann beispielsweise eine Mind-Map erstellt werden (*Unterbringung in einer Wohngruppe – was beinhaltet das für mich? Wie kommt es dazu? Welche negativen, aber möglicherweise auch positiven Aspekte sind für mich damit verbunden? Mit welchen Gefühlen versehen?*), in die sowohl die Erfahrungen der Kinder und Jugendlichen, als auch ihre Vorstellungen oder Fragen einfließen. In Einzelfällen haben wir auch schon Jugendliche zu einem Beratungsgespräch ins Jugendamt begleitet.

Literatur

Bell, M. (2018): **Elfa und die Kiste der Erinnerungen.** ROFTASNS.

Boie, K. (2010): **Paule ist ein Glücksgriff.** Oetinger.

Compagny, M. (1991): **Robert, ein besonderer Geburtstag.** Rowohlt.

Eder, S. & Wieder, R. (2014): **Woanders hin?** Edition Riedenburg.

Galindo, R. (2017): **Meine Mama und Ich.** NordSüd.

Hildebrandt, A. (2003): **Und dann kamst du, und wir wurden eine Familie ...** Ravensburger.

Hildebrandt, A. (2008): **Mit dir sind wir eine Familie.** Ravensburger.

Homeier, S. & Wiemann, I. (2016): **Herzwurzeln. Ein Kinderfachbuch für Pflege- und Adoptivkinder**. Frankfurt: Mabuse.
Inhalt: In einer liebevoll illustrierten Bildergeschichte und einem altersgerechten Informationsteil erhalten Pflege- und Adoptivkinder sowie deren Bezugspersonen Erklärungen und Anleitungen, um ihre spezielle Situation besser zu verstehen und anzunehmen. Ein Ratgeberteil für Erwachsene rundet das Kinderfachbuch ab. (Klappentext)

Huainigg, F. (2012): **Jakob und das rote Buch.** Tyrolia

Foxon, J. (2017): **Funke lernt fliegen.** ROFTASNS.

Kalow, G. (2001): **Menschenskind.** Kuse.

Korschunow, I. (1986): **Der Findefuchs: Wie der kleine Fuchs eine Mutter bekam.** DTV Junior

Sambrooks, P. (2014): **Emil kehrt heim.** ROFTASNS

Samsone, A. (2010): **Das grüne Küken.** NordSüd.

Seeney, J. (2016): **Ein sicherer Ort für Rufus.** ROFTASNS

Vincent, G. (2010): **Ernest und Celéstine.** Carl Auer.

Vincent, G. (2013): **Ernest und Célestine – Célestines Fragen.** Carl Auer.

Weiss, A. (2000): **Bruder Jakob, Schwester Jana.** Kirchturm-Verlag

Wiser Haus, T. (2019): **Lisa ... und dann kam ich ins Heim.** edition buntehunde.

Zacharias-Hellwig, J. (2017): **Mama & Papa, sagt es mir, wo komm' ich nur wirklich her?** Papierfresserchens MTM

Bilder- und Fachbuch

Hardenberg, O. & Stotz, I. (2021): **Wir haben gute Gründe! Illustrierte Geschichten für Pflegekinder, ihre Pflegeeltern und Fachkräfte.** Mit umfangreichen Erläuterungen aus der Praxis des Pflegekinderwesens. Idstein: Schulz-Kirchner.

Die zehn illustrierten Geschichten dieses Buches beschäftigen sich mit typischen Verhaltensauffälligkeiten von Pflegekindern in ihren neuen Familien. Dabei werden die guten Gründe, die die Kinder für ihr Verhalten haben, sorgsam herausgearbeitet. Das Lesen der Geschichten bietet allen Beteiligten die Chance, die Lebensgeschichten dieser K inder zu verstehen. Mit dem Konzept des guten Grundes wird anhand der Verhaltensauffälligkeiten des Pflegekindes seine Biografie erforscht und im Umgang mit dem Kind gewürdigt. Die Beschreibung der fachlichen Hintergründe richtet sich an Pflegeeltern und ihr soziales Umfeld, aber auch an Fachkräfte aus Pädagogik, Psychologie, Medizin und Recht sowie an Interessierte.

Film

Systemsprenger, BRD, 2019
Regie Nora Fingscheidt
Alter: FSK 12
Inhalt: Pflegefamilie, Wohngruppe, Sonderschule: Egal, wo Benni hinkommt, sie fliegt sofort wieder raus. Die wilde Neunjährige ist das, was man im Jugendamt einen „Systemsprenger" nennt. Dabei will Benni nur eines: Liebe, Geborgenheit und wieder bei ihrer Mutter wohnen! Doch Bianca hat Angst vor ihrer unberechenbaren Tochter. Als es keinen Platz mehr für Benni zu geben scheint und keine Lösung mehr in Sicht ist, versucht der Anti-Gewalttrainer Micha, sie aus der Spirale von Wut und Aggression zu befreien.

1.2.6.6 Kinderrechte

„Ich habe Rechte!" – Kinderrechte erarbeiten E G

Quelle: Broschüre: **Kinderrechte machen Schule.** Materialien zur Durchführung eines Projekttages. Herausgeber: Macht Kinder stark für Demokratie e. V.
https://kinderrechte.rlp.de/fileadmin/kinderrechte/Kinderrechtskonvention/Materialien/Broschuere_Kinderrechte_machen_Schule.pdf
www.makista.de
Alter: ab 8 Jahren
Intention: Kinder auf ihre Rechte aufmerksam machen; Grenzen wahren; Hilfe suchen. Viele Kinder und Jugendliche aus Familien mit einer Suchterkrankung haben bereits erfahren, dass ihre Grenzen nicht geachtet, ihnen Möglichkeiten vorenthalten wurden – entweder in den Familien selbst oder auch im nahen Umfeld. In der Regel erfahren sie dies jedoch ohne Kenntnis ihnen zustehender Rechte. Daher ist es ein wichtiger Ansatz, ihnen diese Rechte, die Selbstverständlichkeiten, die einem Kind eigentlich zustehen, zu vermitteln sowie die Möglichkeiten, wie und wo sie diese Rechte einklagen, einfordern können.
Durchführung: Zunächst sollen hier die 10 Kinderrechte, die sich aus der UN-Kinderrechtskonvention von 1989 ableiten, aufgeführt werden. Die eigentliche Konvention besteht aus 54 Artikeln – die 10 Kinderrechte stellen eine (kindgerechte) Zusammenfassung dar.

10 Kinderrechte: Alle Kinder haben die gleichen Rechte.

1. Kein Kind darf benachteiligt werden.
2. Kinder haben das Recht, gesund zu leben, Geborgenheit zu finden und keine Not zu leiden.
3. Kinder haben das Recht, bei ihren Eltern zu leben. Leben die Eltern nicht zusammen, haben Kinder das Recht, beide Eltern regelmäßig zu treffen.
4. Kinder haben das Recht, zu spielen, sich zu erholen und künstlerisch tätig zu sein.
5. Kinder haben das Recht, zu lernen und eine Ausbildung zu machen, die ihren Bedürfnissen und Fähigkeiten entspricht.
6. Kinder haben das Recht, bei allen Fragen, die sie betreffen, sich zu informieren, mitzubestimmen und zu sagen, was sie denken.
7. Kinder haben das Recht, dass ihr Privatleben und ihre Würde geachtet werden.
8. Kinder haben das Recht auf Schutz vor Gewalt, Missbrauch und Ausbeutung.
9. Kinder haben das Recht, im Krieg und auf der Flucht besonders geschützt zu werden.
10. Behinderte Kinder haben das Recht auf besondere Fürsorge und Förderung, damit sie aktiv am Leben teilnehmen können

In einem ersten Schritt wird mit der Gruppe auf einem großen Plakat erarbeitet, was Kinder brauchen, damit es ihnen gut geht. Dies kann entweder aufgeschrieben oder gezeichnet werden.

Im zweiten Schritt können gemeinsam die 10 Kinderrechte gelesen und besprochen werden. Vielleicht bedarf es hier auch einer Erläuterung durch die Gruppenleitung. Im Anschluss können die Kinder die auf dem Plakat gesammelten Aussagen („was man als Kind braucht?!") den verschiedenen Kinderrechten zuordnen.

Das Plakat kann gemeinsam ausgestaltet und im Gruppenraum aufgehängt werden.

Je nach Zusammensetzung und Vertrauensbasis (in) der Gruppe kann auch thematisiert werden, welche Erfahrungen die Kinder bezüglich der „Wahrung" bzw. Verletzung ihrer Rechte bereits gemacht haben. Es ist wichtig, dass die Gruppenleitung hier die Erzählungen der Kinder auffängt und einordnet, in denen Kinder von Grenzüberschreitungen berichten (z. B., wenn ihre körperliche Unversehrtheit nicht geachtet wurde).

In einem weiteren Schritt wird mit den Kindern erarbeitet, an welche Institutionen sie sich wenden können, wenn ihre Rechte missachtet oder verletzt werden.

Weiterführende Infos: www.unicef.de/informieren/materialien/unterrichtsmaterial-kinderrechte

1.2.6.7 Ergänzende Ansätze in der Arbeit mit Kindern und Jugendlichen aus suchtbelasteten Familien

Im folgenden Kapitel werden weitere Praxisbeispiele bzw. Herangehensweisen aus der pädagogischen und therapeutischen Arbeit mit (Kindern und Jugendlichen aus) suchtbelasteten Familien vorgestellt.

Typische Rollenmuster, die Kinder in den betroffenen Familien oftmals einnehmen und die sich im ungünstigen Falle verfestigen können, haben zunächst US-amerikanische Autorinnen beschrieben (Sharon Wegscheider, Claudia Black). Die Gemeinschaftspraxis M. Weinmann-Mayer/Dr. R. Mayer in Balingen nimmt die Rollenmuster und deren Modifikation zum Ausgangspunkt ihres Intervenierens.

In einem weiteren Exkurs wird die psychodramatische Arbeit mit Kindern aus suchtbelasteten Familien, wie sie vom Sozialdienst Katholischer Männer e. V. in Köln praktiziert wird, dargestellt.

Die Arbeit mit der gesamten Familie kann auch im wildnispädagogischen Setting stattfinden – wie von der Präventionsfachstelle der Drogenhilfe Saarbrücken gGmbH und dem Sozialraumbüro Saarbrücken-West der AWO durchgeführt.

„Helden, Clowns und Co“: Rollenmuster von Kindern und Jugendlichen aus suchtbelasteten Familien

(der Ansatz der Gemeinschaftspraxis M. Weinmann-Mayer/Dr. R. Mayer, Balingen)

Die beiden amerikanischen Autorinnen Sharon Wegscheider (1988) und Claudia Black (1988) identifizierten (unabhängig voneinander) für Kinder aus Suchtfamilien typische Rollen, die als Überlebens- bzw. Bewältigungsstrategie zu verstehen sind. Im Folgenden sind die Rollen gemäß Wegscheider aufgeführt:

1. Rolle: der Held
2. Rolle: das schwarze Schaf/der Sündenbock

3. Rolle: das stille (oft auch übersehene, verlorene) Kind
4. Rolle: der Clown

Dabei stellt die Übernahme einer Rolle bzw. eines Verhaltensmusters durch das Kind kein bewusstes, intendiertes Verhalten dar, sondern geschieht langsam und unbewusst aus der Notwendigkeit heraus, das Familiensystem zu stabilisieren. Dem Gewinn, den die Übernahme solch typischer Muster sowohl dem Kind als auch der Familie bringt, stehen vielfältige Einschränkungen und Beeinträchtigungen im späteren Lebensalter gegenüber, so sie stabil weiterwirken, sich verfestigen und keine oder kaum noch Verhaltensflexibilität zulassen. Welche Rolle oder Rollenkombination ein Kind einnimmt, hängt von unterschiedlichen Faktoren ab, z. B. vom Alter, vom Geschlecht, von der je individuellen Persönlichkeit, dem Temperament und der Geschwisterkonstellation: So kann es zu einer Übernahme von Teilen unterschiedlicher Rollen durch Einzelkinder kommen oder zu Rollenverschiebungen durch Veränderungen in der familiären Konstellation, z. B. durch den Auszug des (oftmals erstgeborenen) Heldenkindes (vgl. auch Ehrenfried et al., 2001; Rennert, 2012; vgl. auch Michaelis & Petzold 2010, die sich eher kritisch mit dem Begriff der Rolle auseinandersetzen und vielmehr auf die Entwicklung von Narrativen als strukturgebende Elemente bei der Ausbildung spezifischer Verhaltensmuster fokussieren).

In der Gemeinschaftspraxis M. Weinmann-Mayer/Dr. R. Mayer, Balingen werden die Rollen- bzw. Verhaltensmuster in der Gruppenarbeit mit den Kindern aufgegriffen und unterstützende Interventionen auf die jeweiligen Rollentypen angewendet. So kann jede der Rollen unter verschiedenen Aspekten betrachtet werden wie z. B.:

- Welche Verhaltensweisen zeigen die Kinder?
- Wie fühlen sich die Kinder bzw. welche Gefühle verbergen sie?
- Welche Kommunikationsmuster stehen im Vordergrund?
- Welche Fähigkeiten besitzen und entwickeln die Kinder?
- Mit welchen Glaubenssätzen wachsen die Kinder auf?
- Welche Funktion und Bedeutung hat die Rolle für das Kind und für die Familie?
- Welche Symptome können Kinder zeigen bzw. welche Entwicklung können sie nehmen, wenn keine Problemlösung erfolgt?

Dabei tauchen die verschiedenen Rollenmuster nur äußerst selten in Reinform auf. In der praktischen Arbeit mit den Kindern eröffnet sich häufig ein Facettenreichtum an Verhaltens- und Denkweisen, der Aspekte verschiedener Rollen in sich vereint. Trotzdem bieten die Rollenmuster dahingehend eine erste Orientierung, welche Verhaltensmuster ein Kind vorwiegend zeigt. Dementsprechend ergibt sich die Möglichkeit, jedem Kind individuell Methoden anzubieten, um bestehende Ressourcen zu stärken und vorhandene Defizite zu bearbeiten.

Heldenkind

Das „Heldenkind" ist es gewohnt, unangenehme Gefühle für sich zu behalten, da man mit der Äußerung derselben andere verärgern, besorgen oder beschämen könnte. Bei der Äußerung angenehmer Gefühle erfolgt häufig Anerkennung, das Heldenkind entspricht so den über die Zeit aufgebauten Erwartungen. Die übergeordnete Verhaltensregel „tue, was die anderen wollen" etabliert sich demzufolge. Insbesondere das Thema der elterlichen Sucht wird tabuisiert, weil eine Offenlegung zu Schuld- und Schamgefühlen der Eltern führen würde und zudem die Gefahr bestünde, dass sich andere abwenden.

In der Gruppenarbeit fallen „Heldenkinder" oftmals dadurch auf, dass sie sich auch in diesem Kontext wieder äußerst hilfsbereit verhalten und viel Verantwortung übernehmen. Um einer noch stärkeren Rollenfixierung vorzubeugen, sollte dieses Verhalten auf ein gesundes Maß beschränkt, allerdings nicht gänzlich abgelehnt werden, da die Identität von „Heldenkindern" oft auf Hilfsbereitschaft, Verantwortungsübernahme, Verlässlichkeit und Leistungsorientierung basiert. Ziele in der Arbeit mit diesen Kindern sind darauf ausgerichtet, die dysfunktionale Grunderfahrung „keiner kann mir helfen und ich kann mich nur auf mich selbst verlassen" zu korrigieren, indem die Kinder die Erfahrung machen, Verantwortung abgeben zu dürfen, eigene Bedürfnisse wahrzunehmen und zu formulieren und sich in der Gruppe „fallen lassen" zu können und Spaß zu haben.

Besonders bewährt haben sich Spiele ohne Leistungsorientierung, Übungen, bei denen man sich auf andere verlassen muss und Kreis- oder Mannschaftsspiele, die das Heldenkind aus seiner Außenseiterrolle lösen. Im Kontakt ist besonders darauf zu achten, den Kindern das Gefühl zu vermitteln, liebenswert und wichtig zu sein, unabhängig davon, ob etwas für andere getan wird oder nicht. Lob ist angebracht, wenn „Heldenkinder" etwas für sich tun oder sich erlauben, einfach mal gar nichts zu tun.

Sündenbock

Gewalttätige, delinquente oder renitente Verhaltensweisen sind oft Bestandteil oder gar alltägliche Umgangsform im Alltag dieser Kinder, die im Gruppenkontext selbst zu aggressiven, provokanten oder gar gewalttätigen Verhaltensweisen neigen. Vorkommnisse dieser Art sollten in einer nicht abwertenden Form thematisiert werden. Zudem ist es empfehlenswert, diesen Kindern alternative Handlungsmöglichkeiten aufzuzeigen, um so die Lernerfahrung zu korrigieren, dass sich der bzw. die Laute und Mächtige durchsetzt. In den Familien zeigen sich häufig Mängel an kommunikativen und emotionalen Fähigkeiten, die zur Grundüberzeugung der Kinder führen, nichts richtig zu machen sowie böse und schlecht zu sein. Die Konsequenzen daraus können ein chronischer Mangel an Selbstwertgefühl, starke Schuldgefühle sowie die Sehnsucht nach Zugehörigkeit und Freundschaft sein.

Demgegenüber stehen Ressourcen, die den „Sündenbock" besonders auszeichnen. In der Regel gelten sie als durchsetzungsstark, belastbar und mutig. Ein Ziel in der Arbeit mit diesen Kindern ist es, ebendiese Ressourcen herauszustellen und zu verstärken. Weiterhin sollen diese Kinder lernen, Verantwortung für sich und andere zu übernehmen, um Sympathie zu werben und ihr Selbstbild zu stabilisieren.

Um diese Ziele zu erreichen, bieten sich Spiele ohne Verlierer, Aktivitäten mit Fokus auf Teamarbeit oder Übungen zu alternativen Emotionsregulationsstrategien an. Ebenso können „Sündenböcke" häufig von Fantasiereisen und kindgerechten Entspannungsverfahren oder Rollenspielen profitieren. Wichtig ist, dass in der Arbeit klare Grenzen gesetzt und eingehalten werden und destruktive Kommunikationsabläufe konsequent unterbrochen werden. Auf diese Weise lässt sich die Grundhaltung „Angriff ist die beste Verteidigung" auflockern.

Verlorenes Kind

„Verlorene Kinder" vermeiden Nähe, gestehen sich Wünsche und Bedürfnisse kaum ein und kompensieren ihren geringen Selbstwert oft durch den gesteigerten Wert von Materiellem. Auffälliges Essverhalten ist bei diesen Kindern häufig ein besonderes Problem. Ihre Grunderfahrung fußt auf dem Gefühl, dass sich niemand um sie kümmert. Als Konsequenz ziehen sie sich oftmals in eine Traumwelt zurück und werden dementsprechend in Gruppen schnell übersehen.

Der Kontakt zu anderen Kindern sowie zu den eigenen Gefühlen ist häufig erschwert. „Verlorene Kinder" verfügen häufig über eine blühende Fantasie, ein hohes Maß an Kreativität und Erfindungsreichtum sowie spezielle Interessen. In der Arbeit ist es besonders wichtig, „verlorenen Kindern" viel Aufmerksamkeit zu schenken, z.B. indem man ihnen Aufgaben und Verantwortung überträgt oder sie in Aktivitäten einbindet. Auf diese Weise sollen diese Kinder lernen, eigene Entscheidungen zu treffen und ein Gefühl für die eigene Wirkung auf andere zu entwickeln. Strukturell bietet es sich an, mit „verlorenen Kindern“ zunächst in kleineren Gruppen zu arbeiten, um den Kontakt zu anderen Kindern langsam aufbauen und die Aufmerksamkeit hochhalten zu können. Sehr gut geeignet sind Spiele im Kreis, da „verlorene Kinder“ das Gefühl bekommen, integriert zu sein, ohne zwangsläufig im Mittelpunkt stehen zu müssen. Spiele mit Ritualcharakter geben Verhaltenssicherheit und im Rahmen von Rollenspielen lassen sich neue Erfahrungen über die Wirkung von eigenem Verhalten auf andere sammeln. Um den Realitätsbezug von „verlorenen Kindern“ zu fördern, ist es oft hilfreich, etwas Handfestes (z. B. aus Teig, Knete etc.) zu produzieren oder körperorientierte Spiele und Entspannungsübungen durchzuführen.

Clown

„Clownkinder“ zeigen häufig ambivalentes Verhalten, können unberechenbar und verwirrend, aber auch nett und niedlich sein. Sie sind gut darin, Kontakte herzustellen, haben allerdings Probleme damit, Kontakte längerfristig aufrechtzuerhalten. Deshalb ist es besonders wichtig, ihnen häufig Rückmeldung zu geben, um die Diskrepanz zwischen innerer Wahrnehmung und äußerem Erscheinungsbild zu erkennen und Gefühle adäquat ausdrücken zu können. „Clownkinder“ bestechen häufig durch ihre charmante, humorvolle, lebendige Art und sorgen für Lockerheit und Unterhaltung in der Gruppe.

Wichtige Ziele sind insbesondere, dass auch unangenehme Gefühle zugelassen werden und die Kinder ein Gefühl dafür entwickeln, wer und wie sie sind. Darüber hinaus sollen sie die Erfahrung machen, nicht immer für Unterhaltung sorgen zu müssen, sondern sich Ruhe- und Entspannungsphasen zu gestatten.

Im Rahmen von Rollenspielen sollen „Clownkinder“ dazu animiert werden, mit dem Ausdruck des Selbst zu experimentieren. Spiele zur Körperwahrnehmung können ihnen dabei helfen, ein besseres Bewusstsein für sich selbst zu entwickeln. Altersgerechte Entspannungsverfahren und Fantasiereisen können wichtige Werkzeuge sein, um zur Ruhe zu finden.

Literatur

Black, C. (1988): **Mir kann das nicht passieren: Kinder von Alkoholikern als Kinder, Jugendliche und Erwachsene**. Wildberg: Bögner-Kaufmann.

Ehrenfried, T., Heinzelmann, C., Kähni, J. & Mayer, R. (2001): **Arbeit mit Kindern und Jugendlichen aus Familien Suchtkranker. Ein Bericht aus der Praxis für die Praxis.** Balingen: Eigenverlag.

Mayer, R. (2003): **Wirklich?! Niemals Alkohol?! Problemskizzierung zur präventiven Arbeit mit Kindern und Jugendlichen aus Familien Suchtkranker.** Balingen: Eigenverlag.

Michaelis, K. & Petzold, H. G. (2010): **Zur Situation von Kindern suchtbelasteter Familien aus Sicht der Integrativen Therapie – Integrativ-systemische Überlegungen zur Entwicklung von Risiko und Resilienz bei Kindern suchtkranker Eltern.** Integrative Therapie, Volume 36, No. 2/3.

Rennert, M. (2012): **Co-Abhängigkeit. Was Sucht für die Familie bedeutet.** Freiburg: Lambertus.

Wegscheider, S. (1988): **Es gibt doch eine Chance. Hoffnung und Heilung für die Alkoholiker-Familie**. Wildberg: Bögner-Kaufmann.

Aufgreifen der Rollenmuster E G

Quelle: Münzel, B. & Roth N. (2007) „Kind s/Sucht Familie", Curriculum zur Fachkräfteschulung im Themengebiet „Kinder aus suchtbelasteten Familien", S. 61–62; angepasst Wiesel

Alter: ab 12 Jahren

Intention: Befassen mit den Rollenmustern, Darstellen der Rollen

In der Arbeit mit Jugendlichen können die Rollen (Held*in, Sündenbock, verlorenes Kind, Clown) direkt aufgegriffen werden. So kann in der Gruppe zunächst erarbeitet werden, was es ganz generell bedeutet, ein Clown, ein Sündenbock, ein*e Held*in etc. zu sein? Was macht z. B. die Heldin oder den Helden aus? Welche Verhaltensweisen zeigt sie, wie fühlt er sich?

Dazu können auf einem Flipchart Vor- und Nachteile der Rollen in Kleingruppen notiert und anschließend vorgestellt werden. In einem zweiten Schritt können die Jugendlichen dann diejenige*n Rolle*n auswählen, zu der/denen sie am meisten tendieren. Dies lässt sich mit Beispielen aus dem Alltag unterlegen. Begleitende Fragen könnten lauten: *In welchen Situationen nimmst du diese Rolle am ehesten ein? Welche Vor- und Nachteile hat die Rolle für dich? In welchen Situationen ist die Rolle besonders hilfreich? In welchen eher hinderlich?*

Fallbeispiel: Ein Jugendlicher beschreibt sich in der Rolle des Clowns: *„Clown bin ich in der Schule, denn ich bringe die Leute immer zum Lachen und dadurch ist die Schule auch relativ lustig. Oft nehme ich die Dinge nicht ernst und wirke überdreht, das merke ich dann jedoch oftmals erst zu spät."*

Die Rollen lassen sich mit den Jugendlichen jedoch nicht nur besprechen, sondern auch schauspielerisch darstellen. Dies bietet gleichermaßen die Möglichkeit, sich zu identifizieren (endlich auch einmal Held*in sein zu dürfen) wie sich zu distanzieren (endlich einmal alle Verantwortung abwerfen, wie ein Sündenbock agieren dürfen).

Durchführung: Die Jugendlichen können sich wiederum eine der vier Rollen auswählen. Die Jugendlichen, die an der Reihe sind, werden zu ihrer Rolle befragt. Sie geben Regieanweisungen an die übrigen Gruppenteilnehmenden, die als Assistent*innen den oder die Held*in befördern, ihr zum Held*innentum verhelfen. Dies kann in Form eines Standbildes oder in einer kleinen Szene stattfinden.

Meine Masken E G

Quelle: Wiesel

Alter: ab 12 Jahren

Intention: Verdeutlichen von Rollen, Verdeutlichen von „Unechtheit“

Durchführung: Die Jugendlichen erhalten die Vorlage einer Maske und können zu folgenden Fragen assoziieren:

- In welchen Situationen trage ich eine Maske, d.h. verstelle ich mich, bin ich nicht ich selbst?
- Wie bin ich, wenn ich diese Maske trage? Verhalte ich mich anders? Rede ich anders? Ist meine Körperhaltung, meine Gestik, meine Mimik eine andere?
- Welches sind die Vorteile, die diese Maske mir bringt, was die Nachteile?
- Gibt es Momente, in denen meine Maske unpassend ist?
- Vor was schützt meine Maske mich?
- Bemerken meine Eltern etwas von dieser Maske?

Anmerkung: Wenn sich die Jugendlichen gerne kreativ betätigen, besteht auch die Möglichkeit, selbst eine Maske zu gestalten. Beispielsweise mit Symbolen oder Sätzen, die die Rolle oder Maske gut beschreiben.

Literatur

Münzel, B. & Roth, N. (2007): **„Kind s/Sucht Familie“, Curriculum zur Fachkräfteschulung im Themengebiet „Kinder aus suchtbelasteten Familien“;** Hg. Landeszentrale für Gesundheitsförderung in Rheinland-Pfalz e.V.

Kinderpsychodrama G

Als längerfristiges Angebot ist das Kinderpsychodrama anzusehen, wie es vom SKM in Köln – Sozialdienst Katholischer Männer e. V. mit Kindern aus (sucht-)belasteten Familien praktiziert wird. Originaltext von Simone Auer und Tobias Glauch, SKM Köln

Theoretischer Hintergrund

Kinder sprechen nicht gerne über ihre Probleme und Belastungen, oder sie können es (noch) nicht. Sie möchten nicht über unangenehme Gefühle oder Situationen reden und diese erneut durchleben. Kinder drücken sich in ihrer Sprache, dem Spielen aus.

In der Arbeit mit Kindern aus Suchtfamilien brauchen Kinder Angebote, in denen die Bereiche wie Selbstwertgefühl, Sozialverhalten, konstruktiver Umgang mit Aggression und Regression, Gruppenfähigkeit etc. gefördert werden. Im Alltag ziehen sich manche zurück und sind verschlossen, andere sind impulsiv, aggressiv, wieder andere sind überangepasst und wollen keine Fehler machen, andere sind leicht kränkbar oder leben in ihrer eigenen Welt versponnen.

Der Kinderpsychodrama-Ansatz steht für „von der Seele spielen" und greift damit ein Grundbedürfnis des Kindes auf: Die Welt begreifen durch Spielen und Erleben.

Im Rahmen eines Rollenspiels soll den Kindern die lustvolle Möglichkeit gegeben werden, belastende Themen in einem geschützten Rahmen zu thematisieren und zu bearbeiten, Resilienzen zu fördern und soziale Kompetenzen auszubauen.

Zu oft wird der Entwicklung und der Entfaltung der eigenen Persönlichkeit sowie der Kreativität von Kindern aus Suchtfamilien wenig Raum gegeben. Beispielsweise weil pragmatische Erledigungen nicht altersgerechter Pflichten verlangt werden, oder schlicht die mangelnde Zuwendung und Offenheit der Eltern/eines Elternteils das kreative Ausleben der Kinder verhindert. Dies kann sich belastend auf das Kind auswirken. Die Spielleitung spiegelt Gefühle, gibt ihnen Ausdruck und Berechtigung und schafft somit ein Gefühl der Entlastung. Nun können eigene Lösungsvorschläge entwickelt werden.

Im Rollenspiel soll die Kreativität einerseits dadurch gefördert werden, dass den Kindern möglichst wenig Grenzen gesetzt werden, sie inhaltlich vollständige schöpferische Freiheit genießen. Andererseits können die Leitungen aus ihren

Rollen heraus Angebote machen, die das Lösungsspektrum erweitern können. Auf diese Weise kann auch die Selbstwirksamkeit gestärkt werden.

Die Kinder machen die Erfahrung, Kontrolle über ihre Umgebung auszuüben, mitzubestimmen und mit anderen Kindern interagieren zu können. Eng mit der Selbstwirksamkeitserwartung verknüpft ist die Steigerung des Selbstwertes, die im Rahmen des Kinderpsychodramas durch Zuwendung, Bestätigung und Bestärkung erfolgen soll. Destruktive Kinder können durch geringfügige Anpassungen des Spielszenarios (z. B. gemeinsames Pläneschmieden zur Rettung eines/einer Spielpartner*in) dazu gebracht werden, mit den anderen Kindern in Kontakt zu treten und gemeinsam Spielfreude zu erleben.

Zielgruppe:

- Generelle Eignung von ca. 4–13 Jahren
- Altershomogene Gruppe
- Bei Schulkindern: 5–6 Teilnehmende
- Bei Vorschulkindern: 4–5 Teilnehmende

Indikation: Kinderpsychodrama ist vor allem bei denjenigen Kindern indiziert, die Auffälligkeiten im Sozialverhalten zeigen.

Dauer: Ein Kindergarten-/Schuljahr lang einmal wöchentlich 60 Minuten. Jede Spieleinheit wird durch das Leitungsteam vor- und nachbereitet. Besprochen werden die aktuellen Themen der Kinder und die gespielten Rollen. Jede Stunde wird dokumentiert.

Leitung: Ein männlicher und eine weibliche Leiter*in sind wünschenswert, um geschlechtsspezifische Rollen zu simulieren.

Material: Verschiedene Stoffe, Matten, Baufix, Schaumstoffkissen, Hüte, Taschen, Seile etc.

Ablauf einer Stunde:

- Kinder betreten den vorbereiteten Raum
- in einer Eingangsrunde werden mit den Kindern die eigene Rolle, die Rolle der Leitung und die Geschichte besprochen
- Regeln:
  - Gruppenraum/Zimmer als räumliche Begrenzung des Spiels
  - „So tun als ob", keine tatsächliche körperliche Aggression o.Ä.
  - Grenzüberschreitungen sind verboten, z. B. kein Einreißen des gebauten Hauses eines anderen, Besuch nur auf Nachfrage und nach Erlaubniserteilung
  - Nur vorhandenes Spielzeug darf verwendet werden
- Aufbau/Verkleiden

- Eingangsritual (Begeben in die Rolle z. B. durch das Anschalten des Lichts oder ein akustisches Signal)
- Spiel
- Zum Ende erfolgt eine Zusammenfassung der Geschichte mit besonderer Anerkennung der Leistung der Kinder in ihren Rollen (z. B. fiktiver Zeitungsartikel)
  - Abschluss (z. B. Licht aus oder ein erneutes akustisches Signal)
  - Rückverwandlung in Schulkinder/Jugendliche
- Abschlussrunde: z. B. was hat den Kindern besonders gut gefallen?

Anmerkung:
Die Aufgabe der Spielleitung ist es, den geschützten Raum und den Rahmen zu wahren. Sie spielt gemeinsam mit den Kindern und leitet das Spiel aus den ihnen zugeteilten Rollen heraus. Dadurch können Bedürfnissen wie emotionale Versorgung, Lob und Anerkennung, Umgang mit Scham, Wut und Angst etc. gesehen und beantwortet werden.

Es wird empfohlen, in der ersten Stunde das Thema des Spiels vorzugeben (z. B. Bauernhof), um die Kinder mit dem Ablauf einer Gruppenstunde vertraut zu machen und ihnen Sicherheit zu geben. Ab der zweiten Stunde entscheiden die Kinder über das Thema der Geschichte. Beliebte Themen sind: Bauernhof/Tierpark; Pirat*innen/Schatzsuche; Superheld*innen/Kampf gegen Monster; Prinzessin/Ritter; Castingshow oder aktuelle Themen wie Weihnachten, Ostern etc. „Gut gegen böse“ ist ein häufiges Motiv im Spiel. Die böse Rolle wird von den Kindern einer Leitungsperson zugeteilt und dann nicht mehr neu vergeben. Das Gute gewinnt immer. Die Bestrafung des Bösewichts (z. B. einsperren, auffressen, bloßstellen) geschieht aus den Rollen heraus.

„Bei den Kindern kann noch keine Bereitschaft und Fähigkeit vorausgesetzt werden, sich auf ein Verbalisieren ihrer Fantasien, Wünsche, Gedanken und Gefühle zu beschränken. Denn je jünger ein Kind ist, desto eher wird es sein Innenleben im Spiel, im Handeln und Dramatisieren darstellen. Und je älter ein Kind ist, desto größer werden die verbalen Beiträge“ (Aichinger/Holl, 2010, S. 12).

Weitere Informationen

www.skm-koeln.de

tobias.glauch@skm-koeln.de

www.szenen-institut.de

www.psychodrama-kinder.de/index.html

Literatur

Aichinger, A. & Holl, W. (2010): **Gruppentherapie mit Kindern, Kinderpsychodrama Band 1**. 2. Aufl. VS Verlag für Sozialwissenschaften.

Aichinger, A. & Holl, W. (2011): **Resilienzförderung mit Kindern, Kinderpsychodrama Band 2**. VS Verlag für Sozialwissenschaften.

Aichinger, A. (2012): **Einzel- und Familientherapie mit Kindern: Kinderpsychodrama Band 3**. VS Verlag für Sozialwissenschaften.

Diözesan-Caritasverband für das Erzbistum Köln e. V. (Hg.) (2004): **Spielraum … für Kinder aus suchtbelasteten Familien. Psychodramatische Gruppenarbeit mit Kindern.** Neureichenau: edition zweihorn.

Wildnispädagogische Angebote für suchtbelastete /-gefährdete Familien und ihre Kinder

Originaltext von Stefanie Mohra, Präventionsfachstelle der Drogenhilfe Saarbrücken gGmbH

„Die Präventionsfachstelle der Drogenhilfe Saarbrücken gGmbH (früher Aktionsgemeinschaft Drogenberatung e. V.) und das Sozialraumbüro Saarbrücken-West der AWO haben gemeinsam ein Konzept zur Verknüpfung von Wildnispädagogik, Familienhilfe und Suchtprävention entwickelt. Auch – und besonders – Kinder und deren Familien, die einen suchtbelasteten Hintergrund haben, können davon in ihrer Entwicklung profitieren.

Ein konkretes Beispiel dafür sind Familienerlebnistage im Wald und mehrtägige Camps für Familien und Jugendliche im sogenannten Urwald am Forsthaus Neuhaus bei Saarbrücken. Grundlegendes Ziel der Wildnispädagogik ist, dass Menschen sich wieder als selbstverständlichen Teil der Natur erleben und sich dadurch stabiler mit sich selbst und anderen verbunden fühlen. Wenn dies gelingt, dann könnten auch Kinder aus suchtbelasteten Familien daraus eine wertvolle Ressource erschließen und dem häufigen Gefühl des „nicht-richtig-Seins" entgegenwirken.

Was bietet das Leben in einem Waldcamp gerade diesen Kindern? Zunächst sind die Camps ein überwiegend suchtmittelfreier Raum, in dem sie Erwachsene und eben auch ihre Eltern in jedem Fall frei von Alkoholkonsum und Drogen erleben können. Der Wald als Lebensraum bietet auch eine große Chance, aus festgeschriebenen destruktiven Rollen herauszutreten und Neues auszuprobieren; denn hier sind oft andere Fähigkeiten gefragt, als im Alltag. Z. B. kann sich ständig körperlich agierte Unruhe in wertvolle Energie umwandeln, wenn es gilt, den Wald beim Umherstreifen zu erkunden. Oder ein Kind, das normalerweise im Hintergrund verschwindet, hat als Einziges vielleicht den jungen Kauz bemerkt, der still auf einem Ast sitzt. Außerdem gibt es keinen Grund, sich der Anzeichen eventuell sichtbarer Armut zu schämen. Im Wald sind teure Schuhe und Taschengeld unwichtig. Und überhaupt: jeder Mensch, egal welcher Herkunft, hat das Recht, sich im Wald aufzuhalten.

Vor allem aber ist das Erleben von Selbstwirksamkeit wesentlich, wenn es z. B. gelingt, ein Kochfeuer zu entfachen, Holz zu spalten oder eine Schutzhütte zu bauen. Zumal es sich nicht um „künstliche" pädagogische Aufgaben handelt, sondern um überlebenswichtige Tätigkeiten. Besonders für die Kinder aus suchtbelasteten Familien sind auch die verlässlichen Rituale in den Camps eine wichtige Erfahrung: die täglichen Redestabrunden, das abendliche Kochen am Feuer oder die Tagesstruktur, die sich u.a. am Sonnenstand orientiert. Nicht zuletzt erleben die Kinder in den Camps hoffentlich verlässliche Erwachsene, die sich im Sinne von Coyote-Teaching als Mentoren in wesentlichen Fragen des Lebens verstehen.

Die wildnispädagogischen Angebote sollten keine Einmalveranstaltung sein, sondern eingebunden in eine längerfristige Arbeit wie z. B. die Familien- oder Suchthilfe und als solche in einem Netzwerk definiert sein."

Literatur

Mohra, S., Linnenberger, J. & Carius R. (2018): **Suchtprävention und soziale Arbeit mit der Natur.** Luxemburg: CePT-Centre de Prevention des Toxicomanies.

1.2.7 Suchtprävention

Kinder und Jugendliche, die in suchtbelasteten Familien aufwachsen, weisen ein bis zu sechsfach erhöhtes Risiko auf, später selbst eine substanzgebundene oder Verhaltenssucht zu entwickeln (Klein, 2008). Ein Großteil der von uns betreuten Kinder und Jugendlichen zeigt nicht nur einen Hang zu den neuen Medien, sondern betreibt Medienkonsum (wie Nutzung des Smartphones, Online-Spiele etc.) in bedenklichem Ausmaß. Einige der Jugendlichen haben bereits Suchtmittel probiert oder befinden sich im Experimentierstadium (insbesondere Cannabis, aber auch Alkohol). Insofern gehören suchtpräventive Einheiten insbesondere in die Arbeit mit Jugendlichen, zum Teil eignen sie sich jedoch auch schon für 10- bis 12-Jährige.

Es haben sich insbesondere Methoden bewährt, die aktive Mitarbeit erfordern, gut verständliche Metaphern nutzen oder einen spielerischen Charakter haben. Eine passende Ergänzung dazu stellen Methoden der klassischen Suchtprävention dar, in der beispielsweise mithilfe von Rauschbrillen oder suchtspezifischen Gesellschaftsspielen Wissen um die Entstehung von Abhängigkeitserkrankungen erlebbar und kreativ vermittelt wird. Ggf. lässt sich auch in Einzelsitzungen mit betroffenen Jugendlichen deren Risiko genauer eruieren.

Wenn bei einem bzw. einer Jugendlichen oder jungen Erwachsenen der eigene riskante Konsum bereits im Vordergrund steht, das suchtbelastete Elternhaus dagegen zurücktritt, vermitteln wir innerhalb unseres Beratungs- und Behandlungszentrums an die Kolleg*innen aus dem Fachbereich Jugendberatung und/oder an den Fachbereich Prävention und Frühintervention, der regelmäßig Programme wie NIKO (Raucherentwöhnungskurs für Jugendliche, angelehnt an das Konzept „Losgelöst“, IFT-München), HaLT-Kurse (**H**art **a**m **L**imi**t** – ein Präventionsprojekt für Kinder und Jugendliche mit riskantem Alkoholkonsum/Villa Schöpflin, Lörrach) und *FreD*-Kurse (**Fr**ühintervention bei **e**rstauffälligen **D**rogenkonsumenten/©LWL-Koordinationsstelle Sucht, Münster) durchführt.

1.2.7.1 Suchtmittel und süchtige Verhaltensweisen, Abhängigkeit

Mind-Map zu einzelnen Suchtmitteln E G

Quelle: Wiesel
Alter: ab 8 Jahren
Intention: freie Assoziation zu einzelnen Suchtmitteln
Durchführung: Auf einem großen Plakat wird der Name eines Suchtmittels in die Mitte geschrieben. Darauf können alle Gruppenteilnehmenden der Reihe nach Begriffe, Vorstellungen, Assoziationen aufschreiben, die ihnen zu dem Suchtmittel einfallen. Die Gruppenleitung kann darauf achten, dass sinnverwandte Ideen an den gleichen Ästen vermerkt werden. Dies wird so lange wiederholt, bis alle Ideen untergebracht sind. Danach wird das Plakat gemeinsam betrachtet, es können Fragen gestellt und Anmerkungen getätigt werden.

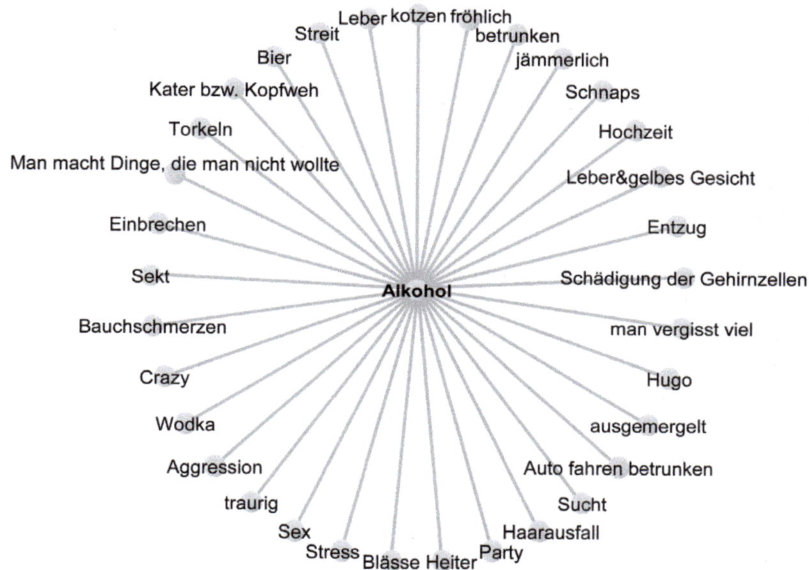

Wissen über Suchtmittel und süchtige Verhaltensweisen [G]

Quelle: in Anlehnung an Klein, M. et al. (2013), S. 56; angepasst Wiesel
Alter: ab 8 Jahren
Intention: Wissensvermittlung zu einzelnen Suchtmitteln
Durchführung: Zunächst wird gemeinsam mit den Kindern und Jugendlichen eine Mind-Map zu dem jeweiligen Suchtmittel (z. B. Alkohol, Cannabis, Amphetamine) erstellt. Während es in vorherigen Übungen um freie Assoziationen ging, sollten hier gezielt folgende Fragen Eingang finden:

- Woraus besteht Alkohol/bestehen Drogen, woraus werden sie hergestellt, wie wirken sie im Körper?
- Wie verändern sich Menschen unter dem Einfluss von Alkohol oder anderen Drogen? Welche Gefühle generieren sie? Welche Verhaltensweisen zeigen die Konsument*innen?
- Warum konsumieren Menschen Alkohol/Drogen? Was versprechen sie sich davon? Welches sind die erwünschten Effekte?

- Welche (körperlichen, sozialen) Folgeerscheinungen entstehen durch den Alkohol- oder Drogenkonsum, die pathologische Glücksspielsucht etc.? Welche Gefahren bestehen?

Die Kinder und Jugendlichen können auf die Erfahrungen mit ihren Eltern, aber auch dem näheren Umfeld der Eltern sowie auf Informationen, die sie anderweitig bezogen haben (z. B. aus Medien), zurückgreifen. Die Gruppenleitung sollte Fehlinformationen korrigieren und ggf. Aspekte ergänzen. Hierzu kann beispielsweise die Internetseite www.kidkit.de als Informationsquelle hinzugezogen werden.

Variante: Mit Jugendlichen lassen sich auch Kurzreferate zu einzelnen Suchtmitteln bzw. süchtigen Verhaltensweisen (wie pathologische Glücksspielsucht; Sucht in Bezug auf neue Medien etc.) erarbeiten.

Variante: Zu einzelnen Suchtmitteln lassen sich mit den Jugendlichen Themeneinheiten gestalten, z. B. zu Heroin:

- Filmvorführung: „Christiane F. – Wir Kinder vom Bahnhof Zoo" (1981); Erarbeiten von Fragestellungen z. B. mittels der Handreichung „Wir Kinder vom Bahnhof Zoo"
- Filmvorführung „Lauf um Dein Leben – Vom Junkie zum Ironman" (2008) und Nachbesprechung
- Einladen einer Fachkraft aus dem Bereich „Psychosoziale Begleitung Substituierter" und Interview (s. Kap. 1.2.6)

Suchtspiel „Was bin ich?" (in Anlehnung an „Wer bin ich?") G

Quelle: Gruppe & Spiel, Sonderheft „Spiele zur Suchtprävention" (1997)
Alter: ab 12 Jahren
Intention: spielerisch Wissen über Suchtmittel aufgreifen
Durchführung: Es werden kleine Zettel mit verschiedenen Suchtmitteln und süchtigen Verhaltensweisen beschriftet. Diese können entweder von der Gruppenleitung vorgegeben werden oder jeweils ein Gruppenmitglied notiert für ein anderes ein Suchtmittel (Alkohol, Nikotin, Cannabis, Computerspiel, Heroin, Handys, Crystal, Glücksspiel etc.).

Die Zettel werden dann den Gruppenteilnehmenden mit einem Klebestreifen auf den Rücken geklebt und diese müssen herausfinden, welches Suchtmittel sie „sind". Dazu gehen die Teilnehmenden im Raum umher und befragen sich gegenseitig.

Es dürfen nur Fragen gestellt werden, die mit „Ja" oder „Nein" zu beantworten sind. Pro zu befragender Person dürfen nur drei Fragen gestellt werden, dann muss man sich jemanden anderes suchen (alternativ: man wechselt die zu befragende Person, wenn man eine „Nein"-Antwort erhalten hat). Die „Nein"-Antworten werden gezählt. Gewonnen hat, wer mit den wenigsten „Nein"-Antworten ausgekommen ist.

Arbeit mit der Bildkartei E G

Quelle: Voigt, A. (2000), S. 28 („Meine Bilder – Deine Bilder"); angepasst Wiesel
Alter: ab 12 Jahren
Intention: Befassen mit dem Thema Suchterkrankung
Durchführung: Aus Illustrierten, Magazinen, Zeitungen werden großformatige Fotos, die mit Sucht assoziiert werden können, ausgeschnitten und auf DIN A4-Kartons aufgeklebt. Damit eine möglichst große Auswahl zustande kommt, sollte die Sammlung aus vielen unterschiedlichen Bildern bestehen, z. B. Zigaretten- oder Bierwerbung, Anzeigen für Arzneimittel, Bilder von Personen und Gruppierungen (z. B. Abschiedsszene auf dem Bahnhof, Personen an der Theke), träumerische Landschaften etc. Die Bilder werden in der Gruppenmitte auf dem Boden ausgebreitet. Jedes Gruppenmitglied sucht sich etwa 1 bis 3 seiner Ansicht nach der Aufgabenstellung entsprechende Bilder aus und stellt sie anschließend der Gruppe vor. Mögliche Fragestellungen lauten:

- Welches Bild kennzeichnet für dich Sucht? Was hat das mit dir zu tun?
- Welches der Bilder spiegelt am besten die Situation mit deinen suchtkranken Eltern wieder?
- Wie möchtest du gerne als Erwachsene*r leben? Wie wirst du mit Suchtmitteln umgehen?
- Was heißt für dich Suchtprävention/Schutz vor Suchtmitteln? Welches Bild stellt für dich Suchtprävention dar?

Anmerkung Wiesel: Diese Übung hat bislang sehr berührende Ergebnisse gezeitigt. Die Jugendlichen wurden durch die Bildmotive angeregt, sehr viel von sich, ihren Erfahrungen, Wünschen, Ängsten, Erlebnissen preiszugeben.

Abhängigkeitskriterien E G

Quelle: Klein, M. et al. (2013), S. 58; ergänzt Wiesel
Alter: ab 8 Jahren
Intention: Vermittlung von Wissen über Abhängigkeitserkrankungen
Durchführung: Den Kindern und Jugendlichen wird erläutert, dass eine Suchtmittelabhängigkeit eine Krankheit ist und diese nach bestimmten Kriterien bestimmt wird. Dazu werden die Kriterien zur Diagnose einer Abhängigkeitserkrankung (WHO) in kindgerechter Version auf Karteikarten geschrieben und nacheinander vorgestellt:

Wann ist jemand süchtig? (von der Weltgesundheitsorganisation festgelegt)

1. Die betroffene Person verspürt einen starken Wunsch oder fühlt sich gezwungen, Alkohol zu trinken oder Drogen zu nehmen.
2. Die betroffene Person kann nicht mehr selbst kontrollieren, wann sie anfängt zu trinken oder Drogen zu nehmen, wann sie aufhört und wie viel sie trinkt oder Drogen nimmt.
3. Wenn die betroffene Person keinen Alkohol oder keine Drogen bekommt, geht es ihr richtig schlecht – diesen Zustand nennt man „Entzug".
4. Die betroffene Person muss Alkohol trinken oder Drogen nehmen, um den Entzug wegzubekommen oder gar keinen Entzug zu bekommen.
5. Die betroffene Person muss mit der Zeit immer mehr Alkohol trinken oder Drogen nehmen, damit sie überhaupt noch eine Wirkung vom Alkohol oder den Drogen spürt.
6. Die betroffene Person denkt dauernd an Alkohol oder an Drogen.
7. Die betroffene Person macht viele Dinge, die sie früher gerne gemacht hat, nicht mehr, weil sie Alkohol oder Drogen nehmen muss oder weil sie außer Alkohol trinken oder Drogen nehmen gar nichts mehr interessiert.
8. Obwohl es der betroffenen Person aufgrund des Trinkens oder Drogennehmens nicht gut geht, macht sie es weiterhin.

Von diesen Punkten müssen drei oder mehr innerhalb der letzten zwölf Monate aufgetreten sein. In einem weiteren Schritt kann mit den Kindern und Jugendlichen besprochen werden, welche dieser Kriterien sie ggf. schon an ihren Eltern wahrgenommen haben, eventuell unterlegt durch Beispielsituationen. Die Gruppenleitung kann die Teilnehmenden dazu befragen, wie sie sich fühlen, wenn ihre Eltern dieses Verhalten zeigen. Auch weitere mit der Suchterkrankung verbundene Themen wie Aggressivität, Unzuverlässigkeit oder Unberechenbarkeit können an dieser Stelle thematisiert werden.

Anmerkung: Das Erklären des elterlichen Verhaltens als Krankheit stellt für viele der Kinder und Jugendlichen ein entlastendes Moment dar. Es entlastet sie insbesondere von Schuldgefühlen (nicht ich bin schuld, es ist eine Krankheit!) und kann dazu beitragen, ihr Rollenverständnis als – vermeintliche – Retter*innen der Eltern aufzulösen. Die Abhängigkeit der Eltern ist eine Krankheit. Für das Behandeln von Krankheiten sind professionelle Helfer*innen zuständig: also Ärzt*innen oder Therapeut*innen. Die Kinder und Jugendlichen sind nicht verantwortlich – ihre Eltern brauchen Unterstützung von anderen Erwachsenen.

Suchteimer E G

Quelle: Voigt, A. (2000), S. 55 („Der Suchtsack"); angepasst Wiesel
Alter: 8–16 Jahre

Intention: Wissen über verschiedene Suchmittel, Abhängigkeitspotenzial der Substanzen

Durchführung: Die Gruppenleitung bereitet einen Eimer (den „Suchteimer") vor, in welchem leere Suchtmittel, Gefäße, Verpackungen oder Suchtmittel in symbolischer Form gesammelt werden: z. B. eine leere Bierflasche, die leere Dose eines Energy Drinks, eine leere Zigarettenpackung, eine leere Schmerzmittel-Verpackung, ein Blatt Papier, das zu einem Joint gerollt/gefaltet wird, eine Gabel (stellvertretend für Esssüchte), die Hülle eines Computerspiels, ein altes Handy/Smartphone, eine Spielkarte aus einem Kartenspiel (stellvertretend für pathologische Glücksspielsucht), evtl. eine unbenutzte Spritze, ein Lippenstift (stellvertretend für Körperkult). Über den Eimer wird ein blickdichtes, großes Tuch gebreitet.

Die Gruppe wird gebeten, sich im Kreis zu setzen; in die Mitte des Kreises wird die Moderationskarte „Abhängigkeit" positioniert. (Der Begriff der Abhängigkeit sollte bereits zuvor geklärt worden sein). Der mit dem Tuch bedeckte Eimer macht nun die Runde: Die Person, die an der Reihe ist, greift hinein und zieht einen der Gegenstände heraus. Sie wird gebeten, zunächst zu beschreiben, was sie da in der Hand hält und zu erklären, um welchen Suchtstoff es sich handelt (z. B. Nikotin bei der Zigarettenpackung). Sofern ihr bekannt, soll sie weiterhin erklären, wie der Suchtstoff wirkt (z. B. im Sinne von „uppers" oder „downers"), welches die erwünschten Wirkungen sind bzw. die unerwünschten bzw. die Folgeschäden bei massivem oder langfristigen Gebrauch. Danach soll sie das Mittel in Relation zur „Abhängigkeit" positionieren – also beispielsweise sehr nah an die „Abhängigkeit" oder auch direkt darauf, wenn sie befindet, dass dieses Mittel extrem schnell zu einer Abhängigkeit führen kann, also ein hohes Suchtpotenzial besitzt; hingegen weiter entfernt, wenn sie eine solche Gefahr eher weniger oder nicht erkennen kann. Zumeist erfolgt ein reger Austausch innerhalb der Gruppe, bevor der Eimer weitergereicht wird und der oder die Nächste an der Reihe ist. Zum Schluss liegen die Suchtmittel-Stellvertreter ausgebreitet im Raum.

Der Suchteimer eignet sich in vielfältiger Art und Weise dazu, einzelne Suchtmittel und das Thema der Abhängigkeit aufzugreifen. So offenbart er zunächst das je individuelle Wissen der Kinder oder Jugendlichen, das durch die Gruppenleitung im Verlauf des Gesprächs ggf. auch eine Korrektur erfahren kann. Viel mehr noch spiegelt der Suchteimer die Erfahrungen und Einschätzung der Kinder in Bezug auf das suchtmittelbezogene Verhalten ihrer Eltern wieder, möglicherweise auch das von Verwandten und Bekannten. So kann eine **Variante** lauten, dasjenige Suchtmittel auszuwählen, das die Eltern konsumieren und auch hier den Grad der Abhängigkeit, so wie von den Teilnehmenden wahrgenommen, zu bestimmen. Gerade mit Jugendlichen lassen sich nicht zuletzt der

eigene Konsum und eine etwaige Suchtgefährdung in Bezug auf eines oder mehrere der Mittel erarbeiten (weitere **Variante**).
Anmerkung Wiesel: die einzelnen Suchtmittel bzw. deren Stellvertreter müssen an das Alter der Kinder bzw. Jugendlichen, deren Wissens- und Aufklärungstand angepasst werden. Natürlich kann man 8-jährigen Kindern keine Spritzen, Bongs und dergleichen vorhalten.

Aktionssoziometrie zu verschiedenen Suchtmitteln G

Quelle: Methode aus dem Psychodrama; angepasst Wiesel
Alter: ab 12 Jahren
Intention: Überblick über verschiedene Suchtmittel, Einschätzen eigener Risiken im Hinblick auf diese Suchtmittel
Durchführung: Im Raum werden laminierte DIN A4-Bögen mit den Begriffen verschiedener Suchtmittel bzw. süchtiger Verhaltensweisen (Alkohol, Nikotin, Cannabis, Amphetamine, Heroin, Computer spielen, Smartphone, Kaufsucht, Sexsucht etc.) verteilt. Die Jugendlichen positionieren sich je nach Aussage der Gruppenleitung zu einem der Suchtmittel. Folgenden Aussagen sind denkbar:

- Über dieses Suchtmittel weiß ich nichts oder nicht viel.
- Dieses Suchtmittel interessiert mich am meisten.
- Von diesem Suchtmittel kann man besonders abhängig werden.
- Dieses Suchtmittel sehe ich als harmlos an.
- Dieses Suchtmittel habe ich schon einmal probiert; das habe ich schon einmal gemacht.
- Dieses Suchtmittel könnte gefährlich für mich werden.
- Ich kenne jemanden, der von diesem Suchtmittel abhängig ist.
- Von diesem Suchtmittel ist mein Vater/meine Mutter abhängig.
- Mit diesem Suchtmittel möchte ich mich näher in der nächsten Gruppensitzung beschäftigen.

Anmerkung Wiesel: Je nach Gruppe kann man bei dieser Übung unterschiedliche inhaltliche Schwerpunkte setzen. Zum einen kann der Fokus auf das Thema Aufklärung und Information gelegt werden (z. B. auch mittels der Internetseite drugcom.de der Bundeszentrale für gesundheitliche Aufklärung), zum anderen auf das Thema Suchtprävention und Eigenkonsum.

1.2.7.2 Suchtentstehung

Das Tankmodell E G

Quelle: Poissl, E. & Waibel, U. (2017), S. 16–23.; Klein et al. (2013), S. 57–58; angepasst Wiesel
Alter: ab 8 Jahre
Intention: Motive des Suchtmittelkonsums verdeutlichen, Alternativen entwickeln
Durchführung: Mithilfe des Tankmodells nach Lagemann (1992) lässt sich anschaulich und für viele Kinder und Jugendliche gut verständlich beschreiben, welche Motive einer Sucht zugrunde liegen können und wie die Abhängigkeitsentwicklung sukzessive voranschreitet. Als Metapher wird das Bild eines Autotanks gewählt, der mit bestimmten Treibstoffen befüllt werden muss, damit das Auto fahren kann. Das Bild des „seelischen Tanks", der mal mehr, mal weniger gefüllt ist, steht für die eigene Lebenszufriedenheit und Bedürfnisbefriedigung, Wünsche oder Sehnsüchte. Besonderer Wert wird daraufgelegt, dass es ganz normal ist, dass der eigene seelische Tank nicht immer randvoll sein kann, es jedoch wichtig ist, zu wissen, womit man ihn befüllen kann, wenn er leerer wird, man sich also ernsthaften Problemsituationen gegenübersieht oder wichtige Bedürfnisse nicht befriedigt werden können.
An dieser Stelle kann mit den Kindern und Jugendlichen gemeinsam überlegt werden, mit was sie ihren Tank füllen, was ihr Treibstoff ist (Freunde, Hobbys, Haustiere, Lesen etc.) Dazu können die Kinder auf einem Vordruck (Kanister mit Fülltrichter) ihre Ideen notieren.

- Menschen unterscheiden sich darin, wie viele und welche Tankfüllungen für sie besonders wertvoll sind. Problematisch wird es dann, wenn Menschen nur sehr wenige Tankstellen besitzen und sich über längere Zeit ernsten Problemen oder sehr unangenehmen Gefühlen ausgesetzt sehen. Im Extremfall kann es passieren, dass Menschen in diesen Situationen nur noch Alkohol oder andere Drogen tanken.
- Das Tückische am Alkohol und anderen Drogen ist, dass Menschen ihren Tank damit sehr schnell füllen können und das Auto am Anfang auch gut fährt. Allerdings fährt es nicht weit.

Hier kann die Gruppenleitung beispielsweise zwei Karteikarten mit den Begriffen „Alkohol" und „Drogen" in den Kanister legen und mit den Kindern und Jugendlichen besprechen, was es bedeutet, wenn Menschen ihren Seelentank mit diesen Mitteln füllen wollen (kurzfristige Problemlösung, Verdrängung).

- Mit jeder Tankfüllung müssen süchtige Menschen mehr in den Tank füllen als beim letzten Mal (Toleranzentwicklung). Schwierigkeiten oder unangenehme Gefühle wie Einsamkeit, Trauer oder Wertlosigkeit können also leicht vergessen werden, wenn man Alkohol oder Drogen tankt, allerdings hält die Tankfüllung nicht lang, die Probleme und Gefühle kommen zurück und man muss noch mehr Alkohol oder Drogen tanken, um sich besser zu fühlen. So entsteht ein Kreislauf, der zu einer Abhängigkeit führen kann. Viele Menschen verstehen allerdings nicht, warum es schlecht ist, seinen Tank mit Alkohol oder Drogen zu füllen, oder wissen nicht, womit sie ihn sonst füllen könnten.

An dieser Stelle kann gemeinsam mit den Kindern und Jugendlichen überlegt werden, ob es bei ihnen auch Dinge gibt, die sie als Tankfüllung nutzen und die eventuell langfristig eher schaden (Süßigkeiten, Fernsehen, PC etc.).

Möchte man einen Bezug zum elterlichen Suchtverhalten herstellen, kann man mit den Gruppenteilnehmenden das Tankstellenmodell auch auf deren Eltern übertragen: Was sind die Sorgen und Probleme, die ihre Eltern eventuell haben oder hatten, und mit welchen Dingen füllen sie ihren Tank oder haben ihn früher gefüllt (sowohl positive als auch negative Füllungen).

Das Klötzchenspiel G

Quelle: Münzel, B. & Roth N. (2007), „Kind s/Sucht Familie", Curriculum zur Fachkräfteschulung im Themengebiet „Kinder aus suchtbelasteten Familien", S. 35–36; Teutenberg, N., Fachstelle für Suchtprävention SKM Köln e.V.
Alter: ab 12–14 Jahre
Intention: Suchtentwicklung als selbstschädigenden Lösungsversuch verstehen, um belastende Lebenssituationen und Probleme zu bewältigen, Verständnis von co-abhängigen Positionen und Verhaltensweisen entwickeln
Durchführung: Eine freiwillige Person kommt in die Mitte des Raumes und wird gebeten, sich nur auf ein Bein zu stellen. Das andere Bein darf von da ab nicht mehr benutzt werden (außer, um auf Klötze zu steigen). Nach kurzer Zeit wird es unangenehm, nur auf einem Bein zu stehen. Dann bietet man der freiwilligen Person an, sich die Situation zu erleichtern, indem sie eine Schokolinse (Smartie, alternativ: Gummibärchen) isst. Nimmt sie sie, bekommt sie einen Besenstiel als Stütze, die Situation wird leichter, man kann sich abstützen, leichter balancieren.
Die Leitung bestärkt die freiwillige Person in der Einnahme. Den Stock gibt es nur in Verbindung mit der vorherigen Einnahme der Schokolinse. Ohne Schokolinse keinen Stock – ohne Mittel keine Erleichterung. Nach kurzer Zeit ist die Schokolinse aufgegessen und man nimmt den Stock wieder ab. Außerdem wird die freiwillige Person aufgefordert, sich auf einen Holzklotz zu stellen statt auf den Boden.

Da die Klötze leicht ballig gehobelt sind, wird die Situation schwieriger, kippeliger. Es werden erneut Schokolinsen zur Erleichterung angeboten und mit denen gibt es auch die Stütze, die allerdings wieder abgenommen wird, sobald die Schokolinse aufgegessen ist. Auf den ersten wird ein zweiter Klotz gelegt und so fort. Bis schließlich der Turm aus Klötzchen so hoch und wackelig geworden ist, dass die Person nicht mehr ohne Hilfe des Stockes stehen kann. An dieser Stelle wird das Spiel beendet.
Auswertung: Ein Mensch steht in Entwicklungsaufgaben oder erlebt einen (oder mehrere) Mangel (ein Bein) und macht im Laufe seiner Entwicklung die Erfahrung, dass er diesen durch Einnahme einer Substanz (Schokolinse)/eine Verhaltensweise kurzfristig beheben, mildern, vergessen o.ä. kann („Drogenwirkung" Stock). Nach einiger Zeit entstehen durch die Einnahme zusätzliche Probleme (Klötzchen), die das Grundproblem verschärfen (Verlust des Freundeskreises, Geldschwierigkeiten, Beziehungsprobleme, gesundheitliche Probleme). Nach kurzer Spieldauer tritt eine „Abhängigkeit" von den Schokolinsen, die den Stock „als Wirkung" haben, ein. Ging es anfangs noch darum, sich mithilfe der Linsen die Aufgabe zu erleichtern, so sind diese schließlich notwendig, um die Aufgabe überhaupt noch bewältigen zu können.
Fragen an die freiwillige Person und an die Gruppe: „Ab wann warst du „abhängig"? – Dieser Zeitpunkt lässt sich nicht wirklich benennen, der Weg in die Abhängigkeit ist ein Prozess, bei dem man nur feststellen kann, dass zu einem bestimmten Zeitpunkt x eine Abhängigkeit vorliegt. Man kann aber nicht sagen, dass z. B. die nächste Flasche Bier oder der nächste Joint die Abhängigkeit auslösen wird.
„Was hättest du noch machen können, außer die Schokolinsen zu nehmen?" Als Vorschlag kommt oft, dass die Person sich hätte Hilfe holen können. Die kommt in der Regel in der Spielsituation nicht auf die Idee, weil sie viel zu beschäftigt damit ist, nicht umzufallen und den Spielregeln zu folgen. Es wird auch vorgeschlagen, einfach aus dem Spiel auszusteigen und das zweite Bein wieder zu benutzen. Das geht zwar in der Spielsituation, in der Realität kann ein Mensch jedoch nicht einfach so tun, als gäbe es das Problem nicht.
Oft sagt die freiwillige Person hinterher, sie hätte nur deshalb weitergespielt, weil sie das Spiel nicht habe scheitern lassen wollen. Auch hier gibt es wieder eine Entsprechung in der Realität: Viele Jugendliche konsumieren in der Clique mit, um nicht als Außenseiter zu gelten, um dazuzugehören. Vermeintliche gesellschaftliche Spielregeln werden unreflektiert übernommen, ohne sich an den eigenen Wünschen und Bedürfnissen zu orientieren.

Die Beobachtenden erleben die Situation häufig als unangenehm, da der wacklige Standpunkt der freiwilligen Person die Gefahr eines Sturzes und somit einer

Verletzung birgt. Dennoch wird nicht eingegriffen. Die Kommunikation mit der betroffenen Person über ihre Situation und was diese auslöst wird nicht gesucht, obwohl dies der Beginn einer Lösung sein könnte.
Deutlich wird, wie wichtig es ist, bei der Lösungssuche die Position der Co-Abhängigkeit zu beachten. Kinder suchtkranker Eltern nehmen in der Regel genau diese Position ein und brauchen hier Entlastung und Unterstützung. Hilfsangebote müssen perspektivisch auf Veränderung ausgerichtet sein. Kurzfristig kann eine ausschließlich stützende Position eingenommen werden, langfristig muss eine Veränderung angestrebt werden. (Co-Abhängigkeit: die Hand reichen: Hilfesystem bzw. Partner*in bzw. Kinder: Betroffene Person zwar kurzzeitig nicht mehr abhängig von Suchtmittelwirkung, aber sobald Co-Abhängige*r wegtritt: entweder Zusammenbruch oder alsbaldiger Rückfall, Abhängigkeit von Substanz und Wirkung).
Anmerkung Wiesel: Nach unserer Erfahrung beschreibt das Klötzchenspiel die Situation der Jugendlichen sehr anschaulich, sodass der Transfer der spielerischen in die reale Lebenssituation gut gelingen kann.

1.2.7.3 Eigenes Konsumverhalten

Konsumprofil [E] [G]

Quelle: Bilstein, E. & Voigt-Rubio, A. (1991), S. 27; angepasst Wiesel
Alter: ab 12 Jahren
Intention: Einschätzung des eigenen Konsumverhaltens
Durchführung: Das Konsumprofil kann entweder von der Gruppenleitung mit bestimmten Substanzen oder Verhaltensweisen vorgegeben werden, oder von den Jugendlichen selbst ausgefüllt werden. Dazu werden die Jugendlichen angehalten, sich ihren Tagesablauf vor Augen zu führen und anhand dessen zu überlegen, was sie brauchen, damit es ihnen gut geht, sie Stress abbauen, Spaß haben können. Einstiegsfragen könnten lauten:

- Denkt an einen ganz gewöhnlichen Tag in eurem Leben. Was gehört dazu, damit ihr euch wohlfühlt? Fangt z. B. beim Frühstück an. Was gehört für euch morgens dazu, damit ihr fit werdet?
- Welche Beschäftigungen sind euch wichtig?

In einem nächsten Schritt können die Jugendlichen dann einschätzen, wie häufig sie dieses Verhalten oder die Substanz in der vergangenen Woche gezeigt bzw. konsumiert haben. Nachdem das Profil erstellt ist, kann folgendermaßen weitergearbeitet werden:

- Schaut euch das Konsumprofil an. Was fällt euch auf? Was ist euer Spitzenreiter?

- Überlegt einmal, was für euch im Alltag am wichtigsten ist. Stellt euch vor, ihr könntet dies künftig nicht mehr tun, wie wäre das für euch?
- Könnt ihr euch vorstellen, dass bestimmte Dinge süchtig machen? Welche eurer Meinung nach nicht?

Mein Konsumprofil	Gar nicht	1 – 3mal	> 3 mal
Hobby (lesen, schreiben, chillen)			
Sport (Fußball, Tennis)			
Essen (außer der Reihe, z. B. Fastfood)			
Kaffee/Tee			
Süßigkeiten			
Nikotin			
Alkohol (weich)			
Alkohol (hart)			
Cannabis			
Spiele/PC			
Smartphone			
Fernsehen			
YouTube			

Suchtstufen – Ampelmodell [E] [G]

Quellen: Villa Schöpflin – Zentrum für Suchtprävention, Handbuch HaLT (2008), S. 71–73, ergänzt durch die Fachstelle Suchtprävention – Frühintervention, Caritasverband Schaumberg-Blies e. V.

Alter: ab 14 Jahren

Intention: Klärung der Begriffe bzw. Stadien Genuss, Missbrauch, Gewöhnung und Abhängigkeit; Besprechung fiktiver Fallbeispiele; Einschätzung des eigenen Konsumverhaltens.

Durchführung: Für die vier Kategorien werden farbige DIN A4-Kartons erstellt und laminiert:

Grün – Genuss („Alles klar!")
Gelb – Missbrauch („Risiko!")
Orange – Gewöhnung („Gefahr für die Gesundheit!")
Rot – Abhängigkeit („Abhängigkeit?")

Die laminierten Kartons werden wie eine Ampel im Raum ausgelegt. Die Gruppe erhält nun Vorlagen mit (durcheinander gemischten) Teilen der Definitionen von Genuss, Missbrauch, Gewöhnung, Abhängigkeit. Aufgabe ist es, die Teile den einzelnen Kategorien unterzuordnen und Definitionen zu erstellen. **Anmerkung**: In der Realität ist die Unterscheidung oft schwer feststellbar, die Übergänge sind fließend.

Definitionen

Genuss

A nur zu besonderen Gelegenheiten

B um gute (positive) Gefühle, die man im Moment hat, zu verstärken

C nur eine kleine Menge

D man hat Wahlmöglichkeiten, was man sonst noch tun kann, statt in einem bestimmten Moment Alkohol zu trinken

Missbrauch

A man trinkt Alkohol, um eine ganz bestimmte Wirkung zu erzielen (z. B. um lockerer zu werden)

B man trinkt Alkohol öfter, aber nicht ständig – manchmal auch dort, wo es nicht hingehört (z. B. in der Schule oder bei der Arbeit)

C manchmal trinkt man auch viel zu viel (z. B., wenn man am nächsten Tag einen Kater hat)

D man hatte schon einmal Probleme oder heftige Streits, nachdem man Alkohol getrunken hat, z. B. mit Familienmitgliedern oder der Polizei

Gewöhnung

A man trinkt ziemlich oft Alkohol und hat sich daran gewöhnt

B man hat nur wenige Handlungsmöglichkeiten, um zum gleichen Gefühl zu kommen

C man kann das Verhalten noch ändern, aber es wird immer schwieriger aufzuhören

Abhängigkeit

A man hat keine Kontrolle über den Gebrauch von Alkohol und kann sich nicht mehr frei entscheiden

B man trinkt Alkohol regelmäßig und der Körper hat sich daran gewöhnt. Man trinkt immer mehr und kann sogar Entzugserscheinungen bekommen, wenn man nicht mehr trinkt.

C man hat keine Möglichkeiten mehr, was man stattdessen machen kann und hat großes, unstillbares Verlangen nach Alkohol
D es gibt negative Folgen und trotzdem kann man nicht mehr aufhören
E man ist seelisch (psychisch) und körperlich abhängig

Im Folgeschritt werden Fallbeispiele vorgelesen (Fallbeispiele HaLT; Fallbeispiele Caritasverband; es können auch eigene Fallbeispiele von der Gruppenleitung entwickelt worden sein) und gemeinsam dem jeweiligen Status (Genuss, Missbrauch, Gewöhnung, Abhängigkeit) zugeordnet. Hier finden sich häufig Differenzen in der Einschätzung, die oftmals lebendig (aus-)diskutiert werden. Die Fallbeispiele können natürlich auch in den Zwischenräumen zwischen den Kategorien platziert werden.

Fallbeispiele Nikotin

(Caritasverband Schaumberg-Blies e. V.)

- In der Gruppe raucht Nico, 17 Jahre, hin und wieder eine Zigarette mit.
- Zur Entspannung nach stressigen Situationen raucht Jessica, 21 Jahre, gerne mal eine Zigarette.
- Manchmal sagt Justin, 19 Jahre, wenn ihm eine Zigarette angeboten wird, noch Nein. Er merkt aber, dass ihm dies immer schwerer fällt.
- Nach dem Essen hat Jörg, 16 Jahre, das unstillbare Verlangen, eine Zigarette zu rauchen.

Fallbeispiele Alkohol

(gemischt HaLT, Caritasverband Schaumberg-Blies e. V.)

- Oft, wenn Valentin Stress mit seinen Eltern, seiner Freundin oder seinem Chef hat, trinkt er abends ein paar Bier, um sich zu entspannen.
- Giuseppe freut sich schon die ganze Woche auf das Wochenende. Dann ist er immer mit den älteren Jungs aus seiner Straße unterwegs und bei dieser Gelegenheit trinkt er auch immer mit, um sich älter zu fühlen.
- Finley, 15, hat Geburtstag. Er und seine Eltern stoßen mit einem Glas Sekt an.
- Moritz, 14, ist schon zum zweiten Mal mit einer Alkoholvergiftung in die Klinik eingeliefert worden. Er weiß auch nicht, wie ihm das passieren konnte.
- Ein Familienvater trinkt jeden Abend nach der Arbeit vor dem Fernseher ein Bier. Wenn kein Bier zu Hause ist, wird er unruhig und läuft auch durch den Regen zum Supermarkt, um sich welches zu kaufen.
- Eine Mutter öffnet morgens, wenn ihre Kinder in die Schule gegangen sind, erstmal eine Flasche Sekt. Die trinkt sie dann über den Tag hinweg leer.

- Kathrin, 13, trinkt mit ihren zwei besten Freundinnen heimlich ein paar Flaschen Alcopops.
- Dana trinkt seit vier Jahren regelmäßig am Wochenende Alkohol auf Partys, bis sie betrunken ist. Das kostet inzwischen auch ganz schön viel Geld. Auch trinkt sie mittlerweile viel mehr als früher.
- Lukas, 16, hat Ärger mit der Polizei, weil er nach einer Feier betrunken in Schlangenlinien mit dem Fahrrad nach Hause gefahren ist.
- Antonio, 16, hatte schon mehrmals einen Filmriss.

Fallbeispiele Drogen

(Caritasverband Schaumberg-Blies e. V.)

- Tim kifft normalerweise morgens schon vor der Schule, damit er den Vormittag gut übersteht.
- Kornelia, 17, ist am Wochenende auf einer Geburtstagparty. Das Geburtstagskind bekommt Gras geschenkt. Kornelia kifft zum ersten Mal mit und kotzt anschließend.
- Hardy, 20, arbeitet als Krankenpfleger in einer Klinik. Um mit dem Stress auf der Arbeit gut klar zu kommen, kifft er abends regelmäßig. Er hat inzwischen schon mehrfach die Frühschicht verpennt. Ein Gespräch mit der Pflegedienstleitung steht an.
- Simon kifft und zieht Pep regelmäßig. Das Amphetamin braucht er, um morgens fit für die Arbeit zu sein, Cannabis abends zum Runterkommen und Schlafen.
- Damian trifft sich im Sommer immer mit seinen Freunden an der Hütte im Wald. Dort haben sie schon mehrmals Pillen eingeworfen. Heute ist der Trip ganz anders und Damian fühlt sich verfolgt. Diese Angst lässt erst nach Stunden nach.
- Lenny nimmt regelmäßig Drogen. Da sein Taschengeld nicht ausreicht, um den Dealer zu bezahlen, klaut er seiner Mutter Geld aus dem Geldbeutel.
- Charlotte ist in den Ferien mit ihrer Clique unterwegs. Sie treffen sich zum Grillen und Zelten auf einem Wiesengelände. Jemand hat einen Joint mitgebracht, der beim Lagerfeuer kreist. Sie ist neugierig und nimmt einen Zug.

Fallbeispiele Spielen/Medien

(Caritasverband Schaumberg-Blies e. V.)

- Pascal nimmt seiner Mutter Geld aus der Geldbörse und geht damit in die Spielhalle, da er sowieso gewinnt, kann er es sicher gleich wieder zurückzahlen.

- Claudia, 22, setzt seit Jahren auf ihre Lieblingsfußballmannschaft. Den Einsatz hat sie langsam, aber stetig erhöht.
- Jürgen geht immer, wenn er Stress mit seinem Chef hat, zocken. Dabei kann er sich richtig entspannen und den Kopf frei kriegen.
- Jascha hat sich vorgenommen, nicht mehr jeden Tag zu spielen, sobald er den großen Jackpot geknackt hat.
- Thomas, 40, geht mit seinen Freunden einmal im Jahr schön Essen und anschließend in die Spielbank.
- Yussef, 24, Medizinstudent, ist auf dem Weg zum Pokerprofi.
- Vanessa, 14, kauft auf der Kirmes Lose für fünf Euro.
- Michael, Geschäftsführer einer gut verdienenden Firma, macht Urlaub in Las Vegas und nimmt 5000 Euro zum Spielen mit.
- Thorsten, 16, spielt jeden Abend bis tief in die Nacht WOW. Er ist in der Schule unkonzentriert und seine Noten leiden.
- Jason trifft sich zur LAN-Party mit seinen Kumpels. Sie zocken sechs Stunden am Stück Counter Strike.
- Luna, 14, überprüft mit ihrem Handy ständig neue Nachrichten bei Facebook, weil sie nichts Wichtiges verpassen will. Deswegen hat sie schon Ärger in der Schule.
- Conny hat Streit mit ihrer Mutter. Sie spielt zehn Minuten Solitär, um auf andere Gedanken zu kommen.

In einem letzten Schritt können sich die Gruppenteilnehmenden in Bezug auf ihren eigenen Konsum (Nikotin, Alkohol, Cannabis, Medien, Spielen) einschätzen. Dies kann beschreibend geschehen; noch eindrucksvoller ist es, wenn sich die Teilnehmenden auf das Feld stellen, das sie als am treffendsten für das eigene Konsummuster empfinden. Interessant ist dabei nicht nur, wohin sich die Person stellt, sondern auch wie, mit welcher Ausrichtung und Blickrichtung. Gefragt werden kann z. B. nach der Häufigkeit des Konsums, der erwünschten Wirkweise, möglichen Alternativen zur Substanz oder zum Verhalten, um die gleiche oder eine ähnliche Wirkung zu erzielen, der Einschätzung der eigenen Gefährdung, der Perspektive *(Wo siehst du dich im Moment? Wo warst du schon mal? Wo möchtest du hin?)*

Anmerkung Wiesel: Diese Übung kann ebenfalls auf den Status der suchtmittelkonsumierenden Eltern der Teilnehmenden angewendet werden (*An welcher Stelle erlebt ihr eure Eltern? Wo seht ihr sie im Moment? Hat sich bereits etwas verändert?)*

Alternatives Modell für die Suchtstufen

Quelle: Fachstelle Suchtprävention – Frühintervention des Caritasverbandes Schaumberg-Blies e. V.

Vielleicht mal probieren	Gebrauch	
Gar nicht so schlecht	Genuss	
Dann geht's auch mal öfter	Gewöhnung	
Damit geht's gleich besser	Missbrauch	
Wieso denn aufhören ...	Dauerstrategie	
Lasst mich doch in Ruhe – ich hab's im Griff	Kontrollverlust	
Ich kann's nicht lassen	Abhängigkeit	

Selbsteinschätzungsbögen zu riskantem Konsum bzw. Verhalten E G

Bei Jugendlichen, die bereits selbst Suchtmittel konsumieren, ist es sinnvoll, diese zu einer Selbsteinschätzung hinsichtlich ihrer Suchtgefährdung zu motivieren. Im Einzelsetting können mit den Jugendlichen entsprechende Fragebögen bearbeitet und ausgewertet werden.

Der RAFFT-Fragebogen

(Übertragbarkeit des Instruments durch Laging, 2004)

Ein in den USA entwickeltes Diagnoseinstrument zur Erfassung von riskantem, missbräuchlichem oder abhängigem Konsum psychotroper Substanzen ist der in den USA entwickelte Kurztest RAFFT. RAFFT steht als Akronym für relax, alone, friends, familiy und trouble. Das Screening-Verfahren bietet eine erste Einschätzung im Hinblick auf einen möglichen Risikostatus. Es ist für Jugendliche von 14 bis 18 Jahren geeignet.

Alkohol/Drogen

R Trinkst du manchmal/nimmst du manchmal illegale Drogen, weil du dich entspannen oder besser fühlen möchtest?

A Trinkst du manchmal/nimmst du manchmal illegale Drogen, wenn du alleine bist?

F Trinkst du manchmal/nimmst du manchmal illegale Drogen, weil du dich dazugehörig fühlen möchtest?

F Hat jemand in der Familie ein Alkoholproblem?/Hat jemand aus deinem Familienkreis ein Problem mit illegalen Drogen?

T Hattest du schon mal ernsthafte Probleme wegen deines Alkoholkonsums/deines Konsums illegaler Drogen, z. B. schlechte Zensuren oder Ärger mit dem Gesetz?

Bei zwei und mehr Zustimmungen liegen Hinweise auf eine Gefährdung (mögliche Entwicklung einer substanzbezogenen Störung) vor. Fragen A und T gelten als besondere Marker, um einen riskanten, missbräuchlichen oder abhängigen Konsum zu erfassen.

Eine **weitere Möglichkeit der Selbsteinschätzung** stellen die beiden folgenden Tests auf der Internet-Seite drugcom.de dar:

- **Check your Drinking**
- **Cannabis Check**

drugcom.de ist ein Projekt der Bundeszentrale für gesundheitliche Aufklärung (BZgA). Das Internetportal informiert über legale und illegale Drogen und bietet Interessierten und Ratsuchenden die Möglichkeit, sich auszutauschen oder auf unkomplizierte Weise professionelle Beratung in Anspruch zu nehmen. Ziel des Angebots ist es, die Kommunikation über Drogen und Sucht anzuregen und eine selbstkritische Auseinandersetzung mit dem eigenen Konsumverhalten zu fördern.
Zur Einschätzung eines missbräuchlichen bzw. abhängigen Computerspielverhaltens sei verwiesen auf die

Skala zum Computerspielverhalten bei Kindern und Jugendlichen (CSVk-S)

von Wölfling, K., Müller, K. W. & Beutel, M.E. (2011)

Jugendschutzgesetz [E] [G]

Quelle: Wiesel
Alter: ab 14 Jahren

Intention: Kennenlernen des Jugendschutzgesetzes, Einschätzung eigener Gefährdungsbereiche

Durchführung: Im ersten Schritt wird mit den Jugendlichen gemeinsam das Jugendschutzgesetz (z. B. „Kurz und Knapp": Das Jugendschutzgesetz in 10 Sprachen, 2. Auflage 2016) gelesen und Unklarheiten besprochen. Danach können sich die Jugendlichen in Kleingruppen zusammenfinden und gemeinsam folgende Fragen beantworten:

- Seid ihr schon einmal mit dem Jugendschutzgesetz in Berührung gekommen?
- Welche der Punkte findet ihr sinnvoll, welche nicht?
- Gibt es Punkte, in denen ihr euch nicht an das JuSchG haltet?
- Glaubt ihr, dass das Gesetz dabei helfen kann, Suchtentwicklungen bei Jugendlichen zu verhindern?
- An welche Punkte des Gesetzes solltet ihr euch besonders halten, wenn es nach euren Eltern ginge?

Statement-Übung G

Quelle: Voigt, A. (2000), S. 47 („Die Statement-Karten-Übung"), weiterentwickelt Fachstelle Suchtprävention – Frühintervention des Caritasverbandes Schaumberg-Blies e. V.

Alter: ab 12 Jahren

Intention: Eigene Standpunkte zum Thema Suchtmittel reflektieren

Durchführung: Die Jugendlichen erhalten verschiedenfarbige Kärtchen, mit deren Hilfe sie ihre Meinung kundtun: rot = nein, ich stimme nicht zu; grün = ja, ich stimme zu, blau = ich weiß nicht oder bin unentschieden. Die Gruppenleitung liest ein Statement vor. Die Jugendlichen können dann ihre Ansicht zu der Aussage durch Heben der entsprechenden Karte deutlich machen. Daraufhin kann gemeinsam in der Gruppe über das Statement diskutiert werden.

- Jugendliche müssen viele Sachen ausprobieren (auch wenn sie gefährlich sind), das gehört in dem Alter einfach dazu.
- Alkohol ist viel gefährlicher als Cannabis.
- Cannabis sollte legalisiert werden.
- Eine Lehrerin, die raucht, dies aber den Schülern verbietet, ist unglaubwürdig.
- Schüler*innen, die Drogen nehmen, sind gefährlich, weil sie andere verführen.
- Schüler*innen, die Drogen nehmen, brauchen Verständnis seitens ihrer Freund*innen und der Erwachsenen.
- Lehrkräfte sollten mit Schüler*innen offen über ihre eigenen Erfahrungen mit Suchtmitteln reden.

- Stoffliche Mittel zur Steigerung der Leistungsfähigkeit (z. B. Lernfähigkeit, Konzentrationsfähigkeit, sportliche Leistung oder gegen Übermüdung usw.) sind vertretbar.
- Sich berauschen zu können, ist ein Stück Lebensqualität.
- Wenn jemand bewusst und dosiert trinkt oder raucht, handelt er suchtvorbeugend.
- Jemand, der vor Konflikten wegläuft, ist eher gefährdet, süchtig zu werden.
- Jugendliche wollen die eigenen Grenzen kennenlernen.
- Legal – illegal – scheißegal.
- Fun und Action am Wochenende helfen, den Alltag besser durchzustehen.
- Wenn man was „losmachen“ will, gehört Alkohol dazu.
- Der Staat verdient an unserer (aller) Sucht.
- Im Umgang mit Alkohol sind Erwachsene schlechte Vorbilder.
- Alcopops (Smirnoff, Rigo, Mixery und Joys) sind harmlos.
- Frust und Stress lassen sich mit Alkohol besser ertragen.
- Man kann auch ohne Alkohol/Cannabis bei einer Party gut drauf sein.
- Wer was verträgt, ist anerkannt, wer nicht mittrinkt, ist ein Außenseiter/gehört nicht dazu.
- Menschen, die Alkohol trinken/Drogen nehmen, um Probleme zu lösen, sind suchtgefährdet.
- Süchtige kann man an ihrem Verhalten erkennen.
- Menschen mit Suchtproblemen gehe ich aus dem Weg.
- Erfolg im Arbeitsleben schützt vor Sucht.
- Wer zu einer Beratungsstelle geht, ist doch eigentlich ein Versager.

Anmerkung: Die Gruppenleitung kann im Vorfeld auch eigene Statements entwickeln, die gut zur aktuellen Gruppe und den Gruppenteilnehmenden passen.

1.2.7.4 Suchtvorbeugung

AB „Wie sagst du Nein?“ [E] [G]

Quelle: unbekannt
Alter: ab 12 Jahren
Intention: Abgrenzung gegenüber Wünschen, Aufforderungen, Druck von anderen (z. B. von Peers)

Einerseits willst du zur Gemeinschaft gehören, andererseits willst du für dich selbst entscheiden können. Da kann es Situationen geben, in denen du Nein sagen willst. Dabei kann es entscheidend sein, wie und warum du Nein sagst.

Denke über deine Art nach, Nein zu sagen, Vorschläge oder Wünsche abzulehnen. Unterstreiche, in welchen Sätzen du dich wiedererkennst. Das können auch mehrere Sätze sein.

1. Ich weiß oft nicht, was ich für mich will und lasse lieber die anderen für mich entscheiden.
2. Ich werde sauer, wenn jemand etwas von mir will, das ich nicht will und beschimpfe ihn oder sie.
3. Meistens sage ich nicht, was ich will, und hoffe, dass die anderen mich fragen.
4. Ich sage oft schon Nein, bevor ich überhaupt richtig zugehört habe, was der oder die andere will.
5. Ich sage ruhig und freundlich Nein und bleibe bei meiner Meinung.
6. Ich kann schwer Nein sagen, wenn jemand etwas von mir will.
7. Ich weiß, was ich will und was ich nicht will, ich kann mich aber auch auf Kompromisse einlassen.
8. Ich lehne oft Vorschläge anderer ab, weil ich mich durchsetzen möchte.
9. Ich finde, dass jeder das Recht hat, Nein zu sagen.
10. Ich bin sauer, wenn andere meine Vorschläge ablehnen.
11. Ich höre zu, was die anderen wollen. Das will ich dann auch.
12. Ich habe oft mit Menschen zu tun, die nicht genau wissen, was sie wollen. Dann lasse ich sie tun, was ich will.

Was glaubst du, welchem Typ gleichst du am meisten? Findet dein bester Freund/deine beste Freundin das auch? Oder findet er/sie, dass du eher einem anderen Typen gleichst?

Mauer gegen die Sucht G

Quelle: Münzel, B. & Roth N. (2007), „Kind s/Sucht Familie", Curriculum zur Fachkräfteschulung im Themengebiet „Kinder aus suchtbelasteten Familien", S. 65; angepasst Wiesel
Alter: ab 12–14 Jahren
Intention: Stärkung der Jugendlichen, Fördern von Resilienzen, Integration von Ressourcen
Durchführung: Die Gruppe wird aufgefordert, gemeinsam persönliche wie auch im Umfeld liegende positive Faktoren zu sammeln (Freund*innen, Gespräche, Sport, Musik hören, Hobbys, Verständnis etc.), die bisher in ihrem Leben hilfreich waren, um Entwicklungsaufgaben oder Krisen zu bewältigen. Die einzelnen Punkte werden auf Moderationskärtchen geschrieben und diese anschließend von der Gruppenleitung an die Pinnwand geheftet, sodass die Karten als Bausteine einer Mauer dienen. Das so entstandene Bild erhält die Aufschrift

„Mauer gegen die Sucht" und die Gruppenleitung erläutert die Schutzfunktion der Mauer zur Vorbeugung einer Suchtentwicklung. Im Falle fehlender Steine und zu großer Lücken bieten sich Suchtstoffe aller Art an, einen drohenden Einsturz abzuwehren und so eine scheinbare Stabilität wiederherzustellen. (Alternativ können zum Bau der Mauer auch kleine Styropor-Steine verwendet werden.)
Anmerkung: Abschließend können die Jugendlichen ein persönliches Fazit ziehen: Haben sie den Eindruck, über genügend Schutzfaktoren zu verfügen? Besteht die Möglichkeit, bestimmte Ressourcen, die andere Jugendliche genannt haben, zu integrieren?

1.2.7.5 Weiterführendes Material

Rauschbrillen-Parcours G

Eine (fast schon klassische) Methode aus der Suchtprävention besteht im Einsatz von Rauschbrillen – häufig als Parcours konzipiert. Rauschbrillen – auch bekannt als Promillebrille, Alkohol- oder Drogenbrille, Suchtbrille – simulieren eindrucksvoll den Zustand der Beeinträchtigung durch Alkohol oder Drogen. So kann durch unterschiedliche Brillen (Alkoholbrille, Alkohol-Nachtversion, Restalkoholbrille, Alcopopbrille, Alcopop-Nachtversion, Drogenbrille) auf sehr anschauliche Weise vermittelt werden, welche Störungen und Behinderungen z. B. beim Hände schütteln, Fahrradschloss aufschließen, auf einem Bein stehen, auf der Linie laufen, Ball fangen, SMS schreiben, Wickeln eines Babys etc. unter Alkohol- und/oder Drogeneinfluss auftreten (können).

Verwiesen sei auf das **Methodenhandbuch „Suchtprävention mit Rauschbrillen"**, herausgegeben von der Fachstelle für Suchtprävention in Köln Hürth (2014). Das Handbuch ist ein Bestandteil vom „Methodenkonzept Suchtprävention mit Rauschbrillen" und beinhaltet zahlreiche Methoden und Übungen für die Praxis mit Jugendlichen und Erwachsenen. Die Durchführung der einzelnen Bausteine ist detailliert beschrieben und kommentiert.

Spiele G

(Chronologie: Erscheinungsjahr abwärts)

Spielkartenset Real-Life-Challenge G

Kartenspiel zur Reflektion der eigenen Smartphone-Nutzung für Jugendliche (2016)

Quellen: www.handysektor.de/challenge; www.klicksafe.de/service/aktuelles/news/detail/handysektor-ruft-zur-real-life-challenge-auf/

98 Prozent der Jugendlichen besitzen ein Handy oder Smartphone. Sie chatten von früh bis spät, drücken ihre Gefühle mit Emojis aus und verschicken Selfies von sich. Dabei sind sie nahezu immer erreichbar. Manchmal wird aber gerade diese dauerhafte Erreichbarkeit auch von jungen Nutzer*innen als Stress empfunden. Das Spiel „Handsektor Real-Life-Challenge" stellt einen Anreiz dar, sich der Bedeutung der digitalen Kommunikation im persönlichen Alltag bewusst zu werden und gelegentlich auch gezielt darauf zu verzichten – in Form eines klassischen und völlig analogen Kartenspiels. Der Spieler sucht sich einige Mitspieler und wählt einen Zeitraum, z. B. eine Woche. Jeden Tag gibt es eine neue Herausforderung, z. B.:

- **24-Stunden-Handyfasten** (Das Smartphone wird für 24 Stunden komplett ausgeschaltet),
- **Zeit für WhatsApp** (WhatsApp wird höchstens einmal pro Stunde maximal fünf Minuten verwendet),
- **Friends first** (Wenn man mit Freunden und anderen Personen zusammen ist, darf man sein Smartphone nicht verwenden).

Das Spiel wird gegeneinander gespielt, d. h. ein Mitspieler wählt eine möglichst schwierige Challenge für den anderen aus. Nach 24 Stunden steht dann der Check an: Wer hat seine Aufgabe geschafft und wer musste aufgeben? Für jede Challenge gibt es Punkte. Am Ende der Woche werden alle Punkte zusammengezählt. Wer die meisten Punkte erspielt hat, gewinnt die Handysektor Real-Life-Challenge!

Das große Suchtspiel G

Für klare Köpfe. Mit 52 Bildpaaren und 52 Impulskarten.

Herausgeber: Blaukreuz-Verlag, 2014

Hier handelt es sich um ein Such- und Wissensspiel, das mit Bildern Begriffe und Wissen aus der Sucht- und Drogenhilfe erklärt. Es richtet sich an alle, die Spaß am Spielen haben und sich dem Thema „Sucht" nähern wollen. Die Einsatzmöglichkeiten sind vielfältig: Von der suchtpräventiven Arbeitshilfe bis zur Einleitung eines Gruppengesprächs. Es spricht auch Angehörige und Abhängige an, die sich mit ihrer persönlichen Geschichte auseinandersetzen. Entwickelt wurde das Spiel von einem Team aus Abhängigen und Fachkräften.

Bottle-Party G

Ein Lese- und Entscheidungsspiel für Jugendliche zum Thema Alkoholkonsum, Gigout, F.J. (1995).

Alter: von 12–16 Jahren

Inhalt: Das Entscheidungsspiel erzählt in einzelnen Abschnitten eine Geschichte, die jede*r Teilnehmende so erleben könnte: „Ihr werdet zu einer BottleParty eingeladen und müsst euch entscheiden, was ihr mitbringt." Die Mehrheit der Mitspieler entscheidet, welcher Abschnitt der Geschichte ins Spiel kommt und wie sich die Geschichte damit weiterentwickelt. Insgesamt bietet das Spiel sieben verschiedene Lösungsmöglichkeiten. Der Reiz besteht u.a. darin, alle sieben Lösungsmöglichkeiten zu finden. Diese sollten abschließend nochmals zusammengetragen und visualisiert werden. Entsprechende Auswertungsfragen zielen auf die persönlichen Erfahrungen der Gruppenteilnehmenden ab. Durch das Spiel kann die Gruppe auch angeregt werden, ein eigenes derartiges Spiel zu einem anderen Thema zu erfinden (z. B. Cannabis).

Ecstasia – Gruppengefühl, Spaß, Info G

Herausgeber: Förderverein Gesundheitsförderung Saarbrücken e.V. und Landeshauptstadt Saarbrücken, 2003

Alter: ab 13 Jahre

Ecstasia ist ein Brettspiel für 4 bis 24 Personen - einsetzbar in Schule, Jugendarbeit, Elternarbeit und Fortbildung. Es braucht 45 Minuten bzw. 90 Minuten Spielzeit und wurde produziert in Zusammenarbeit mit dem Ravensburger Verlag. Sinn und Zweck des Spiels ist es, mit Jugendlichen und ihren Bezugspersonen ins Gespräch zu kommen: über Ansichten und Erfahrungen, Wünsche und Träume, Vorstellungen vom Leben. Dazu gehört auch der Umgang mit Tabletten und Ecstasy, mit Leistungserwartungen, Erfolg und Misserfolg.

Safer Use Alkohol – Hinweise E G

Quelle: Zusammenstellung durch die Fachstelle Suchtprävention – Frühintervention des Caritasverbandes Schaumberg-Blies e.V.

- Trinke nicht aus Langeweile, wenn es dir schlecht geht oder du alleine bist.
- Trinke Alkohol mit Genuss und lass dir Zeit dabei.
- Trinke Alkohol nicht auf leeren Magen.

- Vermeide Mischkonsum verschiedener alkoholischer Getränke, trinke Wasser dazu (z. B. ein Glas Wasser nach jedem alkoholischen Getränk).
- Alkohol immer in geringen Mengen konsumieren.
- Kinder sollten keinen Alkohol trinken und Jugendliche erst so spät wie möglich und dann nie so viel, wie Erwachsene trinken können!
- Bei Problemen mit Nieren, Magen und Leber keinen Alkohol trinken.
- Vorsicht mit Alcopops! Bei diesen Süßgetränken schmeckt man den Alkohol kaum heraus, obwohl eine 3dl-Flasche rund zwei Schnäpse enthält – die Gefahr einer ungewollten Überdosierung ist hoch.
- Verzichte generell auf den Konsum von Alkohol, wenn du andere psychoaktive Substanzen (Drogen, Medikamente) konsumierst; deren Wirkung wird durch den Alkohol verändert oder es treten gefährliche Nebenwirkungen auf (z. B. Alkohol und GHB = Erstickungsgefahr!).
- Wer trinkt, fährt nicht – benutze öffentliche Verkehrsmittel, nimm ein Taxi oder gehe zu Fuß.
- Starker oder regelmäßiger Alkoholkonsum während der Schwangerschaft ist ein Risiko für den Fötus. Schwere Schäden beim Kind können die Folge sein.
- Wenn du unter Alkoholeinfluss Sex hast, beachte die Safer-Sex-Regeln.

Literatur

Bildstein, E. & Voigt-Rubio, A. (1991): **Ich lebe viel. Materialien zur Suchtprävention**. Verlag an der Ruhr.

Blaukreuz-Verlag (Hg.) (2014): **Das große Suchtspiel: Für klare Köpfe.** Mit 52 Bildpaaren und 52 Impulskarten. Lüdenscheid.

Bundeszentrale für gesundheitliche Aufklärung (BzgA): **Drugcom. Check yourself**. www.drugcom.de/

Drei-W-Verlag GmbH (2016): **„Kurz und Knapp". Das Jugendschutzgesetz in 10 Sprachen**. 2. Aufl. Essen.

Fachstelle für Suchtprävention in Köln Hürth (Hg.) (2014): **Methodenhandbuch „Suchtprävention mit Rauschbrillen".** 2. vollständig überarbeitete Aufl. Information und Bestellung unter www.drogisto.de.

Förderverein Gesundheitsförderung Saarbrücken e. V. und Landeshauptstadt Saarbrücken (Hg.) (2003): **Ecstasia – Gruppengefühl, Spaß, Info.**

FreD-Materialien. FreD© LWL-Koordinationsstelle Sucht, Münster.

Gigout, F.J. (1995): **Die Bottle-Party. Ein Lese- und Entscheidungsspiel für Jugendliche zum Thema Alkoholkonsum.** Gruppe & Spiel, 21, S. 39–43. Soest: Landesinstitut für Schule.

gruppe & spiel (1997): **Sonderheft: Spiele zur Suchtprävention**. Seelze: Friedrich Verlag.

Handysektor: **Spielkartenset zur Handysektor Real-Life-Challenge.** www.handysektor.de/fileadmin/handysektor.de/download/RLC/Handysektor_Challenge_A4.pdf

Institut für Therapieforschung (IFT) München. Geier, A., Metz, K., Bühler, A. (2010): **Losgelöst. Pilotprojekt. Ein Ausstiegsprogramm für jugendliche RaucherInnen**. Im Auftrag der Bundeszentrale für gesundheitliche Aufklärung (BZgA).

Kidkit: **Informationen zu Sucht**. www.kidkit.de/informationen/zu-sucht/sucht/

Klein, M. (2008): Kinder aus alkoholbelasteten Familien. In: Klein, M. (Hg.), **Kinder und Suchtgefahren,** S. 114–127. Stuttgart: Schattauer.

Klein, M., Moesgen, D., Bröning, S. & Thomasius, R. (2013): **Kinder aus suchtbelasteten Familien stärken. Das „Trampolin"-Programm.** Göttigen: Hogrefe.

Lagemann, C. (1992): **Das Tankmodell – ein Erlebnisrahmen für die Suchtprävention.** Feldkircher Gespräche für Suchtprävention. Tagungsbroschüre. Feldkirchen.

Laging, M. (2004): Deutschsprachige Adaptation des RAFFT. In: **Riskanter Suchtmittelkonsum bei Jugendlichen. Entstehungszusammenhänge, Möglichkeiten der Identifizierung und Prävention**. Hamburg: Dr. Kovac.

Münzel, B. & Roth, N. (2007): **„Kind s/Sucht Familie", Curriculum zur Fachkräfteschulung im Themengebiet „Kinder aus suchtbelasteten Familien".** Hg.: Landeszentrale für Gesundheitsförderung in Rheinland-Pfalz e. V.

Poissl, E. & Waibel, U. (2017): **Das Schülermultiplikatorenseminar „Auf der Suche nach ..." Arbeitsmaterialien zur Suchtvorbeugung in der Schule.** Hg.: Landeszentrale für Gesundheitsförderung in Rheinland-Pfalz e. V. LZG-Schriftenreihe Nr. 46 04/2017.

Villa Schöpflin – Zentrum für Suchtprävention. (2008): **HaLT – Hart am LimiT. Alkoholprävention bei Kindern und Jugendlichen. Handbuch.** Lörrach.

Voigt, A. (2000): **Suchtvorbeugung in der Schule – mal ganz anders**. 9. Aufl. Lichtenau: AOL.

„Wir Kinder vom Bahnhof Zoo" Handreichung. 11. und 12. Klasse. Hamburg: Carlsen.

Wölfling, K., Müller, K. W. & Beutel, M.E. (2011): **Reliabilität und Validität der Skala zum Computerspielverhalten (CSV-S).** Psychotherapie Psychosomatik Medizinische Psychologie, 61, S. 216–224.

Filme

Christiane F. – Wir Kinder vom Bahnhof Zoo. Regie: Ulrich Edel. BRD, 1981.

Vom Junkie zum Ironman. Regie: Adnan G. Köse. BRD, 2008.

1.2.8 FASD (Fetal Alcohol Spectrum Disorder)

In einem Gruppenangebot für Kinder aus suchtbelasteten Familien ist davon auszugehen, dass sich hier auch Kinder mit FASD, der fetalen Alkoholspektrumstörung (Fetal Alcohol Spectrum Disorder) wiederfinden.

FASD ist der Oberbegriff für die vielfältigen Krankheitsbilder und unterschiedlichen Schädigungen eines Kindes, die durch den Alkoholkonsum der Mutter während der Schwangerschaft entstehen. Alkohol ist ein Zellgift, das ungefiltert aus dem mütterlichen Blut über die Nabelschnur zum Ungeborenen transportiert wird, die Organbildung und Zellentwicklung stört und das sich entwickelnde Nervensystem schädigen kann. Die möglichen Folgen sind Wachstumsstörungen, typische Gesichtsauffälligkeiten, Hirnschädigungen mit Beeinträchtigung der geistigen und seelischen Entwicklung sowie Verhaltensstörungen. Die Störungen können in allen Bereichen auftreten, nur einzelne Bereiche betreffen oder auf entwicklungsneurologische Störungen beschränkt sein. Der Zeitpunkt und die Menge des Alkoholkonsums während der Schwangerschaft sowie mütterliche Faktoren bestimmen die Art und Ausprägung der Schädigung. Wiederholter Alkoholkonsum oder ein mindestens einmalig auftretendes Rauschtrinken (mind. 5 Getränke zu einer Gelegenheit) während der Schwangerschaft birgt bereits das Risiko der Entwicklung eines FASD beim Kind. Es gibt keinen ungefährlichen Zeitpunkt und keinen verlässlichen Grenzwert für einen Alkoholkonsum, der das Ungeborene nicht schädigt (aus: Wegweiser FASD Fetales Alkoholsyndrom. Diagnostik im Saarland).

Weshalb und wie greifen wir FASD in der Arbeit mit den Kindern und Jugendlichen auf? Unter zweierlei Gesichtspunkten. Zum einen unter **präventiven**: Geht man davon aus, dass die Gruppe der Kinder und Jugendlichen, die in suchtbelasteten Familien aufwachsen, ein signifikant erhöhtes Risiko haben, (später) selbst zu konsumieren, ob riskant oder abhängig, so stellen gerade sie unbedingte Adressat*innen einer Aufklärung über die Folgen des Nikotin- und Alkoholkonsums während der Schwangerschaft dar. Und damit sind nicht nur die Mädchen, sondern auch die Jungen, also potenziell spätere Mütter und Väter, gemeint.

Zum anderen unter **psychoedukativen Gesichtspunkten**: hier geht es um die Aufklärung über das Erscheinungsbild von und die unterschiedlichen Einschränkungen durch FASD. Adressat*innen dieser Methoden sind im Prinzip wieder alle der von uns betreuten Kinder und Jugendlichen, in erster Linie jedoch die tatsächlich oder vermutlich von FASD betroffenen.

An dieser Stelle wird immer wieder die Frage diskutiert: Kann und darf man einem Kind erläutern, dass es der Alkoholkonsum seiner Mutter während der Schwangerschaft „lebenslang" geschädigt hat? Ist das nicht zu heftig? Zu belastend? Was macht es mit dem Kind? Was löst es innerpsychisch aus? Was bedeutet es für seine Beziehung zur leiblichen Mutter? Im Gegensatz dazu: **Muss** man ein Kind nicht sogar darüber aufklären, dass es durch das mütterliche Trinken geschädigt wurde? Und dass seine Einschränkungen und Behinderungen insofern von außen – auch wenn von der eigenen Mutter – verursacht worden sind, es also selbst nichts dafür kann, nicht selbst versagt (hat)? Denn darunter leiden die betroffenen Kinder, Jugendlichen und jungen Erwachsenen ja insbesondere: unter dem Gefühl, zu versagen, es nicht zu schaffen, es nicht zu können, nicht mithalten zu können etc. Ein Teil der Sekundärerscheinungen und -schäden wie Depressionen, Schulversagen, Schulverweigerung, des Missbrauchs von Alkohol etc. beruht ja gerade auf dieser Selbstzuschreibung des Unvermögens. Insofern ist für uns die Aufklärung – in der Abwägung – eher als hilfreich und entlastend zu sehen. Natürlich kann sie nur in Absprache mit, ggf. im Auftrag durch die Sorgeberechtigen, Vormünder etc. erfolgen.

Das Kapitel beinhaltet zunächst Anschauungsmaterialien, die der Demonstration der Folgen von Substanzkonsum in Schwangerschaft und Stillzeit dienen – Nikotin und Alkohol. Vorgeschaltet findet sich eine eher allgemeine Übung. In weiteren Abschnitten werden Methoden zur Aufklärung über FASD: Bücher, Filme besprochen. Ein weiteres Unterkapitel ist der (schulischen) Prävention gewidmet. Fachbücher und Leitfäden runden das Kapitel ab.

Einstieg ins Thema Substanzkonsum in der Schwangerschaft [E] [G]

Quelle: Wiesel
Alter: ab 12 (14?) Jahren
Intention: Auseinandersetzung mit Schwangerschaft, Suchtmittelkonsum
Durchführung: Der Gruppe wird ein Set aus zusammengestellten Postkarten vorgelegt. Die Postkarten können Motive aufweisen, die im engeren oder weite-

ren Zusammenhang mit Schwangerschaft, Säuglingen, Babys, Kleinkindern, Mutterschaft, Stillen, Beziehung zwischen Mutter und Baby, Suchtmitteln, konsumierenden Mädchen, konsumierenden Frauen etc. stehen. Sie können auch Sinnsprüche enthalten oder das Piktogramm, das sich derzeit auf einigen alkoholhaltigen Flaschen befindet bzw. das Piktogramm, das stattdessen von FASD Deutschland vorgeschlagen wird:

Die Teilnehmenden der Gruppe können sich nun aus dem Set von Postkarten diejenigen auswählen, die sie am meisten in Bezug auf das Thema ansprechen, etwas auslösen. Die Teilnehmenden erläutern ihre Wahl.

Mögliche begleitende Fragen:

- Wie stellst du dir eine Schwangerschaft vor?
- Mit was ist sie für dich verknüpft?
- Kannst du dir vorstellen, wie es für deine Mutter war, als sie (mit dir) schwanger war?
- Was glaubst du, erlebt ein Fetus im Mutterbauch? Was glaubst du, was er spürt, welche Empfindungen er hat?
- Wie stellst du dir eine eigene Schwangerschaft vor?
- Weißt du etwas darüber, was passiert, wenn die werdende Mutter konsumiert (Zigaretten, Alkohol, Drogen)?
- Welche Auswirkungen kann das haben (im Mutterleib? Später?)
- Wenn ja, woher weißt du das? (ggf. korrigieren)
- Was stellst du dir vor, wie es ein Kind erlebt, wenn seine Mutter in der Schwangerschaft Genuss- oder Rauschmittel eingenommen hat?
- Könntest du dir auch Gründe dafür denken, warum eine Schwangere dies tut?
- Was könnte sie deiner Meinung nach davon abhalten?

1.2.8.1 Materialien, Methoden, Demonstrationen

Nikotin-Konsum: Darstellung der Wirkweise und Schäden durch Tabakrauchen allgemein

Hier bieten sich primär-präventive Methoden, Veranstaltungen und Parcours an. Exemplarisch soll auf den **Mitmachparcours Klarsicht der BZgA** verwiesen werden: www.bzga.de/was-wir-tun/suchtpraevention/mitmachparcours-klarsicht/

Der Taucher

Quelle: Caritasverband Schaumberg-Blies e. V., Jutta Klein
Alter: ab 12 (14) Jahren
Intention: Veranschaulichung der eingeschränkten Sauerstoffzufuhr bei Nikotinkonsum in der Schwangerschaft
Durchführung: Hierzu muss zunächst ein Modell der **Szenerie: Fetus in Gebärmutter** erstellt werden. Es bietet sich an, das Modell eines kleinen Tauchers (z. B. „der kleine Tiefseetaucher von Sonja Plastic – Neuauflage des historischen Originals von 1957“) zu verwenden (= Fetus), der in ein Gehäuse aus Plastik (= Gebärmutter) eingebracht wird. Dabei sollte durch ein Loch im Deckel des Gehäuses der Schlauch des Tauchers (= die Nabelschnur) nach draußen ragen (= Verbindung zum mütterlichen Kreislauf). So lässt sich zunächst darstellen, wie der Taucher sich in dem Gehäuse sanft hin und herbewegt.

Durch Abklemmen des Schlauches lässt sich in einem zweiten Schritt eindrücklich demonstrieren, wie die Zufuhr von Sauerstoff behindert wird.
Folgende pathophysiologische Prozesse liegen zugrunde:
„Kohlenmonoxid lagert sich an die Hämoglobinmoleküle und verdrängt den Sauerstoff. Als Folge der Nikotinzufuhr kommt es zu Gefäßverengungen. Diese Prozesse führen zu einer reduzierten Durchblutung der Gebärmutter und in der Folge zu einer verminderten Versorgung des Fetus mit Sauerstoff und Nährstoffen“ (aus: rauchfrei in der Schwangerschaft – Beratungsleitfaden BZgA).

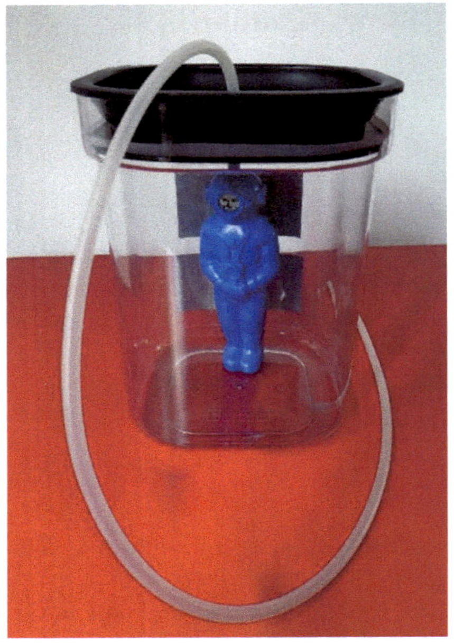

Die Übung zeigt anschaulich, wie sehr der Taucher (der Fetus) auf die Versorgung mit Sauerstoff durch den Schlauch (die Nabelschnur) angewiesen ist – anders ist er nicht überlebensfähig, es gibt nur diesen einen Weg. Je nach Alter, Interesse und Reifegrad der Gruppenteilnehmenden können die Folgeerscheinungen des Rauchens in der Schwangerschaft (z. B. Mindergewicht; Atemwegsprobleme) genauer erläutert werden.

Raucherinnen-Plazenta [E] [G]

Quelle: anaTOmie, Wiesel
Alter: ab 12 (14) Jahren
Intention: Demonstration des durch Nikotinkonsum veränderten Mutterkuchens
Durchführung: Das Modell von anaTOmie besteht aus Textil; zum eigentlichen Mutterkuchen gesellen sich Fruchtwasserhülle und Nabelschnur mit der Möglichkeit des Abnabelns. Zudem lässt es sich wenden: *„So kann zum einen die gesunde Plazenta demonstriert werden: kräftig rot glänzend, fühlt sie sich angenehm weich und glatt an. Die Raucherinnenseite hingegen ist deutlich kleiner und dünner. Sie ist dunkel mit grauen Bereichen und hat eine stumpfe Oberfläche mit vielen deutlich tastbaren Verhärtungen. Dies spricht die Betrachter*innen unwillkürlich auf der emotionalen Ebene an und eröffnet die Bereitschaft und den Wunsch, mehr zu den Folgen des Rauchens in der Schwangerschaft sowie dessen Vermeidung zu erfahren"* (aus: https://ana-tomie.de/raucherinnen-plazenta/). Über die Seite ist die Raucherinnen-Plazenta zu beziehen. Sie ist zudem kombinierbar mit der FASD-Puppe FASI® (s. u.)

Strampler im Vergleich E G

Quelle: Caritasverband Schaumberg-Blies e. V., Jutta Klein
Alter: ab 12 (14?) Jahren
Intention: Darstellung des Mindergewichts bei Säuglingen, deren Mütter während der Schwangerschaft geraucht haben (too small für gestagional age).

Durchführung: Zwei Strampler (Größe 56 und Größe 42) werden durch die Runde gereicht, um zu zeigen, wie sehr sich Säuglinge von rauchenden und solche von nicht rauchenden Müttern im Gewicht unterscheiden. Diese Demonstration löst im allgemeinen Betroffenheit aus, Mitgefühl mit dem untergewichtigen (= unterversorgten) Säugling.

Geruchsvergleich E G

Quelle: Caritasverband Schaumberg-Blies e. V., Jutta Klein
Alter: ab 12 (14?) Jahren
Intention: Perspektivwechsel; Einnahme des Blickwinkels bzw. Geruchswinkels des Säuglings
Durchführung: Es werden zwei Dosen zum Geruchsvergleich in der Gruppe herumgereicht: eine Dose mit Babycreme, eine zweite, in der sich Zigarettenstummel befinden. Die Teilnehmenden können nun selbst und spontan äußeren, wie sie diese unterschiedlichen Geruchserlebnisse anmuten. Und wie die möglicherweise im Empfinden eines Säuglings wirken. Weiterhin kann gebrainstormt bzw. darüber informiert werden, welche Auswirkungen der Nikotinkonsum der Mutter auf den Säugling/das Baby hat oder haben könnte (Rauch in geschlossenen Räumen, Fixierung der Mutter auf die nächste Zigarette, Abgelenkt-Sein, erhöhtes Risiko für den plötzlichen Kindstod etc.)

Alkohol-Konsum: Darstellung Wirkweise und Schäden durch Alkohol allgemein

Hier bieten sich primär-präventive Methoden, Veranstaltungen und Parcours an. Exemplarisch soll auf den Mitmachparcours Klarsicht der BZgA verwiesen werden: www.bzga.de/was-wir-tun/suchtpraevention/mitmachparcours-klarsicht/

Ei-Experiment G

Quelle: Caritasverband Schaumberg-Blies e. V., Jutta Klein
Alter: ab 12 (14?) Jahren
Intention: plastische (drastische) Demonstration des Alkohols als Zellgift
Durchführung: Hierfür ist ein ggf. abschließbares Glasschüsselchen oder Marmeladenglas vonnöten. Weiterhin ein rohes Ei und hochprozentiger Alkohol (z. B. Wodka). Zunächst wird das rohe Ei vorsichtig in das Glas gelassen und eine Analogie vom Eiklar zur Zellmasse des menschlichen Gehirns hergestellt. Danach wird Alkohol dazu gegossen – das Eiweiß denaturiert, es bilden sich weiße fadenartige Gerinnsel. Analogisch kann nun erläutert werden, dass Alkohol auf organische Zellgebilde oder Grundlagen von Zellstrukturen wie Eiweiße eine verändernde, schädliche Auswirkung hat.
Dabei sollte klar bleiben, dass die Prozesse in dem Experiment nicht genau den pathophysiologischen Prozessen bei Konsum von Alkohol in der Schwangerschaft bzw. dessen Auswirkungen auf das Gehirn des Embryos oder Fetus entsprechen.
Anmerkung: Das Glas sollte keinesfalls offenbleiben, wenn das Experiment vor gefährdetem Publikum (z. B. Mitglieder einer Selbsthilfegruppe) durchgeführt wird.

Puppe FASI® E G

Quelle: anaTOmie, Wiesel
Alter: ab 12 (14?) Jahren
Intention: Demonstration körperlicher und Gesichtsmerkmale bei FASD
Durchführung: In der Gruppen- oder Einzelarbeit werden zwei Säuglings-Modelle dargeboten: ein normales, gesundes und ein Modell mit den Merkmalen eines FAS-geschädigten Kindes. Die beiden Puppen werden miteinander verglichen im Hinblick auf Körpergröße, Gewicht, Kopfform und -größe, Gesichts-

züge, Augen, Lippe und weitere typische Merkmale. Je nach Alter, Interesse und Reifegrad kann das Störungsbild des FASD genauer erläutert werden.

Die FASI® ist so groß wie ein durchschnittliches Neugeborenes in Deutschland und hat die typischen äußeren Merkmale eines Babys mit FAS.

„Sein weicher Körper schmiegt sich an, während die Zuhörer*innen es auf den Arm oder Schoß nehmen und genau betrachten. Sein natürliches Aussehen mit den typischen Gesichtsmerkmalen spricht die Betrachter*innen ganz besonders auf der emotionalen Ebene an und eröffnet unwillkürlich die Bereitschaft, mehr zum Thema FASD und dessen Vermeidung zu erfahren" (aus: https://ana-tomie.de/produkt/fasi/). Hier ist die FASI® auch zu bestellen.

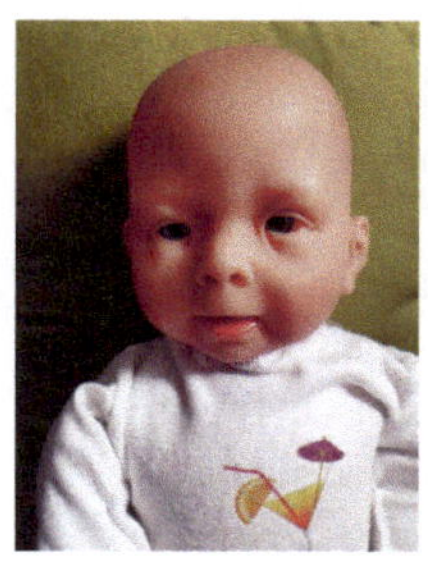

Ein gesundes Baby-Modell kann über Babybedenkzeit bezogen werden:
www.babybedenkzeit.de/
www.babybedenkzeit.de/produktvorstellung/realcare-baby/

Hier finden sich im Übrigen auch weitere Modelle substanzgeschädigter Babys (alkoholgeschädigt und drogengeschädigt):
www.babybedenkzeit.de/produkt/babymodell-alkoholgeschaedigt/
www.babybedenkzeit.de/produkt/babymodell-drogengeschaedigt/

1.2.8.2 Medien

Bücher zur Aufklärung über FASD

Feldmann, R., Noppenberger, A. (2019): **FAS(D) perfekt! Ein Bilderbuch zum FAS(D) – Fetales Alkoholsyndrom bzw. Fetale Alkoholspektrumstörung.** Ernst Reinhardt.

Feldmann, R., Noppenberger, A. (2020): **Ein FAS(D) perfektes Schulkind. Ein Bilderbuch zum FAS(D) – Fetales Alkoholsyndrom bzw. Fetale Alkoholspektrumstörung.** Mit Informationen für Lehrkräfte und Eltern. Ernst Reinhardt.

Feldmann, R., Noppenberger, A. (2021): **FAS(D) perfekt durch die Pubertät. Ein Bilderbuch zum FAS(D) – Fetales Alkoholsyndrom bzw. Fetale Alkoholspektrumstörung.** Ernst Reinhardt.

Als Zielgruppe werden sowohl die leiblichen Eltern als auch Pflegeeltern sowie Fachkräfte genannt, die mit den betroffenen Kindern arbeiten sowie die betroffenen Kinder selbst. Im Folgenden werden die 3 Bücher ausführlicher vorgestellt:

FAS(D) perfekt!

Das Buch ist in zwei Teile untergliedert. Im ersten Teil wird die Geschichte des kleinen Mo erzählt. Mo leidet an der Fetalen Alkoholspektrum-Störung FAS(D) und lebt bei einer Pflegefamilie. Er erzählt, wie es für ihn ist, mit dieser Störung zu leben und wie sich seine Welt um ihn herum anfühlt. Dieses Buch hilft, für die Krankheit FAS(D) zu sensibilisieren. Kindgerecht beschreibt und zeigt die Geschichte Alltagssituationen, die FAS(D)-Kinder auf besondere Weise erleben.

Der zweite Teil richtet sich an die Eltern/Pflegeeltern und Fachkräfte. Hier werden die einzelnen Bilder der Geschichte mit den theoretischen Aspekten der FASD-Thematik verknüpft und erläutert: z. B. was sind die typischen Merkmale von FASD; Lebensumfeld der Kinder (Pflegefamilie/leibliche Familie); die Entstehung von FASD; und die besonderen Herausforderungen im Alltag für diese Kinder.

Altersempfehlung: ab 3 Jahren

Ein FAS(D) perfektes Schulkind

Auch dieses Buch beinhaltet zwei Teile. Teil 1 erzählt die Geschichte von Mo – nun vor allem im Hinblick auf seine schulische Situation.

Aufgrund des FAS(D) versteht Mo soziale Situationen oft nicht altersgerecht, kann sich nicht gut konzentrieren oder Dinge merken. Die Mitschüler*innen bemerken schnell, dass Mo sich von ihnen unterscheidet. Auch die Lehrkräfte stehen oft ratlos vor dem Kind mit FASD in ihrem Klassenraum und auf dem Pausenhof. Das Bilderbuch holt Kinder mit FAS(D) einfühlsam bei ihren oft unangenehmen Schulerlebnissen ab. Mo zeigt ihnen, was sie brauchen, damit es ihnen in der Schule gut geht. Wie er durch den schulischen Alltag geht, ist spannend zu sehen. Dank der verständnisvollen Erwachsenen, die ihn in der Schule und zuhause umgeben, wird Mo ein selbstbewusster, fröhlicher Junge – ein Vorbild für andere Kinder mit FASD *(Quelle: Klappentext).*

Im zweiten Teil des Buches werden ebenfalls die Bilder der Geschichte mit den theoretischen Aspekten des Störungsbildes FASD verknüpft. Hier z. B., warum Routine für die Kinder mit FASD so bedeutsam ist, was Kindern im Alltag helfen kann, sich zu orientieren und welche Herausforderungen im schulischen Alltag sowohl auf die Kinder als auch deren Bezugspersonen warten.

Altersempfehlung: ab 6 Jahren

FAS(D) perfekt durch die Pubertät

Wie die ersten beiden Bücher hat auch dieses Buch zwei Teile. Im ersten Teil wird die Geschichte von Leon erzählt, der FAS(D) hat und mitten in der Pubertät steckt.

Es wird hier eindrücklich gezeigt, welche Schwierigkeiten und Besonderheiten es für Leon aufgrund seiner Einschränkungen zu bewältigen gilt: sei es die Gefahr, von Gleichaltrigen ausgenutzt und zu Dummheiten angestiftet zu werden, der richtige Umgang mit Körperlichkeit, Nähe und Distanz, aber auch die leichte Verführbarkeit im Bereich von sozialen Medien oder Suchtmitteln.

Das Buch möchte zum einen die Jugendlichen selbst ansprechen und ihnen zeigen, dass sie nicht allein sind, sie mit ihren Sorgen und Nöten verstanden werden. Bei den Fachkräften und Bezugspersonen soll die Sensibilität für die Möglichkeiten, aber auch die Grenzen betroffener Jugendlichen erhöht werden.

Altersempfehlung 12 bis 16 Jahre

Drogenbeauftragte der Bundesregierung (Hg.) (2017):
Fetale Alkoholspektrumstörung – und dann? Ein Handbuch für Jugendliche und junge Erwachsene. Berlin.
„Das Handbuch will dir helfen, dich selbst besser zu verstehen. Es kann dir zeigen, wie du deine Beziehungen zu anderen Menschen verbessern kannst. Und wie du mit dir selbst besser klarkommst. Wenn bei dir FASD festgestellt wurde, solltest du wissen, dass es okay ist, darüber zu reden. Es ist wichtig, mit vertrauten Menschen über FASD zu reden. Wenn du über FASD sprichst, können andere Menschen dein Verhalten und deine Bedürfnisse besser verstehen. Und es hilft dir, selbst besser damit zurecht zu kommen“ (aus dem Inhalt).

Eylarduswerk: Jana Hubelitz: **Mein FAS(D) und ich** (unveröffentlichtes Aufklärungs- und Arbeitsheft)

Filme zur Aufklärung über FASD

Max und das fetale Alkoholsyndrom (FAS) (Spot)

6-minütig, 2016, www.youtube.com/watch?v=zzjxrROycmE&ab_channel=HerbertArp

Aus dem Kopf gefallen (Dokumentationen)

Eine Filmreihe über junge Menschen mit FASD und ihre Überlebenshelfer. Medienprojekt Wuppertal. 2018, 50 Min. FSK 0 Jahre.

Zu den möglichen Folgen des Einflusses von Alkohol während der Schwangerschaft zählen angeborene Fehlbildungen, geistige Behinderungen, hirnorganische Beeinträchtigungen, Entwicklungsstörungen und extreme Verhaltensauffälligkeiten von Kindern. Eine Besonderheit ist, dass 23 % der Pflegekinder von FASD betroffen sind und insgesamt 80 %, der von FASD Betroffenen nicht in ihrer Herkunftsfamilie leben. Hierdurch wird das Ausmaß für die Kinder- und Jugendhilfe, aber auch für die vielen Pflege- und Adoptivfamilien sichtbar. Für das Filmprojekt kooperiert das Medienprojekt Wuppertal mit dem Fachzentrum für Pflegekinder mit FASD Köln und dem Erziehungsbüro Rheinland. In dem Film werden mehrere Familien mit einem Kind mit FASD porträtiert. In Interviews berichten die betroffenen Kinder, die Pflege- und Herkunftseltern sowie die Geschwister über das Erleben und Leben mit dieser Behinderung.

Jetzt weiß ich, es war falsch. Alkohol in der Schwangerschaft

Regie: Gerhard Faul, Produktion: Medienladen e. V. Nbg., 2001
Der Film beschäftigt sich eindringlich mit diesem gesellschaftlich tabuisierten. Thema: Er vermittelt umfassende Informationen und schildert sehr einfühlsam das Schicksal der betroffenen Kinder. *„Jetzt weiß ich, es war falsch"* dient zur Aufklärung im Rahmen der Suchtprävention im Schulunterricht, in der außerschulischen Jugendarbeit oder zur Fortbildung von Lehrkräften. Auch zur Ausbildung von Erzieher*innen und Sozialpädagog*innen kann der Film gut eingesetzt werden.

Materialien zur (schulischen) Prävention

Medienpaket: Blau im Bauch – „Blau im Bauch?" – Ein Präventionsansatz für den schulischen und außerschulischen Bereich (2012)

Wigwam Zero hat in Kooperation mit der Fachstelle für Suchtprävention im Land Berlin das Medienpaket „Blau im Bauch?" erarbeitet. Das Medienpaket enthält neben dem Zeichentrickfilm ein Begleitheft, das als Leitfaden für Pädagog*innen und andere Multiplikator*innen dient. Der Kurzfilm begegnet dem Thema Alkoholkonsum in der Schwangerschaft jugendgerecht. Er soll zu einer Sensibilisierung und Prävention der Fetalen Alkoholspektrums-Störungen (FASD) führen. Es soll bewusst gemacht werden, auf Alkohol in diesem Lebensabschnitt ganz zu verzichten.

Das Begleitheft informiert über jugendliches Konsumverhalten, Teenagerschwangerschaften und FASD. Es stellt vier Methoden zur Verfügung, um das Thema zu bearbeiten. Die Methoden zielen zum einen auf eine Reflexion des eigenen Konsumverhaltens und zum anderen auf das Verhalten in den Gruppen, in denen sich die Jugendlichen bewegen, ab. Von der Diskussion in Kleingruppen bis hin zu einem Rollenspiel können diese Methoden flexibel angewandt werden. Ein Wissensquiz für die Schüler*innen kann zur Überprüfung des Gelernten vor und nach der Veranstaltung durchgeführt werden. Darüber hinaus bietet es nützliche Adressen und weiterführende Links zum Thema Alkoholkonsum und Schwangerschaft.

Das Medienpaket kann kostenlos unter info@wigwamzero.de angefordert werden.

Ausstellung: Wenn schwanger, dann ZERO

Die innovative Ausstellung informiert erlebnisorientiert über Schwangerschaft, Alkohol und FASD – die Schädigungen, die ausschließlich durch mütterlichen Alkoholkonsum während der Schwangerschaft entstehen. Einzelne Bestandteil sind:

1. Gebärmutter – Tauche ein und genieße!
2. Zehn Monate schwanger – Tipp dich klug!
3. Menschen mit FASD – Höre ihnen zu!

Ausleihen: Die gut verständliche, erlebnisorientierte Ausstellung setzt keine speziellen Vorkenntnisse voraus und ist für die Verwendung in Schulen (ab der 7. Jahrgangsstufe), Jugendzentren, öffentlichen und kirchlichen Einrichtungen, Unternehmen, Fortbildungsinstitutionen, Gesundheitszentren, auf Fachtagungen und Gesundheitsmessen usw. sehr gut geeignet. https://wenn-schwanger-dann-zero.de. Die Ausstellung kann über das FASD Netzwerk Nordbayern e. V. (info@fasd-netz.de) reserviert und ausgeliehen werden.

HaLT-Programm

„Hart am Limit – kurz HaLT – ist ein kommunales und bundesweit verbreitetes Alkoholpräventionsprogramm, entwickelt von der Villa Schöpflin gGmbH. HaLT besteht aus zwei Bausteinen, die sich gegenseitig legitimieren und verstärken. Der reaktive Baustein umfasst eine Frühintervention (Sofort-Intervention) als unmittelbare Reaktion auf schädlichen Alkoholkonsum bei Kindern, Jugendlichen und jungen Erwachsenen. Der proaktive Baustein setzt auf kommunaler Ebene an und baut strategische Präventionsnetzwerke auf. Durch die Förderung der Bundeszentrale für gesundheitliche Aufklärung (BZgA) im Auftrag und mit Mitteln der gesetzlichen Krankenkassen nach § 20a SGB V Abs. 3 und 4 wird HaLT seit 2019 weiterentwickelt. **In diesem Zuge wurde u. a. ein Angebot zur Prävention der FASD geschaffen. Dieses basiert auf einem Schulklassenworkshop für die Sekundarstufe, welcher ausschließlich von geschulten HaLT-Fachkräften durchgeführt wird.** Weitere Informationen zum Alkoholpräventionsprogramm HaLT finden sich unter www.halt.de“

Literatur

Romane

Wagner, G. (2016): **Ich, das Kind aus der Schnapsflasche.** Hitzacker: Cogitare Verlag.
Grit Wagner schildert ihr Leben mit dem FASD-Syndrom, schreibt von ihren Problemen, aus dieser mentalen Gefangenschaft ausbrechen zu wollen, ohne es schaffen zu können. Sie schreibt auch Geschichten, die ihrer Fantasie entsprungen sind und von ihrem Wunsch, als Mensch gesehen und anerkannt zu werden.

Dorris, M. (1997): **Erzähl ihm nicht von den Bergen. Die bewegende Geschichte des Indianerjungen Adam**. München: Knaur.

Fachliteratur

Drogenbeauftragte der Bundesregierung (Hg.) (2017): **Die Fetale Alkoholspektrumstörung. Die wichtigsten Fragen der sozialrechtlichen Praxis**. Berlin.

Drogenbeauftragte der Bundesregierung (Hg.) (2017): **Stressreduktion bei FASD Betroffenen, deren Bezugspersonen und sozialer Umwelt durch Elterncoaching. Ein Handbuch zum Coaching von Bezugspersonen FASD Betroffener (Training für Trainer).** Berlin.

Drogenbeauftragte der Bundesregierung (Hg.) (2017): **Fetale Alkoholspektrumstörung – und dann? Ein Handbuch für Jugendliche und junge Erwachsene.** Berlin.

Falke, S. & Stein, S. (2018): **Ein (Pflege-)Kind mit FASD – und glücklich! Ein pädagogisch-therapeutischer Wegweiser.** Idstein: Schulz-Kirchner Verlag.

Holtkamp, K. (2015): **Das fetale Alkoholsyndrom: Unterstützungsmöglichkeiten für den Umgang mit betroffenen Kindern und Jugendlichen.** Diplomica-Verlag.

Jost, A.: **Umgang mit Gesetzen und Normen.** In: Becker, Gela, Hennicke, Klaus, Klein, Michael, Landgraf, Mirjam N.: Erwachsene mit Fetalen Alkohol-Spektrumstörungen. De Gruyter, Berlin 2020, S. 44–55.

Jost, A: **FASD – die nicht gestellte Diagnose – Folgen für ältere Jugendliche und Erwachsene.** In: Michalowski, Gisela; Lepke, Kathrin; FASD Deutschland e.V. (Hrsg.) FASD – unberechenbar?! 19. FASD-Fachtagung in Hamburg 29.–30.9.2017. Schulz-Kirchner Verlag, Idstein 2018, S. 63–75.

Jost, A.: **Psychosoziale Auswirkungen von FASD bei Kindern und Jugendlichen.** In: Edukacja Dzeicka (1) 2017, S. 33–40.

Jost, A. & Wirth, J. V. (Hg.): **Mehrperspektivisches Arbeiten in der Kinder- und Jugendhilfe „Steven M." – ein Junge mit FASD.** Kohlhammer, Stuttgart, 2017.

Landgraf, M., Hoff, T. (2018): **Fetale Alkoholspektrumstörungen. Diagnostik, Therapie, Prävention.** Kohlhammer.

Landgraf, M. & Heinen, F. Realisation. Bundesministerium für Gesundheit www.bmg.bund.de. Drogenbeauftragte der Bundesregierung. **Think kids. Don`t drink. Stop FASD**: www.klinikum.uni-muenchen.de/Integriertes-Sozialpaediatrisches-Zentrum-im-Dr-von-Haunerschen-Kinderspital/download/inhalt/sprechstunden/tess-ambulanz/FASPocketcard-geschuetzt.pdf

Leipholz, S., Kamphausen, U. (2020): **Das FASD-Elternbuch: Hilfen und Strategien für Eltern und Kinder.** Schulz-Kirchner Verlag.

Löbbel, T., Neier, R. (2019): **Mein Sortierbuch: Für Menschen mit FASD und ihre Betreuer.** Münster: Natur und Tier-Verlag.

Menger, B. (2017): **Solange ich noch Hoffnung habe: FAScetten eines Lebens.** Idstein: Schulz-Kirchner Verlag.

Nagel, M. & Siedentopf, J.-P. (2017): **Schwangerschaft Sucht Hilfe. Ein Leitfaden.** Sanofi.

Schlachtberger, A. (2017): **FASD und Schule: Eine Handreichung zu Umgang-mit Schülern mit Fetaler Alkoholspektrumstörung.** Idstein: Schulz-Kirchner-Verlag.

Schmidt, H., Fietzek, M. et al. (2013): **FAS Erste-Hilfe-Koffer Hilfen und Tipps zur Erleichterung des Alltags mit einem alkoholgeschädigten Kind oder einem Kind mit ähnlichen Verhaltensauffälligkeiten.** Schulz-Kirchner-Verlag.

Spohr, H.-L., Wolter, H. & al. (2016): **Das Fetale Alkoholsyndrom: Im Kindes- und Erwachsenenalter.** Berlin: De Gruyter.

Thomsen, A., Michalowski, G. & al. (2018): **FASD – Fetale Alkoholspektrumstörungen: Auf was ist im Umgang mit Menschen mit FASD zu achten? Ein Ratgeber für Angehörige, Betroffene und Fachleute.** Idstein: Schulz-Kirchner-Verlag.

Broschüren und Leitfäden der BZgA

Rauchfrei in der Schwangerschaft und nach der Geburt

Die 10-seitige Broschüre richtet sich unmittelbar an Frauen während der Schwangerschaft und nach der Geburt, aber auch an ihren Partner. Das Informationsmaterial thematisiert die Gefahren des Rauchens während der Schwangerschaft und während der Stillzeit, beantwortet die häufigsten Fragen vor der Geburt, gibt Hilfestellungen zum Rauchstopp und empfiehlt weitere kostenfreie und qualitätsgesicherte Angebote zum Rauchstopp.
www.bzga.de/infomaterialien/foerderung-des-nichtrauchens/rauchfrei-in-der-schwangerschaft-ich-bekomme-ein-baby/rauchfrei in der Schwangerschaft – Beratungsleitfaden

Praxisnahe Anleitung für Gynäkolog*innen und Hebammen zur Beratung schwangerer Raucherinnen. Das Manual richtet sich in erster Linie an Gynäkolog*innen und Hebammen. Es enthält eine praxisnahe Anleitung zur Beratung schwangerer Raucherinnen. Im Manual befinden sich Hinweise auf ergänzende Hilfsangebote und Medien, die an schwangere Patientinnen weitergegeben werden können. www.bzga.de/infomaterialien/foerderung-des-nichtrauchens/foerderung-des-nichtrauchens-informationsmaterial-fuer-multiplikatoren/rauchfrei-in-der-schwangerschaft-beratungsleitfaden/

Andere Umstände – neue Verantwortung
Die Broschüre informiert umfassend zu Schädigung durch Alkohol während der Schwangerschaft und Stillzeit und bietet Unterstützung bei der Einstellung des Alkoholkonsums in dieser Lebensphase. Partner erhalten Anregungen, wie sie ihre Frauen beim Alkoholverzicht unterstützen können. www.kenn-dein-limit.de/alkoholberatung/downloads, https://shop.bzga.de/andere-umstaende-neue-verantwortung-32041000/

Bewusst verzichten: Alkoholfrei in der Schwangerschaft – Praxismodule für die Beratung Schwangerer
Das Beratungsmanual richtet sich an Berufsgruppen, die Frauen und ggf. deren Angehörige während der Schwangerschaft und Stillzeit begleiten. Es unterstützt Berufsgruppen mit unterschiedlichen Vorkenntnissen dabei, die Thematik „Alkoholkonsum während der Schwangerschaft" anzusprechen. Grundlegende medizinische Informationen sowie konkrete Hilfestellungen für die Gesprächsführung erleichtern die Beratung Schwangerer zum Alkoholverzicht. www.bzga.de/infomaterialien/alkoholpraevention/bewusst-verzichten-alkoholfrei-in-der-schwangerschaft-praxismodule-fuer-die-beratung-von-schwanger/

Weiterführende Websites

FASD Deutschland: www.fasd-deutschland.de/

Deutsches FASD Kompetenzzentrum in Nordbayern, www.deutsches-fasd-kompetenzzentrum-bayern.de/pravention/

Wegweiser FASD Saarland, lph.saarland.de/SharedDocs/Downloads/DE/Wegweiser_FASD.pdf?__blob=publicationFile&v=2

2 Freizeitaktivitäten

Gemeinsame Freizeitaktivitäten stellen einen Ausgleich zu der inhaltlichen Auseinandersetzung mit der Familie, der Suchtbelastung der Elternteile und möglicherweise der eigenen Suchtgefährdung dar. Darüber hinaus bieten sie noch weitere Vorzüge: So lassen sich während gemeinsamer Unternehmungen die Kinder und Jugendlichen viel intensiver kennenlernen, können in anderen Kontexten erlebt werden, und erleben sich selbst in anderen Kontexten. Auch dienen gemeinsame Ausflüge, Aktionen etc. der Stärkung des Gruppen- und Gemeinschaftsgefühls. Ein weiterer Aspekt ist in der Tatsache zu sehen, dass viele der Kinder aus Suchtfamilien zu Übergewicht neigen und deshalb Aktivitäten besonders geeignet sind, die bestehender ungesunder Ernährung und eindimensionaler Freizeitgestaltung entgegenstehen (siehe auch Kapitel 1.2.3 Körper). Ferner eröffnen entsprechende Tätigkeiten den Kindern und Jugendlichen die Teilhabe am sportlichen und kulturellen Leben. Wo möglich, können entsprechende Aktivitäten auch nach dem Gruppenbesuch oder parallel dazu fortgesetzt werden. Hier ist zu beachten, dass die Familien oftmals – trotz guten Willens – nicht in der Lage sind, entsprechende Aktivitäten zu initiieren, zu bezahlen und/oder für die kontinuierliche Teilnahme des Kindes zu sorgen. Dies kann z. B. durch eine in der Familie eingesetzte Familienhilfe übernommen werden oder es bedarf, wenn eine solche nicht existiert, eingehender Elterngespräche und ggf. auch Hilfestellung (s. Kap. 3.1 Elterngespräche).

Ein Phänomen, dem wir immer wieder begegnen, ist das plötzliche Umkippen der Stimmung während einer größer angelegten Freizeitaktivität, z. B. während eines Tagesausflugs. Unvermittelt (schönster Sonnenschein, wir wandern über eine großflächige Ausgrabungsstätte, haben gerade gepicknickt) gibt es massive Konflikte zwischen den Kindern, die kaum lösbar erscheinen und das gesamte Programm zu kippen drohen. Hier ist anzunehmen, dass einzelnen Kindern vor dem Hintergrund ihrer familiären Situation so viel Stimmigkeit und Harmonie unerträglich sind – sie müssen – zumindest temporär – torpediert werden. Und wir als Leitung (= Elternmodelle) geprüft werden: sind wir in der Lage, mit derartigen Situationen umzugehen, sie zu lösen? Wird alles wieder gut?

Im Folgenden werden einige **Beispiele für gemeinsame Unternehmungen** gelistet:

- **Gemeinsames Kochen und Essen**: Kochen, Hamburger selbst herstellen, Backen (Pizza, Plätzchen, Waffeln etc.), Pilze suchen und zubereiten (mit kundiger Anleitung!!), Eis essen gehen, alkoholfreie Saft-Cocktails zubereiten (siehe z. B. Internetseite der BZgA /Infomaterialien/„Null Alkohol – Voll Power: Cocktails zum Selbermixen – 100 Prozent Spaß");
- **Sportliche Aktivitäten:** Schwimmen, Klettern, Hochseilgarten, Eislaufen, Minigolf, Fußball, Tischtennis, Kegeln, Bowling, Kart-Fahren, Tretboot fahren, Wing Tsun, Bogenschießen, Fitnessstudio, Judo, Olympische Spiele, Karate, Quad fahren;
- **Aktivitäten im Freien:** Schnitzeljagd (z. B. im Stadtpark), Picknick, Geo-Caching, Barfußpfad, Drachen steigen lassen, Zelten;
- **Exkursionen zu Sehenswürdigkeiten in der näheren Umgebung**, **Tagesausflüge** (z. B. Schloss der Sinne in Wiesbaden);
- **Übernachtungsparty** (z. B. in der Einrichtung);
- **Workshops** (mit Anleitung durch Referent*innen): Tanz-, Theater-, Wald-Workshops;
- **Gesellschaftsspiele** z. B. Monopoly, Mikado etc.;
- **Bewegungsspiele** wie „Ebbe und Flut", „Feuer, Wasser, Wind", „Mutter, Mutter, der Reis kocht über"; Sing Star, Tabukarten selbst erstellen, „Wer bin ich?";
- **Kreatives Werken** z. B. Schreinern; gemeinsames Malen/dialogisches Malen, Arbeiten mit Knete, Salzteig, Ton, Gips; Basteln (z. B. in der Weihnachtszeit);
- **Gemeinsam Musizieren:** Einsetzen des orffschen Instrumentariums;
- **Besuch kultureller Einrichtungen und Veranstaltungen**: Ausstellungen, Kino, Theater („Ins Nordlicht blicken"), Stadtbücherei (z. B. verbunden mit einer Lesung: „Marike wird die Geister los"), Vorträge (z. B. Andreas Niedrig: „Vom Junkie zum Ironman"), Zoologischer Garten.

2.1 Kontakte und Methoden in Zeiten von Corona

Der Beginn der Corona-Pandemie im Frühling 2020 mit dem ersten Lockdown bedeutete auch für die von uns betreuten Kinder und Jugendlichen und unsere Gruppensettings eine Zäsur. Gerade für Kinder aus suchtbelasteten Familien stellten Lockdowns und Kontaktbeschränkungen eine besondere Belastung dar. Wesentliche Resilienzfaktoren wie gesunde Beziehungen außerhalb der Familie, die die Kinder zuvor noch im schulischen Rahmen, in der nachschulischen Betreuung und in Freizeiteinrichtungen vorfinden konnten, sowie die Möglichkeit zur Distanzierung vom häuslichen Geschehen – das sich durch eine zunehmend angespannte Atmosphäre, vermehrten Konsum, bundesweit höhere Raten an häuslicher Gewalt etc. auszeichnete – fielen weg oder konnten nur sehr eingeschränkt wahrgenommen werden.

Für uns hieß dies, der Beziehung zu den Kindern und Jugendlichen bzw. der Kontinuität in der Beziehung allerhöchste Priorität einzuräumen. Da Gruppenmaßnahmen zunächst nicht mehr möglich waren, suchten wir den Kontakt zu „unseren" Kindern und Jugendlichen auf verschiedenen Wegen: Anfangs verschickten wir Briefe und kleine Päckchen mit Texten, Spielen, Bastelanleitungen, Kresse zum Züchten etc. an die Kinder und Jugendlichen, während wir mit den Eltern in telefonischem Kontakt verblieben.

Zunehmend etablierten sich regelmäßige Besuche, d. h. ausgedehnte Spaziergänge mit den einzelnen Kindern und Jugendlichen in ihren Heimatgemeinden. Diese Spaziergänge haben sich als äußerst fruchtbar erwiesen: So lernen wir das häusliche Umfeld der Kinder viel besser kennen, sie können uns Details ihrer Umgebung präsentieren (die Taubenzucht des Großvaters; ein verlassenes Geisterhaus am Wegesrand; der Eingang zu einem Bergwerksschacht; ihr Geheimversteck im Wald; die Stelle, an der ein früherer Klassenkamerad durch einen Autounfall ums Leben gekommen war, etc.) – was zugleich auch Biografie-Arbeit bedeutet. Gemeinsam erforschen wir neue Wege, entdecken Sehenswürdigkeiten am Ort, die auch den Kindern zuvor nicht bekannt waren (z. B. Autohandel mit englischen Oldtimern – Führung durch den Inhaber). Das heißt, nicht nur wir, sondern auch die Kinder lernen ihre Umgebung besser kennen und – vielleicht erstmalig – schätzen; es gibt immer etwas zu erleben, zu entdecken, auch Kleinigkeiten. Und, last but not least: Wir sind draußen an der frischen Luft, bewegen uns. Dies stellt auch vor dem Hintergrund der Tatsache, dass während der Lockdowns einige Kinder (nochmals) stark zugenommen haben, einen weiteren Benefit dieser Touren dar.

Schwimmen, Bewegung

Bereits vor der Pandemie haben wir Bewegungs- und erlebnisorientierten Aktivitäten mehr Raum gegeben. So konnten wir 2019 für unsere Kindergruppe einen Schwimmkurs organisieren. Auch im Anschluss an den Kurs besuchten und besuchen wir das Schwimmbad, um das Gelernte zu vertiefen. Regelmäßig mit den Kindern schwimmen zu gehen, bedeutet aber noch viel mehr: den Kindern eine Kulturtechnik beizubringen, deren Notwendigkeit in den Elternhäusern oft nicht gesehen oder weiterverfolgt wird. Es bedeutet, Scripts zu erlernen (so geht man schwimmen), sich an soziale Regeln zu halten (z. B. in den Umkleidekabinen) und ermöglicht die Entwicklung von Ehrgeiz und Ausdauer, um z. B. ein Schwimmabzeichen zu erlangen. Es bedeutet, Ängste zu überwinden (Springen vom Turm), beinhaltet jede Menge Spaß und Ausgelassenheit (HAI spielen) und stellt eine Art Tradition dar, die sich zunehmend etabliert (unsere Gruppe verbindet das gemeinsame Schwimmengehen). Für eine andere Gruppe ist künftig Ähnliches geplant: regelmäßiges Tanzen.

Spaziergänge mit „Klick"

Quelle: Wiesel
Alter: ab 6 Jahren
Intention: Umgebung erkunden
Durchführung: Die Spaziergänge mit den Kindern und Jugendlichen, die Erforschung der Umgebung ihrer Wohnstätten lassen sich auch fotodokumentieren. Daraus können Erinnerungs- und zudem Anregungsbüchlein – indem auf weitere Sehenswürdigkeiten in der Umgebung aufmerksam gemacht wird – erstellt und an die Kinder verschenkt werden.

3 Elternberatung

Das Einbeziehen der Eltern in die Arbeit mit ihren Kindern erscheint uns wesentlich. Elternarbeit kann in verschiedenen Formen und Settings stattfinden: im Rahmen von Elterngesprächen, Elternabenden, Elternkursen, von Familienseminaren und gemeinsamen Freizeitaktionen mit den Kindern. Die Bereitschaft der Eltern, sich auf entsprechende Angebote einzulassen, variiert ausgesprochen: an den Polen des Kontinuums finden sich einerseits Elternteile, die das Beratungsangebot intensiv nutzen, insbesondere in Bezug auf Erziehungsschwierigkeiten, auch hinsichtlich ihrer eigenen ambivalenten Beziehung zum Kind – am anderen Ende sind diejenigen Elternteile zu verorten, die anfänglich zwar der Gruppenteilnahme ihres Kindes zugestimmt haben (oft unter Druck durch eine Sozialpädagogische Familienhilfe und/oder das Jugendamt), jedoch ihrerseits kein vertieftes Interesse daran haben, sich mit dem familiären Geschehen auseinanderzusetzen bzw. Einblick darin zu geben – erst recht nicht, wenn es zu einem Rückfallgeschehen gekommen ist. Dazwischen findet sich das Gros der Elternteile, das etwa im Abstand von sechs bis zehn Wochen die Beratungstermine wahrnimmt. Die Bereitschaft, sich auf ein Familienseminar (gemeinsam mit Kind/Jugendlichem) einzulassen, ist fast ausschließlich bei Eltern gegeben, die sich in einer ambulanten oder stationären Rehabilitationsmaßnahme befinden.

3.1 Elterngespräche

In den Gesprächen mit den Eltern(-teilen) kann deren Wahrnehmung für die Erlebenswelt, die Bedürfnisse und Grenzen ihrer Kinder gefördert werden. Eines der Ziele ist, eine bessere Grenzziehung innerhalb des Systems der Familie unter den einzelnen Subsystemen zu erreichen (in Suchtfamilien häufig diffus, Kinder parentifiziert). Ein weiteres Ziel besteht darin, zu einem realistischeren Blick auf das eigene Kind zu gelangen. So können einerseits tatsächlich existierende Verhaltensauffälligkeiten auf Seiten des Kindes in Verbindung zu den (elterlichen) Problemen bzw. zur Zeit des Suchtgeschehens eine Neubewertung erfahren.

Ggf. können den Eltern auch weiterführende oder ergänzende Maßnahmen (wie z. B. eine Kinder- und Jugendpsychotherapie) empfohlen werden. Andererseits gilt es, die oftmals anzutreffende Erwartungsangst „Meine Kinder werden auch Alkoholiker" zu mildern und mehr Vertrauen in die Fähigkeiten des Kindes zu wecken. In diesem Zusammenhang spielt die Thematisierung von Schuld- und Schamgefühlen, die von den Elternteilen fast immer benannt werden, eine wichtige Rolle. Insgesamt werden die Eltern in ihrer elterlichen Verantwortung und Erziehungskompetenz gestärkt.

Unabhängig von einer Gruppenteilnahme ihres Kindes können auch Gespräche für solche Eltern(-teile) angeboten werden, die einen grundsätzlichen Informationsbedarf haben, wie z. B. die Aufklärung des Kindes bzw. der Kinder über die eigene Suchterkrankung oder die des Partners/der Partnerin. Hier werden je nach Alter des Kindes individuelle Lösungsmöglichkeiten und Herangehensweisen entwickelt, da keine „Patentrezepte" vorliegen (s. Kap. 1.2.6). Häufig steht auch die Frage im Raum, wie sich der nichtbetroffene dem süchtigen Elternteil gegenüber verhalten soll, z. B. hinsichtlich des Transports des Kindes in angetrunkenem Zustand.

3.2 Elternabende

Bei Interesse können Elternabende, z. B. der Eltern (Großeltern, Bezugserzieher*innen), deren Kinder eine Gruppe besuchen, anberaumt werden. Elternabende können unterschiedliche Zielsetzungen haben: zum Informationsaustausch (z. B. im Vorfeld einer größeren Unternehmung), zum gegenseitigen Kennenlernen, aber auch, um gezielt einzelne Themenkomplexe zu bearbeiten (z. B. Erziehungsschwierigkeiten).

3.3 Elternseminar

Bei Bedarf (genügend Interessenten) halten wir einen speziellen Elternkurs vor, der sich mit der Thematik Familie und Sucht beschäftigt. In sieben Modulen werden sowohl allgemeine Erziehungsfragen als auch die Auswirkungen der Suchterkrankung auf die erzieherischen Kompetenzen behandelt. Module der Elterngruppe sind:

- Kennenlernen (z. B. Vorstellen der Familie anhand von Pappfiguren, die auf ein Plakat geklebt werden),
- Schwerpunkt Erziehung: Überblick über verschiedene Erziehungsstile, Regeln in der Familie und Bewertung derselben,

- Kind-Sucht und Familie: Übung zum Thema: Was denkt mein Kind über meine Suchterkrankung? Vorstellen der Rollenmuster (s. Kap. 1.2.6). Eltern ordnen etwaige Rollenanteile ihren Kindern zu. Inwiefern korrespondiert die Rollenübernahme des Kindes mit der Suchterkrankung in der Familie? Wie kann man als Eltern adäquat auf das jeweilige Rollenverhalten des Kindes reagieren? Welche Rolle haben die Eltern eventuell selbst in ihren Herkunftsfamilien übernommen?
- Welche Hilfsangebote rund um Kind und Familie gibt es? Ressourcencheck: Welche Unterstützung brauche ich als Vater/Mutter? Welche Unterstützung braucht mein Kind? Woher kann ich diese Unterstützung erhalten?
- Referent*in zu einem bestimmten Thema einladen (Jugendamt, Erziehungsberatungsstelle etc.),
- Eltern-Kind-Aktion.

3.4 Gemeinsame Eltern-Kind-Aktionen

Der Kreis F

Exemplarisch soll ein **eintägiges Familientreffen zum Thema Kreis** skizziert werden.
Quelle: Dirk Bernsdorff, Fachstelle für Suchtprävention des Diakonischen Werks Altenkirchen, persönliche Mitteilung
Adressaten: Eltern und Kinder im Grundschulalter, ggf. Großeltern, Geschwisterkinder etc.
Intention: Zeit als Familie miteinander verbringen, gemeinsam essen, gemeinsam kreativ werden
Dauer: 10–16 Uhr
Ablauf:

- Vorstellungsrunde, Überblick über den Tag
- Brainstorming zum Thema Kreise: welche Kreise kennen wir (Malkreis, Singkreis, Spielkreis, Kreisspiele, Hauskreis, Familienkreis, Landkreis, Kreisel, Kreisverkehr etc.)?
- Sammeln von runden Gegenständen in der Natur (Park, Wäldchen): Steine, Blätter, Nüsse etc.
- Kreisspiele mit den Kindern (Ballspiele, großes rundes Tuch)
- Gemeinsames Mittagessen: Backen von kreisrunden Pizzen
- Kreise legen mit den Fundstücken vom Vormittag als gemeinsame Eltern-Kind-Arbeit, fotografische Dokumentation

- Klangkreis mit Musikinstrumenten (Trommel, Triangel etc.); Musikimprovisationen
- Abschlusskreis

3.5 Familienseminar

Quelle: in Anlehnung an die Kinder- und Jugendseminare in den Kliniken Daun-Thommener Höhe (Median-Kliniken)

Insbesondere im Rahmen von stationären oder ambulant durchgeführten Familienseminaren besteht die Möglichkeit, sich (die Familie als ganzes System) intensiv mit dem Thema Sucht zu beschäftigen, offene Fragen der Kinder und Jugendlichen bezüglich der Erkrankung des Elternteils zu beantworten und Beziehungswünsche zu klären. Zum Einsatz kommen insbesondere Methoden aus der familiensystemischen Praxis sowie psychoedukative Elemente.

Wir haben das ursprünglich dreitägige Familienseminar, so wie es in der Fachklinik Daun entwickelt wurde (vgl. Quinten, 2008), als eintägiges Seminar konzipiert und mehrfach in der Fachklinik Münchwies als auch in unserem Beratungs- und Behandlungszentrum durchgeführt. Im Vorfeld als auch im Nachgang finden Gespräche mit den betroffenen Elternteilen statt.

Zunächst, um wesentliche Informationen über die familiäre Situation, die Kinder, deren aktuellen Verbleib, etwaige Verhaltensauffälligkeiten etc. zu erhalten. Zudem werden Erwartungen, Befürchtungen, Hoffnungen und Wünsche an das Seminar thematisiert. Im Nachgang erfolgt – wiederum mit dem betroffenen Elternteil – ein Austausch über das Seminar, das Kind oder die/den Jugendliche*n, die familiären Interaktionen. Hier sind die Elternteile in der Regel dankbar für eine Rückmeldung und ggf. Empfehlungen für weiterführende Maßnahmen. Im Folgenden wird der Ablauf skizziert:
Ablauf:

1. Begrüßung
2. Namensspiel: die Teilnehmenden stellen ihren Namen mithilfe von Eigenschaften vor, die sie ausmachen, charakteristisch sind (s. Kap. 1.1.1 Namensspiele)
3. Kennenlernspiel: Wollknäuelspiel: Die Teilnehmenden stehen im Kreis, ein*e Teilnehmer*in wirft einem oder einer anderen Teilnehmenden ein Wollknäuel zu und verbindet dies mit einer persönlichen Frage; die Fragen werden im Spielverlauf zunehmend suchtbezogener (durch entsprechende Intervention der Leitung); es entsteht ein Spinnennetz (s. Kap. 1.1.1 Kennenlernspiele)

4. Familie in Tieren (FIT): Entspannungsübung und Imagination einer Tierfamilie: Anleitung, sich jedes Familienmitglied als ein bestimmtes Tier mit seinen spezifischen persönlichen Merkmalen vorzustellen und diese Tiere im Anschluss zu malen; mit anschließender Besprechung, zunächst Eltern und Kinder getrennt, dann gemeinsam (s. Kap. 1.2.5 Familie)
5. Gemeinsames Mittagessen
6. Aufwärmspiel mit einem Ball
7. Psychoedukative Einheit mit den Kindern/Jugendlichen (falls Altersspanne zu groß: zwei kleinere Gruppen) ohne die Elternteile: Was ist eine Suchterkrankung?
   a) Sammeln von Assoziationen zum Stichwort Alkohol/Drogen auf einem Flipchart
   b) Was könnten Gründe dafür sein, dass Menschen (übermäßig) Alkohol (oder andere Drogen) konsumieren?
   c) Wie wirken Alkohol und Drogen? (s. Kap. 1.2.7 Suchtprävention)
8. Suchteimer: Aus einem mit einem Tuch verdeckten Eimer werden unterschiedliche Gegenstände (z. B. leere Bierflasche, DVD, Schminke, leere Zigarettenschachtel, Kartenspiel, leere Medikamentenschachtel, Handy) von den Kindern/Jugendlichen gezogen und jeweils näher oder ferner des Mittelpunktes „Abhängigkeit" positioniert (s. Kap. 1.2.7 Suchtprävention)
9. Sammeln von Fragen der Kinder/Jugendlichen an ihre Eltern(-teile) und anschließend gemeinsame Besprechung
10. Übung mit Seilen: die Teilnehmenden müssen – ohne verbalen Kontakt aufzunehmen – verschiedene Formationen mit Seilen legen (z. B. eine Acht, Stern, Baum, Haus etc.)
11. Familienskulpturarbeit: die Familien werden aufgefordert, mithilfe von Bauklötzchen und Knete gemeinsam eine Szene/Familiensituation zu modellieren, die sie sich nach Beendigung der Therapie wünschen (interessant ist hier nicht nur das Ergebnis, sondern auch der Prozess des Entstehens der Skulptur) (s. Kap. 1.2.5 Familie)
12. Nochmals kleine Auflockerungsübung mit Stock und Seilen
13. Abschlussrunde, Auswertung

Literatur

Broich, K.-H. (1994): Kinder in der ambulanten Suchtkrankenarbeit. Projekt Kinderseminar. In: Arenz-Greiving, I. & Dilger, H. (Hg.) (1994), **Elternsüchte – Kindernöte. Berichte aus der Praxis,** S. 111–127. Freiburg: Lambertus.

Klein, M. & Quinten, C. (2002): **Zur Langzeitbehandlung von Kindern stationär behandelter alkoholabhängiger Eltern.** Suchttherapie, 3, S. 233–240.

Klein, M., Moesgen, D. & Dyba, J. (2019): **SHIFT – Ein Elterntraining für drogenabhängige Mütter und Väter von Kindern zwischen 0 und 8 Jahren** (m. CD-ROM). Göttingen: Hogrefe.

„SHIFT“ ist ein standardisiertes Behandlungs- und Präventionsmanual für die Gruppenarbeit mit drogenabhängigen Müttern und Vätern von 0- bis 8-jährigen Kindern. Ziele des Trainings sind die Stärkung von Elternkompetenzen und Familienresilienz, die Stabilisierung von Substanzabstinenz sowie die Förderung von weiterer Inanspruchnahme von Hilfen. Letztlich soll so die Situation betroffener Familien verbessert und eine gesunde Entwicklung der Kinder gefördert werden. In allen acht Modulen des Manuals, welches sowohl theorie- als auch praxisbasiert ist, werden die besonderen Charakteristika und Bedürfnisse von drogenbelasteten Familien stets in hohem Maße berücksichtigt. Die beiliegende CD-ROM enthält zahlreiche Trainingsmaterialien (aus dem Klappentext).

Anmerkung: SHIFT Plus befindet sich in Vorbereitung. Es wird 2023 bei Hogrefe (Göttingen) erscheinen.

Martin, M., Schu, M. & Walter-Hamann, R. (Hg.) (2018): **Suchtkranke Eltern stärken. Ein Handbuch.** Freiburg: Lambertus.

Quinten, C. (2008): „Mein Kind hat nichts gemerkt …“ Die Kinder- und Jugendseminare in den Kliniken Daun-Thommener Höhe. In: Zobel, M. (Hg.), **Wenn Eltern zu viel trinken,** S. 105–112. BALANCE buch + medien verlag.

van de Sand, T., Quinten, C. & Zobel, M. (2004): **„Mein Kind hat nie etwas gemerkt!“ Selbstbeschreibungen alkoholabhängiger Eltern und Verhaltensbeobachtung ihres Umgangs mit dem Kind.** In: „Sucht macht krank! – von der Akutmedizin zum Disease-Management.“ Schriftenreihe des Fachverbandes Sucht e.V. Band 27, S. 144–164. Neuland, Geesthacht.

Weitere Literatur zum Thema

In diesem Kapitel soll ein Überblick über weitere, bis dato noch nicht vorgestellte Medien und Produkte zum Thema gegeben werden, wobei eine Einteilung nach Medium und Zielgruppe die Übersicht erleichtert. Darunter finden sich u. a. auch Verweise auf Medien, die weitere psychische Störungen von Eltern zum Gegenstand haben; wie eingangs erwähnt, treten solche bei Suchterkrankungen häufig komorbid auf.

Inhalt

A Literatur für Betroffene

1 Kinder suchtkranker Eltern

1.1 Broschüren, Hilfestellungen

Louis und Alina. Wenn die Eltern trinken

Herausgeber: Deutsche Hauptstelle für Suchtfragen e. V., 1. Auflage 2017
Alter: 10–15 Jahre
Themen: Alkoholerkrankung des Vaters; Sicht der adoleszenten Kinder auf die Erkrankung
Inhalt: Luis‘ und Alinas Vater trinkt. Das bestimmt den Familienalltag. Davon berichten Luis und Alina in ihren Tagebüchern. Immer müssen sie Rücksicht nehmen. Auf den Vater. Auf die Mutter, die gern mehr machen möchte, als sie kann. Versprechungen werden nicht eingehalten. Sie können sich nie sicher sein. Meist kommt etwas dazwischen...

Louis und Alina – Begleitheft

Herausgeber: Deutsche Hauptstelle für Suchtfragen e. V., 1. Auflage 2017
Dieses Begleitheft zu den Tagebüchern richtet sich an Erwachsene, die mit Kindern und Jugendlichen alkoholkranker Eltern zu tun haben. Es ist insbesondere für Fachkräfte, Ärzt*innen und Freiwillige konzipiert und gibt neben praktischen Tipps zum Umgang mit abhängigen Eltern und deren Kindern einen Überblick über Hilfsnetzwerke und Ansprechpartner.

Mia, Mats und Moritz ... und ihre Mama, wenn sie wieder trinkt

Herausgeber: Deutsche Hauptstelle für Suchtfragen e. V., 1. Auflage 2014
Alter: Kindergarten, Grundschulbereich
Themen: Alkoholerkrankung der Mutter; Begleiterscheinungen der Sucht
Inhalt: Die Geschichte „Mia, Mats und Moritz“ erzählt von Alltagsproblemen in einer Familie mit einem suchtkranken Elternteil. Hier ist es die Mutter der drei Kinder. Erzählt wird aber auch von den Stärken der Kinder, von ihrem kreativen Umgang mit Schwierigkeiten und davon, dass es nicht immer alleine gehen muss. Moritz kommt heute in die Kita. Doch Mama steht nicht auf. Sie hat gestern wieder getrunken und liegt noch im Bett. Nun müssen Mia, Mats und Moritz alles alleine regeln: anziehen, Brote schmieren, Moritz zur Kita bringen und dabei selber nicht zu spät zur Schule kommen. Doch wie schmiert man Brote ohne Aufschnitt? Und wie schafft man es, heil in der Kita anzukommen, wenn man unterwegs auf Sven und André trifft?

Mia, Mats und Moritz … Begleitheft

Herausgeber: Deutsche Hauptstelle für Suchtfragen e. V., 1. Auflage 2016
In diesem Begleitheft für Fachkräfte und Ehrenamtliche im Sozial-, Gesundheits- und Bildungswesen sowie für Angehörige finden sich Hinweise für die Gesprächsaufnahme mit den Kindern und mit deren Eltern, ebenso Anregungen für die Stärkung der Kinder sowie Verweise auf weiterführende Hilfen.

Leben mit Eltern, die zu viel trinken

Judith S. Seixas: Living with a parent who drinks too much
Greenwillow Books, New York, 1997
Übersetzung: Petra Andreas-Siller, drobs Lüneburg
Alter: Jugendliche
Themen: Selbsthilfe für Jugendliche alkoholkranker Eltern
Inhalt: Dieses Handbuch zur Selbsthilfe für Jugendliche beschreibt Alkoholismus, typische Verhaltensweisen und daraus resultierende familiäre Probleme. Es gibt Kindern alkoholabhängiger Eltern Hilfestellung im Umgang mit diesen Problemen und ihren eigenen Gefühlen.

Was heißt betrunken, Mama?

Herausgeber: Al-Anon Familiengruppen, 1979
Alter: ab 8 Jahren
Themen: Aufklärung Alkoholsucht als Krankheit
Inhalt: In Form eines Bilderbuches kindgerecht geschriebene Erklärung der Alkoholkrankheit. Für Kinder ab acht Jahren zum Selbstlesen geeignet, aber auch zum Vorlesen und für Erwachsene als Anleitung, um mit Kindern über die Alkoholkrankheit kindgerecht zu reden. (https://literatur.al-anon.de/?s=was+heißt+-betrunken+Mama)

Alkoholismus Ein Karussell des Leugnens

Herausgeber: Al-Anon Familiengruppen, 1979, Broschüre
Themen: Alkoholismus als Familienkrankheit
Inhalt: Wohl jeder erkennt sich in mindestens einer Rolle, in dem in dieser Broschüre als Schauspiel in drei Akten vorgestellten Familienkrankheit Alkoholismus wieder. Die Broschüre enthält Informationen, wie ich aus diesem ‚Spiel' aussteigen kann. (https://literatur.al-anon.de/produkt/broschueren/alkoholismus-ein-karussell-des-leugnens/)

1.2 Bücher

1.2.1 Therapeutisches Buch

Anna zähmt die Monster

Doris Brett
Iskopress, 7. Aufl. 2004
Alter: 6–12 Jahre
Themen: Verschiedene Problemsituationen Kinder
Inhalt: Doris Brett ist eine engagierte Kindertherapeutin und Mutter. Ihr Buch ist eine Quelle für Eltern, Therapeut*innen und Lehrkräfte, die Kindern in Problemsituationen helfen möchten. Doris Brett greift wichtige Themen auf: Scheidung, Stieffamilien, Alkoholismus der Eltern, Angst vor Dunkelheit, Bettnässen, Schüchternheit etc.

Die Autorin gibt Hinweise zum Verständnis des jeweiligen Problems, um dann eine dazu passende therapeutische Geschichte anzubieten. Die Geschichten spielen sich entweder in der Realität oder in Fantasiewelten ab.

Anmerkung: Das Kapitel „Kindern von Alkoholikern" kann auch im Gruppenkontext vorgelesen werden. Die Beratungsstelle Kompaß, Carolin Hagenguth und Ria Hankemann, geben dazu folgende Anleitung für die Altersgruppe von 8 bis 12 Jahren:
„Die Geschichte sollte zunächst zusammenhängend vorgelesen werden. Bewährt hat sich eine kürzere Fassung, sodass das Vorlesen nicht länger als 10 Minuten dauert. Danach kann die Geschichte nochmals Absatz für Absatz vorgelesen werden, wobei nach jeder neuen Information bzgl. des Alkoholismus oder Annas Gefühlen innegehalten wird und eine Reflexion über die Sequenz erfolgen sollte.

Wichtige Stichworte im Text sind z. B.: Geheimnis, Angst, brüllen und schreien, schämen, Freunde finden, Versprechen vergessen, für ihn Bier oder Schnaps kaufen, sich keinerlei Hoffnung machen, Eltern streiten usw. Wichtig ist dabei (besonders bei Kindern, zu denen man keine längerfristige und tiefere Beziehung hat), immer auf die fiktive Figur Anna Bezug zu nehmen und nicht die Kinder direkt auf ihren Familienhintergrund anzusprechen."

1.2.2 Kinder- und Bilderbücher

(Nach Erscheinungsjahr abwärts gelistet)

„Mein Papa nimmt Drogen und was ist bei dir so los?“

Von Kindern für Kinder
Eigenverlag Fitkids, 2022
Themen: Drogenkonsumierender und glücksspielender Vater, häusliche Gewalt
Das Bilderbuch wurde von Kindern der Gruppe FITKIDS (Wesel) geschrieben. Während der Covid-Pandemie konnten die Treffen der Gruppe nicht immer stattfinden. Manche Kinder trafen sich aber gerne zu Einzelgesprächen oder Spaziergängen mit den Betreuer*innen. So entstand die Idee, ein Bilderbuch für andere Kinder aus suchtbelasteten Lebensgemeinschaften zu gestalten. Die Kinder haben immer wieder betont, dass die anderen Kinder wissen sollen, dass sie nicht allein mit den verwirrenden Gefühlen sind und es noch ganz viele Kinder mit ähnlichen Geschichten gibt. Neben der Geschichte, die von den Kindern verfasst wurde, finden sich in dem Buch ebenfalls ein Glossar mit Begriffserläuterungen, eine Anleitung für Kinder, was diese tun können, wenn jemand in ihrem familiären Umfeld suchtkrank ist und ein Tutorial zur Nutzung des Buches – z. B. in Gruppenstunden.

Nono und der Zauberkreisel oder die Suche nach dem großen Glück – Eine Geschichte über Glückspielsucht

Lisa Eidam, geb. Jung
Blaukreuz, 2022
Themen: Glücksspielsucht
Inhalt: Nono ist ein kleines Monster. Eines Tages findet es einen besonderen Kreisel. Das Kreiseln macht zu Beginn richtig Spaß. Nono erlebt eine Flut an wunderschönen Gefühlen und gewinnt sogar goldene Taler. Die Freude ist riesengroß! Doch als der schwarze Kater plötzlich auftaucht, verändert sich alles. Nono erlebt eine Achterbahn der Gefühle. Das Kreiseln lässt Nono nicht mehr los. Alle Gedanken drehen sich um den magischen Kreisel. Das kleine Monster verbringt keine Zeit mehr mit seinen liebsten Freunden Herbert Hoppe und Fräulein Lämmli. Nono verliert Taler für Taler, wird krank vom Kreiseln und bemerkt es zuerst gar nicht. Zum Glück lernt es Klausi, den Marienkäfer kennen. Klausi erklärt Nono, was es mit dem Kreiseln auf sich hat und bietet dem kleinen Monster seine Unterstützung an. Dieses Buch richtet sich an Eltern, die ihrem Kind die Glücksspielsucht erklären möchten. Aber ebenso an Erzieher*innen, Pädagog*innen, Lehrkräfte und all jene, die mit Kindern arbeiten und über die Thematik adressatenorientiert und sensibel aufklären möchten.

Mia Marmelade. Leon und der grüne Flaschengeist

Mira Galle
Fernhag: Leontin-Verlag, 2021
Alter: ab 8 Jahren
Themen: Alkoholkranke Mutter, Freundschaft, Fantasy
Inhalt: Leon liebt Geschichten – am meisten die, die er sich selbst ausdenkt. Doch eines Tages geht etwas schief. Eine von Leons Geschichten wird Wirklichkeit: Ein grüner Flaschengeist erscheint und Leons Mama gerät in Gefahr! Also nimmt Leon all seinen Mut zusammen und gemeinsam mit der Katze Mia Marmelade sagt er dem bösen Geist den Kampf an. Eine aufregende Reise voller Magie und Abenteuer beginnt. „Mia Marmelade – Leon und der grüne Flaschengeist" ist der Auftakt einer Kinderbuchreihe, die sich dafür einsetzt, unterschiedliche Lebenswelten sichtbar zu machen und die Gefühle von Kindern zu stärken. Der erste Band bietet die Möglichkeit, mit Kindern über die Themenbereiche Alkohol und Sucht ins Gespräch zu kommen.

Dani und die Dosenmonster. Ein Kinderfachbuch über Alkoholprobleme

Paula Kuitunen
Mabuse, 2019
Alter: 5–7 Jahre
Themen: Alkoholkonsumierender Vater, Arbeitslosigkeit
Inhalt: Als Danis Papa arbeitslos wird, ziehen kurz darauf komische Gestalten in die Wohnung ein. Erst ist nur eine da, aber bald sind sie überall: die Dosenmonster. Je mehr Papa trinkt, desto mehr fehlt ihm die Energie, sich um seinen Sohn zu kümmern. So sehr Dani sich auch bemüht – allein schafft er es nicht, die Dosenmonster zu vertreiben. Zum Glück weiß Tante Julia, was zu tun ist.

Das Buch zum Thema Alkoholabhängigkeit soll als Türöffner für Gespräche dienen und Mut machen, den Dosenmonstern den Kampf anzusagen. Fachliche Ratschläge dazu gibt der Psychologe Sören Kuitunen-Paul im Anschluss an die Bildergeschichte.

Dipl.-Psych. Sören Kuitunen-Paul, geb. 1985 im Vogtland, studierte von 2006 bis 2012 Psychologie in Würzburg und Dresden mit dem Schwerpunkt Klinische Psychologie. Er promovierte zum Thema „Erfassung von Alkoholkonsum". Als Betroffener (Blut-Spritzen-Verletzungsphobie und rezidivierende Depression), fachlicher Berater der Bücherreihe MindOlino und Mitbegründer der Initiative Mindcolors möchte er für den Abbau von Vorurteilen bezüglich psychischer Störungen werben.

Nono im Taumeltraumel

Lisa Jung
Blaukreuz-Verlag, 2018
Themen: Kinder, die Menschen mit Suchtproblemen im Umfeld haben
Inhalt: Nono, Nunu und Nini sind ein Spitzenteam! So viel Tolles kann die kleine Familie gemeinsam erleben. Ab und an taumeltraumelt Nono jedoch in seinem ganz besonderen Taumeltraumeltuch. Was genau das zu bedeuten hat, weiß das kleine Nini nicht. Es merkt aber, dass es Nono mit der Zeit gar nicht mehr so gut geht und es das Interesse an so vielen schönen Dingen verloren hat. Ob das am Traumeltaumel liegt? Nini ist traurig und unsicher zugleich. Wie gut, dass es die Schildkröte Piff gibt. Piff kennt sich mit Taumeltraumel aus und kann Nini wieder Mut machen.

Mama Mutsch und mein Geheimnis

Frauke Angel, Jana Pischang (Illustration)
Jungbrunnen Verlag, 2017
Alter: ab 8 Jahre
Themen: Abhängigkeit illegale Suchtmittel Vater (Chrystal Meth); Kinderarmut; Freundschaft
Inhalt: Auf der anderen Straßenseite ist eine Frau neu eingezogen. Sie wohnt im dritten Stock, genau wie Lelio und sein Vater und jeder kann in die Wohnung des anderen sehen. So lernen sich Lelio und Mama Mutsch kennen. Und das ist ein großes Glück. Denn Gunnar, Lelios Vater, ist oft nicht zu Hause, der Kühlschrank ist leer und Geld ist auch keines da. Gunnar bleibt immer öfter bei seinem Kumpel Gerd (den Lelio überhaupt nicht ausstehen kann) und lässt Lelio allein. Was ist bloß los?Nicht umsonst ist Mama Mutsch Forscherin. Sie erforscht zwar die Kieselalge, findet aber auch heraus, was mit Gunnar nicht stimmt. Und weil sie nebenbei auch noch ganz schön klug ist, hat sie eine Idee, wie man Gunnar helfen kann, damit er sich wieder in den Papa von früher verwandelt.

Boby der Hund

Sucht Schweiz Lausanne, Neuauflage 2016
Alter: 4–8 Jahre
Themen: Sucht in der Familie oder im nahen Umfeld.
Inhalt: Boby ist ein kleiner Hund, dessen Herrchen Fred ein Alkoholproblem hat. Wenn Fred wütend ist oder sich nicht um Boby kümmert, denkt der kleine Hund, dass es seine Schuld ist. Bobys Situation beschreibt den Alltag vieler Kinder, die mit einem psychisch kranken Elternteil leben.

Die Geschichte von Nepomuk und Herrn Heinz

Text und Illustrationen: Moritz Honert
Blaukreuz-Verlag, 2014
Alter: ab 6 Jahren
Themen: Ängste/Emotionen zum Thema Sucht
Inhalt: Der kleine Nepomuk hat Hunger. Denn sein Herrchen Herr Heinz hat mal wieder vergessen, ihn zu füttern. Wie immer, wenn er den Abend zuvor zu lange in der Kneipe war. Vielleicht hat Herr Heinz mich nicht mehr lieb, sorgt sich Nepomuk. Die Geschichte von Nepomuk und Herrn Heinz ist ein Bilderbuch über Alkoholismus, das Kindern alkoholkranker Eltern Ängste nehmen und Mut machen soll.

Janis Welt

Handbuch für Kinder und Jugendliche, deren Eltern alkoholkrank sind
Ursula Bußler, 2013
CHROMA e. V.
Alter: Kinder; Jugendliche
Themen: Alkoholerkrankung der Eltern
Siehe auch Kap. 1.2.6, S. 121

Blumen für Pina

Anne-Christine Loschnigg-Barman, Otto Schmid, Thomas Müller
In Zusammenarbeit mit dem Behandlungszentrum Janus, Universitäre Psychiatrische Kliniken (UKP) Basel
Mabuse-Verlag, 2013
Alter: 8–12 Jahre
Themen: Heroinabhängige Mutter
Inhalt: Pina und ihre Mama mögen Blumen, ihr Balkon blüht in allen Farben. Es ist nicht immer leicht mit Mama, denn Mama ist heroinabhängig. Manchmal meckert sie ohne erkennbaren Grund an Pina herum, manchmal ist sie unzuverlässig und vergisst ihre Versprechen. Das macht Pina ganz schön zu schaffen-denn sie hat ihre Mama sehr lieb. Ein Kinderbuch zum Thema Heroinabhängigkeit, das das Verhalten von heroinabhängigen Eltern auf kindgerechte Art und Weise erklärt. Es macht Hoffnung und betont, dass die Sucht der Eltern nichts an ihrer Liebe zum Kind ändert. So bietet es Eltern, Großeltern und anderen Bezugspersonen eine Grundlage für das Gespräch mit den Kindern.

Fluffi

Hanna Grubhofer; Illustration: Bärbel Weingartshofer
Herausgeber: NACOA Deutschland, 2010
Alter: 5–8 Jahre
Themen: Alkoholerkrankung Vater
Inhalt: Fluffi hat einen alkoholkranken Vater. Durch seine Sucht verhält er sich immer sonderbarer und aggressiver. Fluffi ist verunsichert und sucht Hilfe bei einer erwachsenen Freundin. Sie hört ihm zu und nimmt seine Ängste ernst. Fluffi fasst Vertrauen zu ihr und sie unterstützt ihn, seinen eigenen Weg zu gehen – unabhängig von der Krankheit seines Vaters.

Er erfährt, dass er für das Wohlbefinden und die Krankheit seines Vaters nicht verantwortlich ist. Ein Buch, das Mut macht und Selbstvertrauen schafft. Das Kinderbuch ist als Hilfsmittel für Pädagog*innen in Kindertagesstätten und Grundschulen einsetzbar. Sie können Kindern suchtkranker Eltern damit in einfühlsamer Weise erklären, was Sucht ist und ihnen entlastende Botschaften vermitteln, vorausgesetzt, das Kind ist für dieses Thema ansprechbar und die weitere Begleitung durch einen Erwachsenen ist sichergestellt.

Flaschenpost nach Irgendwo – Ein Kinderfachbuch für Kinder suchtkranker Eltern

Schirin Homeier & Andreas Schrappe
Mabuse-Verlag, 2009
Alter: 8–10 Jahre
Themen: Alkoholerkrankung des Vaters, Trennung der Eltern
Ausführliche Besprechung unter Kap. 1.2.6, S. 121

Leon findet seinen Weg

Cornelia Teske & Klaus Maria Knichel, 2007
Hg: Landeszentrale für Gesundheitsförderung in Rheinland-Pfalz e. V.
Alter: 4–7 Jahre
Themen: Alkoholerkrankung des Vaters, Übernahme von Rollen durch das Kind
Ausführliche Besprechung unter Kap. 1.2.6, S. 121

Der Schal, der immer länger wurde

Klaus-Peter Wolf, Bettina Göschl und Maria Blazejovsky, 2006
Betz, 2006
Alter: 5–7 Jahre
Themen: Alkoholerkrankung des Vaters, Abhängigkeit als Schal
Ausführliche Besprechung unter Kap. 1.2.6, S. 121

Sorgen um Mama

Sylvie Kohl
Turmhut-Verlag, 2009
Alter: 9–11 Jahre
Inhalt: Marie und Sabrina schmeißen den ganzen Haushalt, weil ihre Mutter zu viel Alkohol trink und nichts mehr tut. Das kann nicht gut gehen. Ein kindgerechtes Buch zum Thema Alkoholsucht! Mit Telefonnummern und Internetseiten, unter denen betroffene Kinder Hilfe finden können.

Tom und Tina

Beatrice Michel & Mathias Frei
Atlantis, 2000
Alter: ab 5 Jahren
Themen: Drogenabhängigkeit der Mutter, Begleitumstände Sucht, Freundschaft
Ausführliche Besprechung unter Kap. 1.2.6, S. 121

Alles total geheim

Kirsten Boie & Silke Brix-Henker
Oetinger, 1990
Alter: Ab 5 Jahren
Themen: Alkoholerkrankung des Vaters, Geheimniswahrung, Freundschaft
Ausführliche Besprechung unter Kap. 1.2.6, S. 121

1.2.3 Romane für Jugendliche

(nach Erscheinungsjahr abwärts gelistet)

Das wirkliche Leben

Adeline Dieudonné und Sina de Malafosse
dtv Verlagsgesellschaft, 2020
Themen: Alkoholkranker gewalttätiger Vater, Geschwisterbeziehung
Inhalt: Eine Reihenhaussiedlung am Waldrand, wie es viele gibt. Im hellsten der Häuser wohnt ein zehnjähriges Mädchen mit seiner Familie. Alles normal. Wären da nicht die Leidenschaften des Vaters, der neben TV und Whisky vor allem den Rausch der Jagd liebt. In diesem Sommer erhellt nur das Lachen ihres kleinen Bruders Gilles das Leben des Mädchens. Bis eines Abends vor ihren Augen eine Tragödie passiert. Nichts ist mehr wie zuvor. Mit der Energie und der Intelligenz einer mutigen Kämpferin setzt das Mädchen alles daran, sich und ihren Bruder vor dem väterlichen Einfluss zu retten. Von Sommer zu Sommer spürt sie immer deutlicher, dass sie selbst die Zukunft in sich trägt, wird immer selbstbe-

wusster – ihr Körper aber auch immer weiblicher, sodass sie zusehends ins Visier ihres Vaters gerät.

ICEzeit: In den Klauen des weißen Drachen Chrystal

Verena Zeltner
Thami Verlag, 2017
Alter: ab 12 Jahren
Themen: Mütterliche Abhängigkeit von illegalen Suchtmitteln (Crystal Meth)
Inhalt: ICEzeit erzählt aus der Sicht des 14-jährigen Ben, wie sich das Leben einer glücklichen Familie allmählich verändert. Er versteht nicht, weshalb sich seine Mutter oft so merkwürdig benimmt. Weil sein Vater auswärts arbeitet und nur am Wochenende zuhause ist, muss Ben mehr und mehr Verantwortung für seine kleine Schwester übernehmen. Erst als er eines Tages die weißen Kristalle entdeckt, wird ihm klar, was mit seiner Mutter los ist …

Ich bleibe hier

Catherine Ryan Hyde (Autor), Marion Plath (Übersetzer)
Ullstein, 2016
Themen: Sucht; Ängste; Freundschaft
Inhalt: Der ehemalige Broadway-Tänzer Billy Shine leidet an Agoraphobie und hat seit fast einem Jahrzehnt keinen Fuß mehr vor die Tür seines Appartements gesetzt. Seine Nachbarn sind die attraktive Nagelpflegerin Rayleen, die einsame alte Mrs Hinman, der engstirnige und übellaunige Mr Lafferty, der gutherzige Felipe und die neunjährige Grace – und ihre mit der Drogensucht kämpfende Mutter Eileen.

Billy hat nur kurze Blicke auf sie erhascht – aber die meisten von ihnen haben ihn nie gesehen. Doch dann sieht er Grace täglich stundenlang auf der Vordertreppe des Gebäudes sitzen, in unmittelbarer Nähe zu seiner Veranda. Durch diese Änderung der natürlichen Ordnung beunruhigt, schafft Billy es weit genug heraus, um Grace zu fragen, warum sie nicht ins Haus geht, wo es sicherer ist. Ihre Antwort: „Wenn ich drinnen bin, erfährt keiner, dass ich in Schwierigkeiten bin. Und dann kann mir niemand helfen.“ Diese Antwort ändert alles.

Ins Nordlicht blicken: Schülerheft, Arbeitsheft, Lernmittel, Interpretationshilfe – Cornelia Franz

Königs Erläuterungen, Juni 2015

Ins Nordlicht blicken

Cornelia Franz
Dtv, 2012
Alter: ab 14 Jahren
Themen: Alkoholerkrankung des Vaters; Freundschaft; Klimawandel
Inhalt: Kann man die eigene Vergangenheit leugnen oder gar löschen? Grönland im Jahr 2020: Eine immer grüner werdende Insel, das ewige Eis dramatisch geschmolzen. Der junge Bildhauer Jonathan Querido macht sich von Deutschland auf in seine alte Heimat – und muss sich dabei seinem eigenen dunklen Geheimnis stellen. Das, was damals vor neun Jahren passiert ist und zum Bruch mit seinem alten Leben führte, lässt noch heute Panik in ihm aufkommen. Was ist aus seinem Vater, seinen alten Freunden und seiner ersten Liebe Maalia geworden, nachdem ihn alle für vermisst und tot erklärt hatten? Was ist damals wirklich geschehen, auf dem Kreuzfahrtschiff MS Alaska von Grönland nach Hamburg?

Tschick

Wolfgang Herrndorf
Rowohlt-Verlag, 2010
Alter: ab 12 Jahren
Themen: Freundschaft; Außenseitertum; Suchterkrankung der Mutter
Inhalt: Mutter in der Entzugsklinik, Vater mit Assistentin auf Geschäftsreise: Maik Klingenberg wird die großen Ferien allein am Pool der elterlichen Villa verbringen. Doch dann kreuzt Tschick auf. Tschick, eigentlich Andrej Tschichatschow, kommt aus einem der Asi-Hochhäuser in Hellersdorf, hat es von der Förderschule irgendwie bis aufs Gymnasium geschafft und wirkt doch nicht gerade wie das Musterbeispiel der Integration. Außerdem hat er einen geklauten Wagen zur Hand. Und damit beginnt eine Reise ohne Karte und Kompass durch die sommerglühende deutsche Provinz, unvergesslich wie die Flussfahrt von Tom Sawyer und Huck Finn.

Papa macht Geschichten

Klaas Van Assen
Ravensburger, 2004
Alter: ab 11 Jahren
Themen: Freundschaft; Alkoholerkrankung des Vaters

Inhalt: Simon liegt mit Rippenprellungen und einem Stahlstift in der Ferse im Krankenhaus. Der Mann, der ihn angefahren hat, hatte zu viel getrunken. Unter dem Vorwand für die Schülerzeitung zu schreiben, beginnt Marco Simon zu besuchen. Die Jungen verstehen sich prima. Als Simon erfährt, dass Marcos alkoholkranker Vater, den Unfall verursacht hat, fühlt Simon sich getäuscht. Eine Aussprache zwischen den Jungen wird notwendig. Marco erfährt dabei, dass es Simon mit seinem Vater, der die Familie verließ, auch nicht leicht hat. Und er lernt, dass er seinem alkoholkranken Papa nicht helfen kann, obwohl er so gerne möchte.

Sohn eines Dealers

Klaus Vater
Ravensburger, 2001
Alter: ab 14
Themen: Illegale Drogen; Dealen; Vater-Sohn-Beziehung
Inhalt: Seit Christian weiß, dass sein Vater Stoff verkauft, wird seine Welt zerfetzt. Während er fühlt, wie aus seiner Welt jeden Tag ein weiteres Stück herausgerissen wird, bleibt sein Vater ungerührt. Wer außer mir weiß noch, was mit meinem Vater los ist? fragt sich Christian. Die ungewöhnliche Geschichte eines Jugendlichen, dem das Schicksal seines Vaters zum Verhängnis wird.

Boris, Kreuzberg, 12 Jahre

Jochen Ziem
DTV, 2001
Alter: 12–14 Jahre
Themen: Alkoholerkrankung der Mutter; Armut; Schulverweigerung
Inhalt: Seit der Vater von Boris bei einem Arbeitsunfall tödlich verunglückte, ist zu Hause alles anders: Die Mutter trinkt und die Schwester, gerade 16, ist abgehauen. Immer häufiger schwänzt Boris die Schule und treibt sich rum. Erst Walter Hentschke, Referendar an Boris‘ Sonderschule, interessiert sich für den Jungen und versucht ihm zu helfen.

Katja reitet wieder

Frank Fischer
Blaukreuz-Verlag, 2000
Alter: Jugendliche
Themen: Alkoholabhängigkeit des Vaters; Häusliche Gewalt; Freundschaft
Inhalt: Katja ritt gerne mit ihren Freundinnen aus, aber im Moment gibt es Probleme: Das Geld reicht nicht und Vater gibt Versprechen, die er nicht hält. Katja hat Hemmungen, ihren Freundinnen die Wahrheit zu sagen. Als die Bru-

talität des Vaters unter Alkoholeinfluss unerträglich wird, ziehen Mutter und Tochter aus. Der Vater beginnt eine Therapie. Als diese erste Früchte zeigt, darf Katja wieder zum Reiten.

Wiebke und Paul

Ursula Fuchs
Ravensburger, 1996
Alter: ab 10 Jahren
Themen: Alkoholerkrankung des Vaters; Therapeutische Hilfen
Inhalt: Wiebke soll keinem erzählen, warum ihr Vater eine Kur machen muss. Doch dann lernt sie Paul kennen. Wenn sie ihn trifft, hat sie immer sie ein kribbelndes Gefühl im Bauch. Mit Paul redet sie über alles, auch über ihren Vater, der nicht mehr aufhören kann zu trinken. Wiebke lernt, dass Schweigen nicht hilft.
Die Leser*innen erhalten einen Einblick, mit welchen Problemen ein Alkoholkranker und seine Familie kämpfen müssen und wie die Schwierigkeiten dank therapeutischer Hilfe gelöst werden können.

Ich bin eine Wolke

Dagmar Kekulé
Rowohlt Taschenbuch Verlag, 1978
Alter: ab 13 Jahren
Themen: Alkoholerkrankung der Mutter; Kinderschutz
Inhalt: Die 15-jährige Paulina ist allein zu Haus. Ihre Mutter macht für ein paar Wochen eine Kur. Paulina lebt weiter wie bisher: Sie geht zur Schule und jobbt für ihren Unterhalt. Das Jugendamt wird aufmerksam: Darf ein Kind so leben wie die Erwachsenen? Als das Mädchen noch Blues, den Jungen aus dem Heim, bei sich aufnimmt, ist das Maß voll: Paulina gehört unter Aufsicht. Die Erwachsenen haben ihre Moral. Paulina hat nur ihre Fantasie. Das Buch ist an Jugendliche ab ca. 13 Jahren gerichtet. Es gehört zum Genre der Jugendliteratur und behandelt zeitgenössisch die Alltagsprobleme eines Mädchens, das von der Welt allein gelassen wurde.

1.2.4 Romane und autobiografische Erinnerungen für Erwachsene

(nach Erscheinungsjahr abwärts gelistet)

Shuggie Bain

Douglas Stuart
Berlin: Hanser, 2021

Inhalt: Shuggie ist anders, zart, fantasievoll und feminin, und das ausgerechnet in der Tristesse und Armut einer Arbeiterfamilie im Glasgow der 1980er-Jahre, mit einem Vater, der virile Potenz über alles stellt. Shuggies Herz gehört der Mutter, Agnes, die ihn versteht und der grauen Welt energisch ihre Schönheit entgegensetzt, Haltung mit makellosem Make-up, strahlend weißen Kunstzähnen und glamouröser Kleidung zeigt – und doch Trost immer mehr im Alkohol sucht. Sie zu retten ist Shuggies Mission, eine Aufgabe, die er mit absoluter Hingabe und unerschütterlicher Liebe Jahr um Jahr erfüllt, bis er schließlich daran scheitern muss. Ein großer Roman über das Elend der Armut und die Beharrlichkeit der Liebe, tieftraurig und zugleich von ergreifender Zärtlichkeit.

Mein Herz an stillen Tagen

Eva Klaffke-Römer
biografieVerlag ruthdamwerth, 2021
Inhalt: Mit atemberaubenden Sätzen bringt die Autorin uns die tiefen Empfindungen eines Kindes nahe, das mit einem trinkenden und gewalttätigen Vater aufwächst. Sie schildert ihre Suche nach einem Weg aus der Sprachlosigkeit. Doch mit der Sprache kommen auch die Empfindungen zurück... „Tausend Gründe hatte es gegeben für das Scheitern meiner Familie. Nur für ein Gelingen gab es keinen einzigen."

In diesen Sommern

Janina Hecht
C.H. Beck, 2021
Inhalt: Behutsam tastet sich Teresa an ihre Kindheit und Jugend heran, ihr Blick in die Vergangenheit ist vorsichtig geworden. Erste unsichere Versuche auf dem Fahrrad an der Seite des Vaters, lange Urlaubstage im Pool mit dem Bruder, Blumenkästen bepflanzen mit der Mutter in der heißen Sommersonne. Doch die unbeschwerten Momente werden immer wieder eingetrübt von Augenblicken der Zerrüttung, von Gefühlen der Hilflosigkeit und Angst. Da schwelt etwas Unausgesprochenes in dieser Familie – alle scheinen machtlos den Launen des Vaters ausgeliefert zu sein, Situationen beginnen gefährlich zu entgleisen. Ebenso unaufdringlich wie fesselnd erzählt Janina Hecht von schönen und schrecklichen Tagen, von Ausbruch und Befreiung und vom Versuch, sich im Erinnern dem eigenen Leben zu stellen.

Ein Mann seiner Klasse

Christian Baron

Claasen, 2020

Inhalt: Kaiserslautern in den 1990er-Jahren: Christian Baron erzählt die Geschichte seiner Kindheit, seines prügelnden Vaters und seiner depressiven Mutter. Er beschreibt, was es bedeutet, in diesem reichen Land in Armut aufzuwachsen. Wie es sich anfühlt, als kleiner Junge männliche Gewalt zu erfahren. Was es heißt, als Jugendlicher zum Klassenflüchtling zu werden. Was von all den Erinnerungen bleibt. Und wie es ihm gelang, seinen eigenen Weg zu finden. „Mochte mein Vater auch manchmal unser letztes Geld in irgendeiner Spelunke versoffen, mochte er auch mehrmals meine Mutter blutig geprügelt haben: Ich wollte immer, dass er bleibt. Aber anders."

Diastimmen

Christian Bedor

BoD – Books on Demand, 2020

Inhalt: Thomas Lehr erinnert sich. 25 Jahre nach dem Wegzug besucht er das Dorf seiner Kindheit und durchlebt die Vergangenheit erneut. Dias von einer dysfunktionalen Familie und zerrütteten Verhältnissen flackern vor seinem geistigen Auge auf. In der Hoffnung und dem innigen Wunsch, mehr zu verstehen, begibt er sich auf eine Reise in seine Jugend. Die Bilder aus ehemaligen Zeiten sind teils melancholisch, teils verstörend; und Thomas wird bewusst, dass er sich mit Ihnen auseinandersetzen muss, um mit sich selbst im Reinen zu sein. All die Erinnerungen: der Alkoholismus der anderen, die Gewalt, die Geliebten und die Vergessenen.

Kinderwhore

Maria Kjos Fonn

CulturBooks Verlag, 2019

Themen: Medikamentenabhängige Mutter, sexueller Missbrauch an der Tochter

Inhalt: „Kinderwhore" ist der Kleidungsstil der Grunge-Musikerin Courtney Love, und Charlottes Mutter liebt Courtney Love, weshalb sie sich ebenfalls so anzieht. Sie lässt Charlotte oft allein, und wenn sie mal da ist, schläft sie die meiste Zeit, betäubt von starken Medikamenten. Wenn sie nicht schläft, schenkt sie ihrer Tochter neue Väter. Als Charlotte in der Pubertät ist, bekommt sie einen Vater, der die Nächte lieber bei ihr als bei ihrer Mutter verbringt, bis auch er wieder verschwindet. Was geschehen ist, kann sie nur schwer begreifen. Sie beginnt zu rebellieren, experimentiert mit Drogen und Sex, schafft es, ihre Gefühle auszuschalten, Körper und Geist zu trennen und unterschiedliche sexuelle Rollen zu spielen. Sie glaubt, dadurch die Kontrolle über sich und andere zu haben, aber das erweist sich als Trugschluss.

Dunkelblau: Wie ich meinen Vater an den Alkohol verlor

Dominik Schottner
Piper, 2017
Inhalt: Ein paar Gläser Wein, eine Flasche Bier mehr, na und? Alkohol ist das Schmiermittel unserer Gesellschaft. Was Dominik Schottner nüchtern feststellt, betrifft ihn selbst unmittelbar: Sein eigener Vater war Alkoholiker. Über viele Jahre hat die Familie weggeschaut, hat hilflos miterleben müssen, wie sich ein Mensch immer tiefer ins Verderben säuft. Jetzt spürt der Sohn dem Verhängnis nach und fragt: Wie hätten wir meinem Vater helfen können? Erschütternd offen erzählt er die Geschichte seines alkoholkranken Vaters und sein eigenes Erwachsenwerden im Schatten der Sucht. Ein bewegendes Dokument über die zerstörerische Droge Alkohol – und die Kraft, die man braucht, um gegen sie zu bestehen.

Platzspitzbaby: Meine Mutter, ihre Drogen und ich

Michelle Halbheer
Wörtherseh Verlag, 2015
Inhalt: Michelle Halbheers Mutter gehört der Platzspitz-Generation an; schwerst drogenabhängig, vernachlässigte und gefährdete sie nicht nur sich selbst, sondern auch ihr Kind. Michelle ist knapp zehn, als sich ihre Eltern scheiden lassen und sie in die Obhut ihrer heroin- und kokainabhängigen Mutter kommt. Die folgenden Jahre werden für das Mädchen derart bedrohlich, dass es nur knapp überlebt. Das Elend dringt, auch über den besorgten Vater, immer wieder nach draußen. Aber Behörden, Ärzte, Polizeibeamte und zufällig involvierte Erwachsene bleiben untätig. Als Michelle endlich über das Unfassbare spricht, ist sie bereits ein Teenager. Sie wird umplatziert. Doch der Neuanfang bei den Pflegeeltern gerät im dort streng religiösen Umfeld zu einer weiteren Katastrophe. Als Michelle mit sechzehn ihr Leben selbst in die Hand nimmt, weiß sie noch immer nicht, was Normalität bedeutet. Etwas anderes jedoch weiß sie ganz genau: Sie will niemals so enden wie ihre Mutter. Mit großer Willensanstrengung setzte die heute Dreißigjährige in den folgenden Jahren um, was viele andere Kinder aus Drogenfamilien leider nicht schaffen: Sie machte eine Ausbildung – und sie blieb suchtfrei. Mit ihrem Buch will Michelle allen anderen „vergessenen Kindern", die noch heute zu Tausenden in Suchtfamilien aufwachsen, eine Stimme geben. Ihre.

In einem anderen Leben

Linus Reichlin
Galiani, 2015
Themen: Erwachsene Kinder suchtkranker Eltern
Inhalt: Kennen Sie die Sehnsucht danach, aus Ihrer Familiengeschichte auszubrechen und es völlig anders zu machen? Als er noch ein Kind war, kamen ihm seine Eltern oft wie Richard Burton und Liz Taylor vor. Sie waren das schillernde Paar in einer spießigen Umgebung: schön, erfolgreich, voller Leidenschaft – und ständig flogen die Teller durch die Luft. Der Ehekrieg tobte, bis ein tragischer Unfall ihm ein Ende setzte. Und mittendrin: er. Luis. Zwanzig Jahre später, Luis lebt schon lange in einem anderen Land und einem anderen Leben, lässt ein Zufall die Erinnerung an seine Jugendjahre wieder aufleben …

Wessen Moral? Eine Autobiografie zum Thema: Erwachsene Kinder suchtkranker Eltern

Cecile Koch
Acabus Biografie, 2010
Inhalt: „Wessen Moral?“ ist ein autobiografischer Roman über eine junge Frau, die retrospektiv das Verhältnis zu ihrer suchtkranken Mutter beleuchtet und zu verstehen versucht. Mit einfachen, nüchternen Worten betrachtet die Autorin rückblickend ihr Leben ohne geborgene Kindheit und ihren Versuch, aus eigener Kraft erwachsen zu werden. Nicht die nachträgliche Betroffenheit steht im Vordergrund ihrer Schilderungen. Vielmehr geht es um den Mut und auch die Probleme, das eigene Leben anzunehmen und selbstbestimmt zu führen. Der Titel „Wessen Moral?“ steht stellvertretend für alle Fragen nach den Gründen und der Gerechtigkeit der Welt, welche Cécile Koch beschäftigen.

Schloss aus Glas

Originaltitel: The Glass Castle: A Memoir
Jeannette Walls
Diana, 2006
Themen: Alkoholerkrankung des Vaters; psychische Erkrankung der Eltern
Inhalt: Jeannette Walls ist ein glückliches Kind: Ihr Vater geht mit ihr auf Dämonenjagd, holt ihr die Sterne vom Himmel und verspricht ihr ein Schloss aus Glas. Was macht es da schon, mit leerem Bauch ins Bett zu gehen oder in Nacht-und-Nebel-Aktionen den Wohnort zu wechseln. Doch irgendwann ist das Bett ein Pappkarton auf der Straße, und eine Adresse gibt es schon lange nicht mehr.

Die Asche meiner Mutter. Irische Erinnerungen

Originaltitel: Angelas Ashes
Frank McCourt
Dtb, 1998
Themen: Alkoholerkrankung des Vaters; Armut; Perspektive
Inhalt: Frank McCourt erzählt die Geschichte seiner Kindheit in Irland. Eine Kindheit in bitterer Armut, geprägt durch den arbeitslosen und alkoholabhängigen Vater, die bettelnde Mutter und immer wieder Kindstode und Krankheiten. Frank schafft es trotz all dieser Widrigkeiten, seinem Traum vom gelobten Land Amerika immer näher zu kommen, ohne dabei seinen Humor zu verlieren.

1.3 Filme

1.3.1 Spielfilme

(nach Erscheinungsjahr abwärts gelistet)

Erinnerungen einer vergessenen Kindheit

Thema: Ein Kurzfilm über Sucht im Elternhaus von Lars Smekal, Produktionsfirma: MAPP media GmbH (Nico Drago) 2021
Inhalt: Während Vater Rudi verzweifelt das verlorengegangene Familienglück am Spielautomaten wieder zurückzugewinnen versucht, ist Niklas (11) oft allein mit seiner alkoholsüchtigen Mutter Anna. Im Rausch ist sie unberechenbar: Mal behandelt sie ihn liebevoll und zärtlich, mal terrorisiert sie ihn mit Tobsuchtsanfällen. Niklas ist zwischen dem Pflichtgefühl, seinen Eltern helfen zu müssen, und dem Wunsch, seinem Elternhaus zu entfliehen, hin- und hergerissen.

Platzspitzbaby

FSK 12
Drama, 2020, 1 h 38 min
Inhalt: Nach der Auflösung der offenen Drogenszene 1995 in Zürich ziehen die elfjährige Mia und ihre Mutter Sandrine in ein idyllisches Städtchen im Zürcher Oberland. Doch das neue Zuhause ist für Mia kein Paradies. Denn Sandrine ist schwer drogenabhängig und hätte niemals das Sorgerecht erhalten dürfen.
www.platzspitzbaby.ch/de/

Cobain

Niederlande, Belgien, Deutschland, 2017
Regie: Nanouk Leopold
Alter: FSK 16
Thema: Drogenabhängigkeit der Mutter

Inhalt: Cobain ist 15 Jahre alt und lebt bei Pflegefamilien und in Heimen, weil seine Mutter Mia drogensüchtig ist. Als diese wieder schwanger wird, will er sie beschützen und beschließt abzuhauen. Hilfe will Mia aber nicht annehmen und so unternimmt Cobain alles, um seinem noch ungeborenen Bruder das Leben zu ermöglichen. In einer einsamen Hütte im Wald will er dafür mit Mia gegen deren Willen einen Entzug durchführen. Zugleich muss er sich aber mit Jugendamtsvertretern und der Methadon-Vergabestelle auseinandersetzen (moviepilot.de).

Die beste aller Welten

Deutschland, 2017
Regie: Adrian Goiginger
Alter: FSK 12
Themen: Drogenabhängigkeit der Mutter
Inhalt: *Die beste aller Welten* ist die wahre Geschichte einer drogenabhängigen Mutter, der abenteuerlichen Welt ihres Kindes und ihrer Liebe zueinander. Adrian erlebt eine Kindheit in einem außergewöhnlichen Milieu, der Salzburger Drogenszene, und mit einer Mutter zwischen Fürsorglichkeit und Drogenrausch.

Wenn er groß ist, möchte er Abenteurer werden. Trotz allem ist es für ihn eine behütete Kindheit, die beste aller Welten, bis sich die Außenwelt nicht mehr länger aussperren lässt. Helga weiß, sie muss clean werden, um ihren Sohn nicht für immer zu verlieren. Doch dazu muss sie ihre eigenen Dämonen besiegen ...

Schloss aus Glas

US-amerikanische Filmbiografie, 2017
Regie: Destin Daniel Cretton
Alter: FSK 12
Themen: Alkoholerkrankung des Vaters; psychische Erkrankung Eltern
Inhalt: Der Film basiert auf dem gleichnamigen autobiografischen Roman von Jeannette Walls

Tschick (Film)

Deutschland, 2016
Regie: Fatih Akin
Alter: FSK 12
Themen: Freundschaft; Außenseitertum; Suchterkrankung Mutter
Inhalt: Nach dem gleichnamigen Buch von Wolfgang Herrndorf

Ein Teil von uns

ARD-Fernsehfilm, 2016
Regie: Nicole Weegmann
Alter: FSK 16
Themen: Psychisch kranke und alkoholabhängige Mutter
Inhalt: Nadja hat ihr Leben endlich im Griff – ein guter Job, eine eigene Wohnung und eine neue Liebe. Doch nach Jahren ohne Kontakt zu ihrer Mutter Irene, taucht diese auf der Hochzeit von Nadjas Bruder plötzlich auf und bricht damit wieder mitten in ihr Leben ein. Nadja gelingt es, die rabiat auftretende Mutter von der Feier weg zu lotsen. Erneut muss sich Nadja ihrer familiären Situation stellen. Denn Irene lebt auf der Straße, ist psychisch krank…

Glück ist eine Illusion

Deutschland, 2016
Regie: Marc Witkowski und Dorothea Kleffner-Witkowski
Alter: FSK 12
Themen: Alkoholerkrankung der Mutter
Inhalt: Die 15-jährige Natalie weiß: Glück ist eine Illusion. Sie wird in der Schule gemobbt. Auch bei ihr zu Hause funktioniert nicht alles. Ihre Mutter ist alkoholkrank, die zwei jüngeren Schwestern nerven. Nur ihre Freundin Melanie hält zu ihr. Als sich Natalie in den Künstler Philip verliebt, scheint sich alles zu verändern.

Zoey

Ein Spielfilm über die Lebenswelt von Kindern aus einer suchtbelasteten Familie.
Medienprojekt Wuppertal im Auftrag des Blauen Kreuz Deutschland, 2015
Alter: ab 12 Jahren
Themen: Alkoholerkrankung des Vaters; Rückfall nach Therapie
Ausführliche Besprechung unter Kap. 1.2.6, S. 121

Fliegende Fische müssen ins Meer

Schweiz, 2011
Regie: Güzin Kar
Alter: FSK 0
Themen: Heldenkind; Rollentausch zwischen Mutter und Tochter
Inhalt: „Roberta ist die peinlichste Figur im Universum und die unfähigste Mutter aller Zeiten", findet die 15-jährige Nana, die die Vorliebe ihrer Mutter für das leichte Leben verurteilt und deren Rolle übernommen hat: Sie kümmert sich um die jüngeren Geschwister und verdient den Lebensunterhalt.

Als das Jugendamt mit dem Entzug des Sorgerechtes droht, schwört die Familie: Keine Männer mehr! Doch nicht nur Roberta wird wieder schwach, sondern auch Nana, die die erste Liebe erlebt.

Keine Angst

Deutscher Fernsehfilm (ARD/WDR), 2009
Regie: Aelrun Goette
Themen: Alkoholerkrankung der Mutter; Kinderarmut; sexuelle Gewalt
Inhalt: Die 14-jährige Becky lebt gemeinsam mit ihren drei kleinen Geschwistern in desolaten Familienverhältnissen. Ihre Mutter ist arbeitslos und trinkt, verbringt den Tag rauchend vor dem Fernseher. Der Vater hat die Familie schon lange verlassen. *Keine Angst* ist ein berührendes Sozialdrama über Kinderarmut in Deutschland.

Der mit verschiedenen Preisen ausgezeichnete Film zeigt auf, wie die Gesellschaft sich von diesen Kindern aus ärmsten Verhältnissen abwendet, wie groß die Kluft zwischen Arm und Reich mittlerweile ist.

Die Unerzogenen

Deutschland, 2007
Regie: Pia Marais
Alter: FSK 12
Themen: Rollentausch Eltern und Kind
Inhalt: Stevie ist ein 14-jähriges Mädchen mit zwei heimatlosen, umherziehenden Hippies als Eltern. Fortwährend ringt sie mit deren unvorhersehbarem Lebenswandel als neuzeitliche Nomaden. Als sie aus Portugal in die deutsche Provinz ziehen, hofft sie zumindest dort auf ein normales und geregeltes Familienleben. Aber die neue Realität will sich einfach nicht einstellen und bald wird deutlich, dass ihre Eltern erneut in illegale Aktivitäten verstrickt sind, um ihr Leben zu finanzieren.

Um sich bei Gleichaltrigen interessanter zu machen, gibt Stevie vor, die Tochter einer Diplomatenfamilie zu sein. Langsam aber sicher gerät alles außer Kontrolle. Je mehr sich das Haus mit den Freunden der Eltern und deren Gefolge füllt, desto mehr ist Stevie gezwungen, eine Entscheidung zu treffen. *Die Unerzogenen* zeigt, wie sich ein junges Mädchen in einer physisch und emotional destruktiven Welt der Erwachsenen zurechtfinden muss. Auf kraftvolle, aber sensible Art offenbart der Film das Bild einer entgleisten Gesellschaft, in der die Rollen der Eltern und Kinder vertauscht zu sein scheinen und Eltern-Kind-Beziehungen, Verantwortung und Verbindlichkeit keinen Bestand mehr haben.

Anna Wunder

BRD/Schweiz 1999/2000
Regie: Ulla Wagner
Alter: FSK 12
Themen: Alkoholerkrankung der Mutter
Inhalt: Der Film wählt die Kinderperspektive, um detailgetreu von der 60er-Jahre-Tristesse eines Mädchens zu erzählen, das ohne Vater und mit trinkender Mutter aufwächst und sich darüber hinaus um den kleinen Bruder kümmern muss. Eine Suche nach dem Vater beginnt, als die Mutter das Sorgerecht zu verlieren droht.

Die Asche meiner Mutter

Irland, USA, 1999
Regie: Alan Parker
Alter: FSK 12
Themen: Alkoholerkrankung Vater; Armut; Perspektive
Inhalt: *Die Asche meiner Mutter* ist die Verfilmung des gleichnamigen Romans von Frank McCourt.

Dunkle Tage

Fernsehfilm, 1999
Regie: Margarethe von Trotta
Alter: FSK 0
Themen: Alkoholerkrankung Mutter; Co-Abhängigkeit
Inhalt: *Dunkle Tage* erzählt die Geschichte einer alkoholabhängigen Mutter aus der Sicht ihrer noch minderjährigen Tochter. Er zeigt die verheerenden Auswirkungen der Abhängigkeit auf die Familienmitglieder, deren jeweiliges Charakterbild durch die Konfrontation mit der Sucht eine starke Deformation erfährt.

When a Man Loves a Woman

USA, 1994
Regie: Luis Mandoki
Alter: FSK 12
Themen: Alkoholerkrankung der Mutter; Familiengeheimnis
Inhalt: Die Schulberaterin Alice, der Pilot Michael Green und ihre beiden Töchter Jess und Casey sind eine normale, glückliche Familie. Alice gleitet jedoch nach und nach in den Alkoholismus ab. Sie vernachlässigt ihre Kinder und versucht die Sucht zu verheimlichen. Erst als sie unter der Dusche zusammenbricht, gesteht sie sich ein, Alkoholikerin zu sein. Nach einer erfolgreichen Therapie ist das Familienleben dennoch schwer belastet.

Mein Freund Arno

aus der Reihe Bettkantengeschichten
BRD, 1988
Regie: Gerburg Rohde-Dahl
Alter: empfohlen ab 12 Jahren; FSK 6
Themen: Alkoholerkrankung der Mutter, Heldenkind, Freundschaft
Ausführliche Besprechung unter Kap. 1.2.6, S. 121

1.3.2 Dokumentationen

Trinkerkinder

www.3sat.de/gesellschaft/politik-und-gesellschaft/trinkerkinder-102.html
Ausführlicherer Text s. Anhang

Lunchtime-Interviews

Youtube-Kanal von NACOA Deutschland e. V.
Inhalt: In den je 15- bis 30-minütigen Interviews werden Betroffene, Angehörige, Fachkräfte, Autor*innen, Politiker*innen, Künstler*innen sowie Personen, die in das Thema involviert sind, befragt.

Alles ganz normal

Ein Film über co-abhängige Angehörige von Alkoholsüchtigen
Medienprojekt Wuppertal, 2013
45 Minuten
Alter: FSK 12
Themen: Co-Abhängigkeit
Inhalt: Der Film schildert, wie Angehörige von Suchtkranken zu Co-Abhängigen werden. Anhand der Portraits zweier Familien wird deutlich, welche Phasen und innerfamiliären Prozesse mit der Abhängigkeitsentwicklung einhergehen können.

Liebe und Hass

Ein Film über Jugendliche, deren Eltern alkoholabhängig sind
Medienprojekt Wuppertal, 2012
45 Minuten
Alter: FSK 0
Themen: Porträts Jugendlicher und junger Erwachsener aus Suchtfamilien
Inhalt: Fünf junge Menschen im Alter zwischen 15 und 23 Jahren erzählen, wie es ist, mit einem alkoholkranken Elternteil zu leben. Sie sprechen offen über ihre

Gefühle, Schutzmechanismen im Kindes- und Jugendalter, Probleme, die aus der Suchterkrankung in ihrer Familie resultieren und erinnern sich an negative Momente, in denen ihnen ein geliebter Mensch völlig entfremdet schien.

Nichts für Kinder

Dokumentarfilm über die Lebenswelt der Kinder und Jugendlichen aus Suchtfamilien
Deutschland, 1998
Regie und Bildgestaltung: Gruscha Rode
Alter: FSK 14
Themen: Porträts Kinder und Jugendlicher aus alkoholabhängigen Familien
Inhalt: Die Jugendlichen erzählen mutig und offen von Stationen des Lebens mit ihren alkoholkranken Eltern. Sie scheuen sich nicht, unmittelbar und ungeschminkt von der eigenen Kindheit, von Erwartungen und Enttäuschungen, ihren Schuldgefühlen und Ängsten zu berichten. Sie beschreiben, wie sie lernen mussten, damit zu leben und was sie stark gemacht.
Als Begleitmaterial ist im Neuland-Verlag das Buch „Den Suchtkreislauf durchbrechen – Hilfen für Kinder aus suchtbelasteten Lebensgemeinschaften" erschienen. Das Buch enthält Anregungen und Vorschläge für Gruppenarbeit, Beratungsgespräche und Seminare.

Traurige Helden: Zwischen Liebe, Angst und Hoffnung

ANIMANIACS GmbH, Köln
34 Minuten
Themen: Erwachsene Kinder suchtkranker Eltern
Inhalt: Eine Dokumentation über Kinder von Alkoholkranken. Zwei mittlerweile Mittzwanziger reden offen von ihren Gefühlen und Erlebnissen als Kind, die teilweise in gefühlvollen Szenen nachgestellt werden.

Flaschenkinder

Deutschland, 1997
Produktion: Tina Soliman, Torsten Lapp Produktion im Auftrag des ZDF
30 Minuten
Alter: FSK 12
Themen: Gefühlswelt Kinder aus Suchtfamilien
Inhalt: Dieser Film macht deutlich, dass die Probleme der Kinder von Alkoholkranken längst nicht beendet sind, wenn der oder die Alkoholkranke mit dem Trinken aufhört oder die Kinder aus anderen Gründen nicht mehr direkt konfrontiert sind. Anhand von drei Fallbeispielen schildert der Film, wie die körperlichen und seelischen Verletzungen zu einer Zerrissenheit der Gefühle führen.

1.3.3 Experimentalfilm

(Mit freundlicher Genehmigung durch die Filmemacherin)

One bottle

von Melanie Schulz, zu finden auf der Website www.luna4.com unter „Media Art“
https://player.vimeo.com/video/60387932?title=0&byline=0&portrait=0
oder https://vimeo.com/60387932

1.3.4 Kurzfilm

„good girl“

Birgit Raija Merkel
Neuland-Verlag
5 min.
Themen: Tabuisierung der familiären Suchterkrankung
Inhalt: Die Leiden von Kindern aus Suchtfamilien sind für ihre Umwelt oftmals nicht erkennbar: Je mehr sie versuchen stark zu sein, desto weniger bemerkt jemand ihren Schmerz. So auch bei diesem „braven Mädchen“, das – getrieben durch die Erinnerung an sein wahres geheimes Leben – schließlich aufgibt.

1.3.5 Videoclips

Du bist nicht allein!

Videoclip für Kinder und Jugendliche aus suchtbelasteten Familien (Cornelius Stiftung)
Der Videoclip „Du bist nicht allein!“ für Kinder und Jugendliche aus suchtbelasteten Familien wurde 2017 auf der Jahrestagung der Drogenbeauftragten in Berlin unter dem Motto: „Die Kinder aus dem Schatten holen!“ erstmalig präsentiert. Das Video will Kinder und Jugendliche ermutigen, sich Hilfe und Informationen bei www.kidkit.de zu holen. www.youtube.com/watch?v=rk7ikN6YrDs

„Komm, wir schaffen das“ Kidkit-Video (Cornelius Stiftung)

Veröffentlichung 2017
„Komm, wir schaffen das!“ für Kinder suchtkranker Eltern, mit Unterstützung von Sarah Connor, Frank Schätzing und LeFloid
www.youtube.com/watch?v=Aow4mzX5POU

Nicht gern zuhaus Meks feat. Akademic

Dieses Video war ein Projekt der Fachstelle „Lichtblick" vom Kinderschutzbund Orts- und Kreisverband Trier e. V. in Kooperation mit dem Treffpunkt am Weidengraben e. V. und medien+bildung. Es entstand mit einer Gruppe von Jugendlichen in den Osterferien 2013.
www.kinderschutzbund-trier.de/fachstelle-lichtblick/

1.4 Hörfunk

Das Leiden der Angehörigen – Wie Alkoholsucht Familien zerstört

Kinder, Ehe- oder Lebenspartner*innen: Wenn es um Alkoholismus geht, werden Angehörige selten gehört. Meist steht die Sucht und damit der oder die Süchtige im Mittelpunkt. Hier soll es andersherum sein: Die, deren Leiden oft übersehen wird, bekommen eine Stimme.

www.deutschlandfunkkultur.de/das-leiden-der-angehoerigen-wie-alkohol-sucht-familien.976.de.html?dram:article_id=468860

Die Autorin Christina Rubarth hat mit dem Feature den Deutschen Sozialpreis 2021 in der Sparte Hörfunk gewonnen.

www.deutschlandradio.de/deutscher-sozialpreis-2021-fuer-feature-das-lei-den-der.2174.de.html?dram:article_id=503409

1.5 Theaterstücke

Das Leben ist ein Wunschkonzert

Esther Becker
Uraufführung im GRIPS-Theater, 2020
Alter: Für Kinder ab 8 Jahren
Inhalt: „Das Leben ist kein Wunschkonzert", sagen die Erwachsenen. Und das sagt auch Anna, die ihren Alltag allein meistern muss. Ihre Eltern sind seit geraumer Zeit irgendwo zwischen zu viel Bier und Wein auf der Strecke geblieben. Mal poltert es hier, mal zerspringt eine Flasche dort, doch bleiben sie für Anna ein entferntes Gemurmel. Zum Glück hat sie mit der Schnecke Uli Sascha Chris ein neues Haustier, das ihr zur Seite steht. Wenn da mal nicht die Zahnfee ihre Finger mit im Spiel hat. Und auch ihre beste Freundin Hannah verteidigt sie, wenn sie wieder mal zu spät zum Sportunterricht kommt, weil ihre Eltern sie nicht geweckt haben. Wie auch, wenn sie den ganzen Tag ihren Rausch ausschla-

fen. Für Anna wird es zunehmend schwieriger, vor ihrem Umfeld und vor Hannah geheim zu halten, was bei ihr zuhause los ist. Wie gut, dass die Professorin aus der Nachbarschaft und auch der Pizzabote ihr dabei so liebevoll wie unaufdringlich unter die Arme greifen.

Mit pointierter Sprache nähert sich Autorin Esther Becker auf leichtfüßige Weise dem schweren Thema Alkoholismus in der Familie. Dabei erzählt sie mit großer Anteilnahme aus der Sicht des Kindes, das versucht, sich eine geregelte Alltagsstruktur inmitten von unbändigem Chaos zu bewahren.

Aufführungsrechte „Das Leben ist ein Wunschkonzert": Felix Bloch Erben GmbH & Co. KG Verlag für Bühne Film und Funk.

„Machtlos"

Der Verein GrOßeFreiheit e. V. gründete sich 2011 und hat sich des Themas Kinder aus suchtbelasteten Familien angenommen. Die Produktionen sind Mittel, die Sorgen, Fragen und Probleme von Kindern und Jugendlichen aufzugreifen und ihnen Lösungsansätze aufzuzeigen. Die Stücke sind in Zusammenarbeit von Künstler*innen und Pädagog*innen entwickelt und für ein altersgerechtes Publikum konzipiert worden. Der Verein tourt deutschlandweit mit den Theaterstücken, die Präventions- und Aufklärungsarbeit kombinieren.

KlassenzimmerTheater

Die Grundidee vom KlassenzimmerTheater ist das direkte Spiel ohne Bühnengrenzen. Die Schüler erleben unmittelbar im alltäglichen Raum – ihrer Klasse – eine emotionale Geschichte. Durch den hautnahen Kontakt in der kleinen Gruppe ist ein Theatererlebnis der besonderen Art garantiert.

Theaterstück #machtlos

Ein Schauspieler betritt mit einer Kiste den Raum. Doch bevor er überhaupt anfangen kann, sein Stück zu spielen, scheitert er. Schon wieder. Er macht Fehler, die er immer wieder in seinem ihrem Leben gemacht hat. Fehler, die ihn überhaupt erst dazu gebracht haben, in diese Klasse zu kommen mit seiner Kiste. Denn er hat seine Mission. Und dabei geht es gar nicht um ihn, sondern um seine Kinder.

Thema: Kinder aus suchtbelasteten Familien

Zielgruppe: Kinder der Jahrgangsstufe 6

Dauer: 90 Min., davon 45 Min. Schauspiel und 45 Min. Nachgespräch

Spielbar: Deutschlandweit

https://machtlos-theater.de/

2 Kinder psychisch kranker Eltern

Nicht umfassend, nur kursorisch werden hier Literatur bzw. Filme zum Thema Kinder psychisch kranker Eltern angegeben. Am häufigsten sind Bücher zum Thema Depression publiziert worden:

2.1 Bilder- und Kinderbücher

Huch, die Angst ist da! Wie sich Kinder und Eltern mit ihrem Angst-Monster aussöhnen können

Ulrike Légé
Hogrefe, 2021
Themen: Angst
Inhalt: Tipps und Tricks für Kinder und Eltern, sich mit ihrer Angst vertraut zu machen, sie anzunehmen und damit umzugehen. In diesem Buch erfährst du: Warum wir Menschen Angst haben und was sie mit uns macht. Weshalb die Angst manchmal so groß wird, dass sie uns Probleme bereitet. Wie es dir gelingt, dein Angstmonster kennenzulernen und dich mit ihm anzufreunden. Ein Sach- und Mitmachbuch für Kinder von ca. 6 bis 11 Jahren und ihre Eltern. Mit praktischen Übungen für Kinder und Hintergrundwissen für die Eltern.

Mein Papa ist komisch/Meine Mama ist schwierig: Ein Aufklärungsbuch für Kinder und Erwachsene

Thomas Schrottmacher, Regina Schrott, Henning Glasmacher
Verlag Frauenzimmer, 2020
Themen: Narzisstische Eltern
Inhalt: Das Buch ist ein Aufklärungsbuch vor allem für Kinder, aber auch erziehungsberechtigte Erwachsene. Anhand von einfachen und nachvollziehbaren Beispielen erzählt es über sich wiederholende Situationen in narzisstisch geprägten Elternhäusern und von der Not der Kinder. Es ist keine komplizierte psychologische Abhandlung, sondern versteht sich als Hilfe zur Selbsthilfe, in dem es dem Komischen einen Namen gibt, Kinder mündig aus ihrer Isolierung holen und Erziehungspersonen auf narzisstischen Missbrauch sensibilisieren möchte.

Warum ist Mama traurig?

Ein Vorlesebuch für Kinder mit einem psychisch erkrankten Elternteil. Mit einem Ratgeberteil am Ende des Buchs
Susanne Wunderer
Mabuse Verlag, 2. Auflage, 2014
Alter: 2–5 Jahre

Themen: Psychisch kranke Eltern; Depression
Inhalt: Eines Tages kann Mama nicht mehr aufhören, traurig zu sein. Lilli weiß nicht, was los ist. Sie bekommt große Angst. Glücklicherweise erkennt die Oma von Lillis Freund Paul, dass Lillis Mama krank ist und Hilfe braucht ... „Warum ist Mama traurig?“ ist ein Bilderbuch für Kinder von 2 bis 5 Jahren, das mit ansprechenden Zeichnungen und auf kindgerechte Art erklärt, was eine Depression ist und wer helfen kann. Im Anhang gibt die Autorin Tipps für das Gespräch mit den Kindern. Das Buch ist eine Hilfe für betroffene Familien und lässt sich gut in der Eltern- und Angehörigenberatung, der therapeutischen und pädagogischen Begleitung von Kindern und im Kindergarten einsetzen.

Papas Seele hat Schnupfen

Claudia Gliemann, Nadia Faichney
Monterosa, 2014
Alter: 6–8 Jahre
Themen: Psychisch kranke Eltern; Depression; Gefühlswelt der Kinder
Inhalt: Neles Zuhause ist der Zirkus. Ihre Familie zählt zu den besten Seilartisten der Welt. Schon seit Generationen. Doch dann wird Neles Papa krank. Seine Seele bekommt Schnupfen. Und das in einer Welt, in der alles bunt und fröhlich ist und man eigentlich glücklich sein könnte. Neles Papa, der immer so stark war, wird schwach. Vor Neles Augen – und vor den Augen der ganzen Welt. Nele schämt sich für ihren Papa. Sie ist wütend. Er tut ihr leid, und sie fragt sich, was wohl ihre Freunde denken und ob sie sie noch mögen werden. In ihre heile Welt ziehen Schatten ein. Sie hat viele Fragen, auf die sie keine Antworten weiß. Ihre Mama will sie nicht fragen, weil sie auch schon so traurig ist. Oma und Opa sind weit weg. Zum Glück gibt es den Dummen August, der Nele erklärt, warum ihr Papa so traurig ist und dass auch die Seele Schnupfen haben kann und dass alles seine Zeit braucht.

Begleitmaterial

Papas Seele hat Schnupfen Audio-CD – Audiobook, MP3 Audio

Claudia Gliemann (Autor, Komponist), Ronja Geburzky (Künstler, Sprecher)
Monterosa 2016

Papas Seele hat Schnupfen: Unterrichtsimpulse für Klasse 3 bis 6

Claudia Gliemann (Herausgeber), Sarah Kistner (Autor), Ina Bernard (Autor)
Monterosa 2016

Papas Seele hat Schnupfen: So geht es mir

Claudia Gliemann (Autor), Sarah Kistner (Autor), Antje Rau (Autor), Damaris Rau (Autor)
Monterosa 2018

Mamas Monster: was ist nur mit Mama los?

Erdmute von Mosch
Kids in Balance, 2008
Alter: ab 6 Jahren
Themen: Psychisch kranke Eltern; Depression
Inhalt: Ein Depressions-Monster, das Gefühle klaut, ja gibt‘s denn so was? Seit Rieke weiß, was mit Mama los ist, geht es ihr gleich besser. Dieses zauberhafte Bilderbuch ist das erste, das es Eltern, Großeltern und Erzieher*innen ermöglicht, kleinen Kindern zu erklären, was eine Depression ist. „Mama, bist du böse auf mich?“ will die kleine Rieke von ihrer Mutter wissen, die seit Tagen nur noch müde im Bett oder auf dem Sofa liegt und keine Lust zum Spielen hat. Rieke ist traurig und fühlt sich schuldig, weil sie denkt, sie hat was falsch gemacht. Mit einfühlsamer Sprache und wunderbar zarten Bildern hat Erdmute von Mosch ein Buch gestaltet, dass 3- bis 6-jährigen Kindern die Krankheit Depression verständlich macht und erklärt, dass Traurigkeit und Rückzug Symptome einer Krankheit sind und mit Geduld und Hilfe von Ärzt*innen und Therapeut*innen behandelt werden können.

Mama, Mia und das Schleuderprogramm Kindern Borderline erklären

Christiane Tilly, Anja Offermann, Anika Merten
Kids in Balance, 2012
Alter: ab 6 Jahren
Themen: Mutter mit Borderline-Syndrom
Inhalt: Mia versteht ihre Mutter manchmal gar nicht: Immer muss sie telefonieren, ist traurig oder tut sich weh! Als sie eines Tages verschwindet, ist Mia außer sich vor Sorge. Und stinkesauer: Was ist nur mit Mama los? Wenn ein Familienmitglied psychisch erkrankt, erleben auch die Kinder große Verunsicherung. Es ist wichtig, sie nicht allein zu lassen mit ihren Ängsten und Fragen. Sie brauchen Ermutigung, altersgemäße Informationen, Raum für Spaß und Spiel. Dazu trägt dieses Buch bei. Kinder lernen Borderline-Symptome zu verstehen und begreifen, dass sie geliebt werden, auch wenn Vater oder Mutter das im Schleuderprogramm der Gefühle nicht so zeigen können.
„Bei deiner Mama wirbeln ganz viele Gefühle und Gedanken, Ängste und Wünsche in ihr herum. So wie bei einer Waschmaschine. Erst wenn die Waschma-

schine stillsteht, kann man die einzelnen Teile auseinanderhalten, sortieren und auf die Leine hängen. So ist das mit den Gefühlen auch. Jedenfalls bei der Krankheit, die deine Mama hat.“

Sonnige Traurigtage

Ein Kinderfachbuch für Kinder psychisch kranker Eltern
Schirin Homeier
Mabuse-Verlag, 2006
Alter: ab 8 Jahren
Themen: Psychisch kranke Eltern
Inhalt: Erst als sich Mona einer Bezugsperson anvertraut, erfährt sie, dass ihre Mutter unter einer psychischen Krankheit leidet und fachkundige Hilfe benötigt. Im Anschluss wendet sich Mona mit wesentlichen Fragen direkt an das Leserkind: Was ist eine psychische Erkrankung? Bin ich schuld daran? Wer kann Mama oder Papa helfen? Mit wem kann ich reden? Außerdem wird ein Notfallplan für Krisenzeiten eingeführt. Im Ratgeberteil bekommen private und professionelle Bezugspersonen Anregungen, um betroffene Kinder zu unterstützen.

2.2 Filme

Mama macht mich krank – eine Dokumentation über die Kinder von psychisch Kranken

Medienprojekt Wuppertal 2014
46 min
Alter: FSK 0
Themen: Porträts Kinder psychisch kranker Eltern
Inhalt: In Deutschland leben ungefähr zwei bis drei Millionen Kinder in Familien, in denen mindestens ein Elternteil eine psychische Erkrankung hat. Der Film porträtiert Kinder, Jugendliche und junge Erwachsene aus vier betroffenen Familien und zeigt durch persönliche Gespräche mit den Betroffenen, was es bedeutet, wenn ein Elternteil an einer seelischen Erkrankung leidet. Sie erzählen von Alltagssituationen, in denen es einem Elternteil auf einmal „schlecht“ geht und was das dann für das „normale“ Leben bedeutet. Auch beschreiben sie ihre Gefühle, wenn z. B. ihre Mutter wieder für längere Zeit in eine Klinik muss.

Wutmann

Originaltitel: Sina Mann
Animationsfilm, Norwegen, 2009
Herausgeberin: Barbara Kamp
Regie: Anita Killi

20 Minuten
Alter: FSK 16
Themen: Häusliche Gewalt
Inhalt: Der Film zeigt aus der Perspektive des 6-jährigen Boj, wie schlimm es für ein Kind ist, wenn der Vater die Mutter schlägt und die am Ende alles entschuldigt. Eines Tages hält Boj es nicht mehr zu Hause aus – und entdeckt, dass es draußen viele gibt, die ihm helfen wollen und manche, die es können.

Übergeschnappt – Bonnies verrückte Welt

Niederlande, 2005
Regie: Martin Koolhoven
81 Minuten
Alter: FSK ab 6
Themen: Psychische Erkrankung der Mutter; bipolare Störung
Inhalt: Die 9-jährige Bonnie hat's manchmal nicht leicht, denn ihre Mutter leidet unter Depressionen und schlimmen Stimmungsschwankungen. Bisher half immer die Großmutter aus, wenn besondere Not an der Frau war. Nun ist die Großmutter gestorben, und prompt kreist die Tante vom Jugendamt schon wie ein Geier ums Haus, bereit, Bonnie ihrer übergeschnappten Mutter zu entreißen und in ein Heim zu stecken. Bonnie aber will eine richtige Familie, improvisiert, was das Zeug hält, und begibt sich auf die Suche nach einem Mann für Mama. Seit die ordnende Hand der Großmutter fehlt, trägt die kleine Bonnie die Verantwortung in ihrer Familiengemeinschaft mit der psychisch instabilen Mutter. Kluge und einfühlsame Kinderunterhaltung aus Holland.
Anmerkung: In dem Film werden nicht nur depressive, sondern v.a. auch manische Episoden der Mutter gezeigt.

Lilly – der Film

Regie: Jan Buttler
Dauer: 30 min
Kurzfilm der *film***Arche** mit der freundlichen Unterstützung von DAS Patenprojekt, dem KINDERNOTDIENST und der Bundesarbeitsgemeinschaft Kinder psychisch kranker Eltern
Themen: Psychisch kranke Mutter; Heldenkind; Familiengeheimnis
Inhalt: „Immer wenn Mama krank ist – und das geschieht immer häufiger in letzter Zeit – muss Lilli (9) auf ihren Bruder Paul (6) aufpassen und dafür Sorge tragen, dass niemand in der Nachbarschaft und in der Schule mitbekommt, dass zuhause gar nicht alles stimmt. Als dann auch noch die Heizung ausfällt und es in der Wohnung immer kälter wird, weiß Lilli keinen Rat mehr. Wenn es Mama doch nur endlich wieder besser gehen würde …" www.lilli-film.de/

3 Scheidungskinder

3.1 Fachbuch für Kinder

Aktion Springseil

Ein Kinderfachbuch für Kinder, deren Eltern sich getrennt haben
Schirin Homeier, Barbara Siegmann-Schroth
Mabuse-Verlag, 2011
Alter: 6–10 Jahre
Themen: Kinder, deren Eltern sich getrennt haben
Inhalt: Das Buch erzählt in einer Bildergeschichte vom 11-jährigen Tim und der 7-jährigen Lena, deren Eltern einander immer fremder werden und sich schließlich trennen. Es beleuchtet dabei die Trennungsphase aus der Perspektive der Kinder, die Zeit nach der Trennung und gibt Eltern und Bezugspersonen Hilfestellung bei Fragen rund um das Wohl der Kinder während und nach einer Trennung.

3.2 Film

Der Kleine und das Biest

Animationsfilm von Johannes Weiland und Uwe Heidschötter
BRD, 2009
Dauer: 7 Minuten
Alter: FSK: 14
Themen: Trennung der Eltern; Scheidung
Inhalt: Der mehrfach ausgezeichnete Trickfilm setzt sich auf originelle wie einfühlsame Weise mit dem Thema Scheidung auseinander. Er erzählt aus Kindersicht, wie sich Eltern während ihrer Trennungsphase verändern können und zu „Biestern“ werden und nur langsam zu ihrem alten Ich zurückfinden. Durch auch für Kinder verständliche sanfte Ironie schafft es der Film, dass das Thema aller Betroffenheit zum Trotz unterhaltsam verpackt wird.

B Literaturliste Fachbücher

AFET. Bundesverband für Erziehungshilfe e.V. (2019): **Abschlussbericht Arbeitsgruppe Kinder psychisch und suchtkranker Eltern**. www.ag-kpke.de

BAJ Bundesarbeitsgemeinschaft Kinder- und Jugendschutz (2019): **Blickpunkt. Kinder suchtkranker und psychisch kranker Eltern.** Eine Sammlung von Beiträgen aus Wissenschaft und Praxis. Berlin.

Barnowski-Geiser, W. (2009): **Hören, was niemand sieht. Kreativ zur Sprache bringen, was Kinder und erwachsene Kinder aus alkoholbelasteten Familien bewegt.** Neukirchen.

Barnowski-Geiser, W. (2015): **Vater, Mutter, Sucht Wie erwachsene Kinder suchtkranker Eltern trotzdem ihr Glück finden.** Stuttgart.

Bluprevent (2020): **Praxisbuch zur Arbeit mit Kindern aus Suchtfamilien** (inkl. DVD „Zoey-Film"). Wuppertal.

Deutsche Gesellschaft für Kinderschutz in der Medizin (Hg.) (2020): **Präventiver Kinderschutz bei Kindern psychisch und suchtkranker Eltern. Leitfaden für Fachkräfte im Gesundheitswesen.** Zu beziehen unter: www.dgkim.de/leitlinien/leitfaden. Bestellung des Leitfadens als Printversion dgkim.rm-select.de/

Deutsche Hauptstelle für Suchtfragen (2020): **Erwachsenwerden in Familien Suchtkranker.** Arbeitshilfe für Fachkräfte und Ehrenamtliche. Hamm.

Drogenbeauftragte der Bundesregierung (2020). **Jahresbericht 2020.** Kapitel 1.6: Mehr Unterstützung für Kinder aus suchtbelasteten Familien. Berlin, S. 34–36.

Fachverband Sucht e.V. (2019): **Rahmenkonzept für Kinder suchtkranker Eltern in der stationären Entwöhnungsbehandlung.** Sonderheft Sucht aktuell. Bonn.

Flassbeck, J. (2019): **Erkennen, erreichen, ermöglichen. Komplex traumatisierte Mädchen aus suchtbelasteten Familien.** Schriftenreihe der Landeszentrale für Gesundheitsförderung in Rheinland-Pfalz e. V.

Flassbeck, J., Barth, J. (2020): **Die langen Schatten der Sucht. Behandlung komplexer Traumafolgen bei erwachsenen Kindern aus Suchtfamilien.** (Klett-Cotta Leben Lernen, Bd. 316). Stuttgart.

Helsper, N. et al. (2019): Wissen schaffen für den Ausbau der kooperativen Versorgung von suchtbelasteten Familien. In: Bundesarbeitsgemeinschaft Kinder- und Jugendschutz: **Blickpunkt: Kinder sucht- und psychisch kranker Eltern.** Berlin, S. 79–107.

Hessische Landesstelle für Suchtfragen (2020): **Hilfen für süchtige Mütter mit kleinen Kindern und allgemein für Familien mit Suchtproblemen.** Forschungsbrief, Oktober, Ausgabe 56, S. 4–7.

Institut für Kinder- und Jugendhilfe (2020): **Abschlussbericht zur Evaluation der ersten Förderphase des Modelprojekts „Chance für Kids".** Mainz.

Kindler, H., Witte, S. (2020): **Zusammenarbeit der Berufsgruppen und Systeme bei Kindern mit psychisch oder suchtkranken Eltern.** In: Deutsche Liga für das Kind: Frühe Kindheit. 06/20. S.36-45. Stand 5.5.2021 2

Landeszentrale für Gesundheitsförderung in Rheinland-Pfalz e.V. (Hg.) (2019): **Erkennen, erreichen, ermöglichen. Komplex traumatisierte Mädchen aus suchtbelasteten Familien.** Mainz.

Moring, N. (2013): **Kinder suchtkranker Eltern. Bestandsaufnahme und sozialpädagogische Interventionsmöglichkeiten.** Saarbrücken.

Schmutz, E. (2017): Bedarfsorientierte Hilfen gelingen nur gemeinsam. Kooperation von Jugendhilfe und Gesundheitswesen gestalten. In: Bundesarbeitsgemeinschaft der Kinderschutzzentren: **Psychische Erkrankung und Sucht. Passende Hilfen für betroffene Kinder, Jugendliche und Eltern.** Köln, S. 21–35.

Schulte-Markwort, M. & Resch, F. (Hg.), Plass, A. & Wiegand-Grefe, S. (2012): **Kinder psychisch kranker Eltern: Entwicklungsrisiken erkennen und behandeln.** Weinheim.

Wiegand-Grefe, S. et al. (2019): **Kinder psychisch kranker Eltern. „Forschung". IST-Analyse zur Situation von Kindern psychisch kranker Eltern.** www.ag-kpke.de/wp-content/uploads/2019/02/Stand-der-Forschung-1.pdf

Zobel, M. (2017): **Kinder aus alkoholbelasteten Familien: Entwicklungsrisiken und Chancen** (Klinische Kinderpsychologie). Göttingen.

Publikationen GKV-Bündnis

Herausgeber: GKV-Spitzenverband, Reinhardtstraße 28, 10117 Berlin

Kinder psychisch und suchterkrankter Eltern. Handlungsrahmen für eine Beteiligung der Krankenkassen im Bereich der Gesundheitsförderung und Prävention. www.gkv-buendnis.de/publikationen/publikation/detail/kinder-psychisch-und-suchterkrankter-eltern-handlungsrahmen-fuer-eine-beteiligung-der-krankenkassen/

Kinder psychisch und suchterkrankter Eltern. Handlungsrahmen für eine Beteiligung der Krankenkassen im Bereich der Gesundheitsförderung und Prävention. Handreichung für die GKV auf Landesebene. www.gkv-buendnis.de/publikationen/publikation/detail/kinder-psychisch-und-suchterkrankter-eltern-handlungsrahmen-fuer-eine-beteiligung-der-krankenkassen/

Kinder psychisch und suchterkrankter Eltern. Handlungsrahmen für eine Beteiligung der Krankenkassen im Bereich der Gesundheitsförderung und Prävention. Handreichung für kommunale Akteurinnen und Akteure. www.gkv-buendnis.de/publikationen/publikation/detail/kinder-psychisch-und-suchterkrankter-eltern-handlungsrahmen-fuer-eine-beteiligung-der-krankenkassen/

C Onlineberatungs- und Fortbildungsangebote zum Thema Kinder aus suchtbelasteten Familien

Bei den dargestellten Angeboten handelt es sich um eine Auswahl ohne Anspruch auf Vollständigkeit!! Die Online-Beratungsangebote und Netzwerke agieren überregional; die Fortbildungsangebote sind teils regional, teils überregional ausgerichtet (ggf. nachfragen – seit der Covid-19-Pandemie werden viele Fortbildungen auch online angeboten). Die Listung der Angebote orientiert sich innerhalb der einzelnen Kategorien nach Bundesland bzw. Postleitzahl (aufwärts).

1 Online-Beratungsangebote

Online-Beratung/NACOA Deutschland e. V., Berlin

Die seit 2014 bestehende **Online-Beratung von NACOA Deutschland – Interessenvertretung der Kinder aus Suchtfamilien e. V.** – richtet sich an alle, die Beratungsbedarf rund um das Thema Kinder aus suchtbelasteten Familien haben. Kinder, Jugendliche, junge Erwachsene, Elternteile und Fachkräfte können sich jederzeit und bundesweit über einen sicheren, verschlüsselten, anonymen Zugang mit dem Beratungsteam in Verbindung setzen. Möglichkeiten der Kontaktaufnahme bestehen via E-Mail, Chat oder Telefon.

https://nacoa.de bzw. https://beratung-nacoa.beranet.info/

NACOA (National Association for Children of Addicts) selbst stammt aus dem anglosächsischen Raum und wurde in Deutschland 2004 gegründet. Bekannt wurde NACOA durch Öffentlichkeits- und Lobbyarbeit wie die jährlich stattfindende bundesweite COA-Aktionswoche https://coa-aktionswoche.de.

Auf der Homepage https://nacoa.de finden sich viele Hintergrundinformationen zum Thema Kinder aus suchtbelasteten Familien und Verweise auf bzw. eine Landkarte mit ambulanten und stationären Hilfeangeboten in Deutschland. Regelmäßig wird über gesellschaftliche, politische und wissenschaftliche Entwicklungen in Bezug auf das Thema berichtet. Zudem können unter https://nacoa.de/service/bestellung kostenfrei Informationsmaterialien bestellt werden wie Infobroschüren für Erzieher*innen, Lehrer*innen, Ärzt*innen; weiterhin Flyer, Poster und Postkarten.

NACOA Deutschland ist auch auf Instagram (#vergessenenkinderneinestimmegeben), Facebook und auf Youtube vertreten.

Online-Beratung/KidKit, Köln

KidKit ist ein seit 2003 bestehendes internetbasiertes Informations-, Beratungs- und Hilfeangebot für Kinder, Jugendliche und junge Erwachsene im Alter von 10–21 Jahren, die in Familien mit Suchterkrankungen (einschließlich Glücksspielsucht), (sexualisierter) Gewalt oder psychischen Erkrankungen aufwachsen. Es handelt sich um ein Kooperationsprojekt von der Drogenhilfe Köln e.V. und KOALA e.V. (Kinder ohne den schädlichen Einfluss von Alkohol und anderen Drogen e.V.). Das Deutsche Institut für Sucht- und Präventionsforschung (DISuP) der Katholischen Hochschule NRW unterstützt KidKit durch wissenschaftliche Begleitforschung.

KidKit liefert betroffenen jungen Menschen altersgerechte, wissenschaftlich fundierte und ausführliche Informationen zu den Themen „Sucht", „Häusliche Gewalt", „Sexualisierte Gewalt", „Psychische Erkrankung" sowie „Einsamkeit" in der Familie und bietet ihnen die Möglichkeit, online Kontakt aufzunehmen und sich beraten zu lassen. Die Schwerpunkte liegen in dem qualifizierten, kostenlosen und anonymen Beratungsangebot via eMail und Chat sowie in der Weitervermittlung an passgenaue und wohnortnahe Therapie- und Hilfeeinrichtungen, sofern dies gewünscht wird und ein Bedarf besteht.

www.kidkit.de/

DRK-Selbsthilfegruppe (online) für erwachsene Kinder aus suchtbelasteten Familien

„Das Schweigen zu brechen dient dazu, dass die Sucht kein Tabuthema mehr ist und es hilft vor allem dabei, uns Angehörigen die beklemmende Last zu nehmen. Manchmal reicht es jedoch schon, wenn man einfach mal zuhören kann, wie es anderen geht und sieht, dass man nicht allein ist mit allen Schwierigkeiten. Sicher können auch Tipps und Erfahrungswerte geteilt werden. Genau das möchten wir anbieten – sofern gewünscht auch anonym."

Die Online-Selbsthilfegruppe „(Erwachsene) Kinder aus suchtbelasteten Familien" trifft sich jeden Donnerstag um 20 Uhr, Dauer: ca. 90 min. Ansprechpartner:innen: Robert Breining/Cheyenne Weisgerber

drkshgcoa@gmail.com

2 Fortbildungsangebote für pädagogische Fachkräfte

„Systemische Unterstützung suchtbelasteter Familien im Kita-Bereich"

Anbieter: Fach- und Koordinierungsstelle Suchtprävention Sachsen
Bereich Suchtmittelspezifische Suchtprävention

Ziel der Veranstaltung ist es, Handlungssicherheit im Umgang mit den betroffenen Kindern und den suchtbelasteten Eltern zu erwerben, die Dynamiken des Suchtsystems innerhalb der Familie zu verstehen und die Thematik „Suchtbelastung" im Kita-Alltag zu erkennen. Das Angebot stützt sich dabei auf die systemische Beratungshaltung und begegnet den Betroffenen ressourcenorientiert und wertschätzend. Zudem beinhaltet es praxisnahe Handlungsempfehlungen, die Reflexion der eigenen Berufsrolle als Erzieher/in und Anregungen zum Umgang mit belastenden Themen im beruflichen Alltag.

Inhalte:

- Allgemeine Informationen zum Thema Sucht – Schwerpunkt Alkohol und Crystal-Meth
- Situationsanalyse suchtkranker Eltern
- Systemischer Blick auf suchtbelastete Familien
- Situationsanalyse der Kinder aus suchtbelasteten Familien
- Reflexion der eigenen Rolle als Kita-Mitarbeiterin
- Handlungsempfehlungen für eine professionelle Haltung
- Einführung in Gesprächsleitfaden für schwierige Elterngespräche
- Selbstfürsorge bei belastenden Arbeitssituationen
- Kooperationspartner in der Region

www.suchtpraevention-sachsen.de

„ANGESPROCHEN – Elterngespräche im Kontext suchtbelasteter Familien"

Anbieter: Fach- und Koordinierungsstelle Suchtprävention Sachsen
Bereich Suchtmittelspezifische Suchtprävention

Die Weiterbildung knüpft eng an das Seminar „Systemische Unterstützung suchtbelasteter Familien im Kita-Bereich" an und vertieft die Inhalte Suchthilfe und Gesprächsführung. Ziel der Veranstaltung ist es, persönliche Handlungssicherheit für Gesprächssituation zu erlangen. Künftig können so Klarheit und Struktur im Gespräch mit Eltern vermittelt und Veränderung herbeigeführt werden.

Inhalte:

- Ausgangslage zum Thema Sucht
- Kommunikationsmuster im Suchtsystem
- Gesprächsformen
- Gesprächsleitfaden für schwierige Elterngespräche
- Umgang mit Widerstand
- Grenzen von Elterngesprächen
- Reflexion der eigenen Rolle als Fachkraft
- Handlungsempfehlungen für eine professionelle Haltung

Die Seminarinhalte stützen sich auf Inhalte der sozialpädagogischen und systemischen Einzelfallberatung. Im Mittelpunkt stehen die Kommunikationsmuster nach Virginia Satir.

www.suchtpraevention-sachsen.de

cevur Schulungen

Anbieter: Henning Mielke, Berlin

cevur ist ein Angebot für Menschen in pädagogischen, sozialen oder Gesundheitsberufen, die sich zum Thema Kinder aus suchtbelasteten Familien (**C**hildren **o**f **A**ddicts = COAs) weiterbilden möchten. *cevur* sensibilisiert Fachkräfte für die besonderen Bedürfnisse von COAs, vermittelt Wissen und Sicherheit im Umgang mit diesen Kindern sowie eine für die Resilienzförderung hilfreiche Haltung.

cevur steht für:
COAs
erkennen
verstehen
unterstützen
Resilienz fördern

In *cevur* fließen Erkenntnisse aus Resilienzforschung, systemischer Familientherapie und Erfahrungswissen aus dem 12-Schritte-Programm der Anonymen Alkoholiker sowie der National Association for Children of Alcoholics (NACoA) zusammen.

Ziel von *cevur* ist es, insbesondere Kindergärten, Schulen sowie Einrichtungen der Kinder- und Jugendhilfe dabei zu unterstützen, die Resillienzförderung bei COAs in ihr Leistungsprofil aufzunehmen.

www.henning-mielke.de/

FAMILIE SUCHT HILFE

Anbieter: Brandenburgische Landesstelle für Suchtfragen e. V.

Die Brandenburgische Landesstelle für Suchtfragen e. V. bietet im Rahmen des Präventionsprojektes Selbstbestimmt – Suchtprävention für vulnerable Zielgruppen die Fortbildungsreihe FAMILIE SUCHT HILFE im Themenfeld Kinder aus suchtbelasteten Familien an.

Die Multiplikator*innen-Schulung soll Fachkräfte qualifizieren und dabei unterstützen, eigene Präventionsprojekte im Themenfeld Kinder aus suchtbelasteten Familien in ihren Regionen zu entwickeln und ggf. mit weiteren Elementen zu ergänzen. Die 3-teilige Fortbildungsreihe richtet sich an Fachkräfte aus verschiedenen psychosozialen Arbeitsfeldern, z. B. Kommune (Gesundheit, Jugend, Soziales), Suchthilfe, Erziehungsberatung, Jugendhilfeeinrichtungen und Familienzentren.

Die Multiplikator*innen-Schulung wird stetig weiterentwickelt und an individuelle Bedarfe der Akteur*innen ausgerichtet.

www.selbstbestimmt-brandenburg.de

Fortbildungen von Kompass, Hamburg

Anbieter: Beratungsstelle Kompass, Hamburg

Kompass bietet seit 1996 Fortbildungen, Informationsveranstaltungen für pädagogische Fachkräfte an. Die Angebote können auch als Inhouse-Schulungen abgerufen werden.

Themen:

- Aufwachsen mit alkoholbelasteten Eltern (Grundlagenfortbildung)*
- Alkoholbelasteten Eltern begegnen
- Methoden für die Beratung und Begleitung von Kindern und Jugendlichen (Einzel- und Gruppenarbeit)*
- Co-abhängiges Verhalten
- „Nicht gern zuhause“ (Alkohol und Gewalt)
- Trauma und Sucht – Bedeutsamkeit für Kinder* alkoholabhängiger Eltern
- Lebenssituation von Kindern und Jugendlichen alkoholabhängiger Eltern (Risiken und Schutz)
- Suchtentwicklung und Suchtentstehung
- Angebote der Beratungsstelle Kompass*
- Filme zur Thematik und anschl. Diskussion
- Weitere Themen durch externe Referent*innen wie z.B. Motivierende Gesprächsführung, Traumasensible Pädagogik oder Body2Brain nach Claudia Croos-Müller

* Diese Angebote werden auch als Webseminare durchgeführt.

https://kompass-hamburg.de

Es ist oft anders, als es scheint!

Kinder aus suchtbelasteten Familien
Erkennen – Unterstützen – Begleiten
Anbieterin: Edith Hatesuer, Bremen

Schätzungen gehen davon aus, dass in der Bundesrepublik Deutschland mindestens 2 Mio. Kinder und Jugendliche in einer suchtkranken Familie aufwachsen, sprich jedes dritte bis sechste Kind. Die Konzentration der Familie ist auf den Suchtmittelkonsum gerichtet. Dadurch bedingt erhalten die Kinder weniger Aufmerksamkeit und es bleibt auch weniger Raum für Zuwendung.

Inhalte:

- Einführung in das Thema Sucht
- Unausgesprochene Familienregeln in suchtbelasteten Familien
- Die Rollen der Kinder und ihre entsprechenden Verhaltensweisen
- Wiedergutmachung
- Entdecken der Fähigkeiten der Kinder/Kreative Anpassung
- Was ist zu tun? Lösungsmöglichkeiten

Es ist oft anders, als es scheint! Teil II

- Umgang mit Fremdplatzierung/Inobhutnahme bei Kindern in suchtbelasteten Familien

https://info@edithhatesuer.de

KIDinare – Web-Seminare

Anbieter: KidKit, Köln

KidKit (s. o.) bietet Web-Seminare für Mitarbeitende aus Kindertagesstätten, Jugendhilfe und Schulen an, die sogenannten KIDinare – Kinder aus suchtbelasteten Lebensgemeinschaften ERKENNEN – STÄRKEN – HANDELN.

www.kidinare.de/home#section-64

Kind s/Sucht Familie

Anbieter: Landesamt für Soziales, Jugend und Versorgung Rheinland-Pfalz

Die Fortbildungsangebote „Kind s/Sucht Familie" und „Es tut gut, gehört zu werden" (s. u.) wurden 2007 in der Landeszentrale für Gesundheitsförderung Rheinland-Pfalz e. V. entwickelt und sind inzwischen am Landesamt für Soziales, Jugend und Versorgung Rheinland-Pfalz angesiedelt. Sie werden bundesweit angeboten/durchgeführt.

Multiplikatorenschulung „Kind s/Sucht Familie"

Der Umgang mit Kindern und Eltern aus suchtbelasteten Familien stellt eine besondere Herausforderung dar. Eine hohe Sensibilität und Sicherheit in der Selbst- und Fremdwahrnehmung sind erforderlich, um im Interesse von Kindern und Eltern kompetent handeln zu können. Die Schulung für Multiplikatorinnen und Multiplikatoren befähigt, in der eigenen Region Fortbildungen für Fachkräfte durchzuführen, die die Kinder im sozialen Umfeld unterstützen können. Praxisnah werden Handlungsmöglichkeiten im Umgang mit dem Kind und seinen Bezugspersonen beleuchtet und gemeinsam Lösungswege entwickelt.

Die Multiplikatorinnen und Multiplikatoren werden an zwei Tagen geschult, um diese Fortbildungen selbst durchführen zu können. Bausteine der Fortbildung sind:

- Basiswissen „Sucht“
- Situation suchtkranker Erziehungspersonen
- Kinder in suchtbelasteten Familien
- Die Rolle der Fachkraft im suchtbelasteten System
- Informationen zur rechtlichen Situation
- Auswertung und Reflexion

Neben der theoretischen Wissensvermittlung steht das Erproben geeigneter Methoden im Vordergrund. Ergänzend zur Schulung findet verpflichtend ein Seminartag zur Praxisvertiefung statt.

https://lsjv.rlp.de/de/unsere-aufgaben/gesundheit/suchtpraevention/

„Schwanger ohne“

Fortbildungsveranstaltung zum Themenbereich Suchtmittelkonsum in Schwangerschaft und Stillzeit
Anbieter: Beratungs- und Behandlungszentrum der Caritas in Neunkirchen/Saar

Im ersten Teil der Schulung wird Basiswissen zu Sucht, Suchtmitteln und deren Auswirkung auf die körperliche und psychische Entwicklung des Kindes bei mütterlichem Konsum vermittelt. Im zweiten Teil geht es um die Vermittlung von Handlungswissen in der Ansprache der Schwangeren/Stillenden hinsichtlich einer Veränderung ihres Konsums.

Bausteine:

- Sucht
- Wirkweise Nikotin; Nikotin in Schwangerschaft und Stillzeit
- Wirkweise Alkohol; Alkohol in Schwangerschaft und Stillzeit

- Grundlagen der Motivierenden Gesprächsführung (MI) nach Miller & Rollnick (3. Auflage 2013)
- Rollenspiel in der Ansprache Schwangerer
- Verweis auf Hilfesystem, weiterführende Organisationen etc.

www.caritas-schaumberg-blies.de

„Kinder in Suchtfamilien"

Curriculum für Erzieher*innen

Anbieter: Beratungs- und Behandlungszentrum der Caritas in Neunkirchen/ Saar

Das 5-modulige Curriculum beinhaltet zum einen die Vermittlung theoretischen Wissens über psychische (z. B. Depressionen) und Suchterkrankungen sowie über die Auswirkungen von Suchtmittelkonsum während der Schwangerschaft auf die Entwicklung des Kindes. Besonders ausführlich wird auf die Situation der betroffenen Kinder im familiären System, z. B. die Übernahme typischer Rollenmuster eingegangen. In den eher praxisorientierten Einheiten der Fortbildung erhalten die Erzieher*innen Gelegenheit, eigene Fallbeispiele einzubringen. Einen letzten Baustein des Curriculums stellt der Aspekt der Psychohygiene dar.
Modul 1: Krankheitsbilder: Missbrauch, Abhängigkeit und häufig damit verbundene psychische Erkrankungen (Komorbiditäten)
Modul 2: Auswirkungen von Substanzkonsum in der Schwangerschaft
Modul 3: Die betroffenen Kinder und Jugendliche
Modul 4: Fallberatungen
Modul 5: Psychohygiene

Das Curriculum kann als Ganzes durchgeführt werden, es können jedoch auch einzelne Module daraus gebucht werden – je nach Interesse bzw. Relevanz für die Einrichtung.

www.caritas-schaumberg-blies.de

„Elternsüchte – Kindernöte" – Kinder aus suchtbelasteten Familien

Anbieter: MAKS Freiburg (Modellprojekt Arbeit mit Kindern von Suchtkranken)

Kinder aus Suchtfamilien leben oft in einer Atmosphäre von Unsicherheit, Instabilität und Angst. Sie wachsen ohne konstanten und festen Orientierungsrahmen auf. Oft kommen

Erfahrungen von massiver Aggression, Verwahrlosung und andere Grenzüberschreitungen hinzu. Teilweise müssen die Kinder extreme körperliche Zustände der Eltern (Rausch, Halluzinationen, Entzüge) mit ansehen und erleben und leiden unter den durch die Suchterkrankung massiven Belastungen in der Familie wie z. B. Suizidversuche und häufig finanziellen Problemen.
Inhalt: Situation und Erlebniswelt von Kindern in Suchtfamilien. Rollenübernahme, dysfunktionale Familienstrukturen und mögliche Auswirkungen.
Zielgruppe: Mitarbeitende aus pädagogischen-, therapeutischen- und sonstigen Angeboten, welche mit dem Problemkreis Kinder von Suchtkranken in ihrer täglichen Arbeit konfrontiert werden oder sich dahingehend schulen lassen wollen.

www.maks-freiburg.de/

3 Schulungen zur Durchführung von Kindergruppen

„Trampolin" und „Trampolin plus" – Kinder aus suchtbelasteten Familien entdecken ihre Stärken

Anbieter: Katholische Hochschule Nordrhein-Westfalen (katho), Köln

Die Zertifikatsschulung der Katholischen Hochschule Nordrhein-Westfalen richtet sich an Interessierte aus der Kinder- und Jugendhilfe sowie aus der Suchtkrankenhilfe. Mit „Trampolin" ist es gelungen, ein Gruppenprogramm für 8- bis 12-jährige Kinder aus suchtbelasteten Familien zu entwickeln und zu erproben. In einem viertägigen Kurs wird intensiv auf das Programm und seine Anwendung vorbereitet und zum/zur „Trampolin Plus-Trainer/in" ausgebildet.

Das „Trampolin"-Programm besteht aus neun Gruppensitzungen für Kinder zwischen 8 und 12 Jahren bei einer Gruppengröße von ca. 6 bis 8 Kindern und aus zwei Elternabenden/-angeboten. Der Ablauf sieht folgende Inhalte vor:

1. Vertrauensvolle Gruppenatmosphäre schaffen
2. Selbstwert fördern
3. Über Sucht in der Familie reden
4. Psychoedukation zum Thema „Sucht" und „psychische Erkrankung"
5. Adäquaten Umgang mit Emotionen fördern
6. Probleme lösen und Selbstwirksamkeit erhöhen
7. Verhaltensstrategien für die jeweilige Familie erlernen
8. Hilfe und Unterstützung einholen.

Die Gruppensitzungen werden von mindestens einer Kursleitung durchgeführt. Es empfiehlt sich jedoch, zwei Kursleitungen einzusetzen.

https://katho-nrw.de/weiterbildung/weiterbildungskurse/trampolin-plus

„Es tut gut, gehört zu werden"

Anbieter: Landesamt für Soziales, Jugend und Versorgung Rheinland-Pfalz

Ein Ansatz der Frühintervention ist, neben der Einzelfallhilfe und familiären Betreuungen, die Installation von Gruppenangeboten für Kinder und Jugendliche. Sie ermöglichen, in der Gruppe von Gleichaltrigen zu erfahren, dass sie mit den häuslichen Problemen nicht isoliert sein müssen. Außerdem bieten der Austausch und die gezielt vorbereiteten Spiel- und Erlebensräume einen Ausgleich zum oftmals belastenden Alltag in der eigenen Familie.

Die 5-tägige Fortbildung für Kindergruppenleiterinnen und -leiter ist in die Strukturen eingebunden und bildet eine solide Grundlage für die Umsetzung der Kindergruppen in einer Region. Es werden im Hinblick auf die Dialoggruppe:

- Standards und Ziele der Gruppenarbeit vermittelt
- Konzepte zur Installation einer Gruppe auf die Regionale Situation erstellt
- Methoden und Medien zur Gestaltung von Gruppenstunden erprobt
- ein Einblick in die Methode des Kinderpsychodramas ermöglicht
- Möglichkeiten der begleitenden Elternarbeit erarbeitet
- Praxis-Erfahrungen reflektiert und für den Alltag aufgearbeitet.

https://lsjv.rlp.de/de/unsere-aufgaben/gesundheit/suchtpraevention/

Methodenschulung zum „Bordbuch"

Anbieter: Präventionszentrum der SiT-Suchthilfe in Thüringen gemeinnützige GmbH

Die Arbeitshilfe „Bordbuch" stellt 15 ausgewählte Methoden zur Umsetzung von praktischen Angeboten mit Kindern und Jugendlichen suchtkranker Mütter und/ oder Väter bereit. Im Rahmen einer eintägigen Methodenschulung werden diese erprobt und auf Umsetzungsmöglichkeiten im jeweiligen Arbeitsalltag hin besprochen. Gleichfalls fließt ein theoretischer Input zum

Thema ein. Das Ziel besteht darin, Kinder aus suchtbelasteten Familien bewusst in den Blick zu nehmen und sie durch Resilienz fördernde Angebote in ihrer Entwicklung zu stärken. Die Methodenschulung richtet sich an Thüringer Fachkräfte.

www.praevention-info.de

4 Projektaufbau und Organisationsentwicklung

FITKIDS – ein starkes Programm für moderne Drogenberatungsstellen

Anbieter: Fitkids, Wesel

FITKIDS ist ein Organisationsentwicklungsprogramm für die praktische Arbeit von Drogen-/Suchtberatungsstellen zur Kooperation mit der Jugend- und Gesundheitshilfe. Es lässt sich im Rahmen von „Inhouse-Schulungen“ in andere Kommunen übertragen. Dieser Prozess wird von uns vor Ort begleitet. FITKIDS wird ergänzend zu den bestehenden Angeboten der Beratungsstellen nachhaltig in die Arbeitsstruktur und Handlungsabläufe implementiert.

Die Kinder suchtbelasteter Mütter und Väter werden mit in den Blick der Beratungsstellen genommen und die für eine adäquate Versorgung der Personengruppe notwendigen internen und externen Organisationsstrukturen geschaffen. Hierzu zählen eine standardisierte Datenerfassung der Kinder, Beurteilung von Gefährdungssituationen, Entwicklung von internen Handlungsabläufen bei möglichen Kindeswohlgefährdungen, Entwicklung von Kooperationsstrukturen und -verträgen, Schnittstellenarbeit und die Einbindung der Beratungsstellen in das regionale Hilfesystem zur Wahrnehmung der notwendigen „Lotsenfunktion“. Der Fokus richtet sich dabei auf eine gesunde Entwicklung der Kinder mit ihren Müttern und Vätern.

https://fitkids.de/

„Von der Idee zur Tat“ – Projektaufbau

Anbieter: MAKS Freiburg (Modellprojekt Arbeit mit Kindern von Suchtkranken)

Mit diesem Angebot werden Mitarbeiter*innen unterschiedlicher Institutionen angesprochen, die sich bereits in der Planungsphase eines Projektes befinden. Gerne können Überlegungen zum Projektaufbau vor Ort getätigt werden.

Inhalte:
- Konzeption
- Formen und Möglichkeiten der Öffentlichkeitsarbeit
- Ideen zur Finanzierung
- Arbeit mit Ehrenamtlichen
- Gruppenarbeit
- Elternarbeit
- methodisches Arbeiten

www.maks-freiburg.de/

5 Netzwerke

Bundesweite Kommunikationsplattform COA.KOM/NACOA Deutschland e.V.

NACOA DEUTSCHLAND

COA.KOM ist eine bundesweite Kommunikationsplattform rund um die Arbeit mit Kindern aus suchtbelasteten Familien und FASD. Hier können sich Fachkräfte aus ganz Deutschland miteinander vernetzen und ihren Erfahrungsschatz – in einem geschützten Rahmen – teilen. Auf COA.KOM kann man …
- sich mit anderen Fachkräften praxisnah zu verschiedenen Themen austauschen sowie Probleme und Herausforderungen diskutieren.
- sich Inspiration für (neue) Projekte, Veranstaltungen, Gruppenangebote oder Methoden holen.
- eigene Angebote darstellen und geplante Veranstaltungen bewerben.
- sich in Gruppen mit Akteur*innen aus der Kinder- und Jugendhilfe, der Suchthilfe, dem Gesundheitswesen, der Selbsthilfe sowie mit Schnittstellenakteur*innen vernet-zen und bestehende Netzwerke koordinieren.
- Studien und Fachinformationen abrufen.

https://coakom.de

Website W-KIS: Wissensnetzwerk – Kinder in suchtbelasteten Familien

Anbieter: BELLA DONNA – Verein zur Hilfe suchtmittelabhängiger Frauen Essen e. V. – Landeskoordinierungsstelle Frauen und Sucht NRW

w-kis sensibilisiert für die Komplexität der mit der familiären Suchtbelastung einhergehenden Problemlagen und bündelt Wissen u. a. in Form von Publikationen, Projektberichten, Terminen und Links zu weiterführenden Internetseiten. Das Wissensnetzwerk versteht sich als Service- und Unterstützungsangebot für Praktiker*innen, die mit Kindern und Jugendlichen arbeiten, und für alle Menschen, die Berührungspunkte zu Betroffenen haben.

https://w-kis.de/

Die Autorinnen

Corinna Oswald, Jg. 1968, Diplom-Psychologin, Weiterbildung in klientenzentrierter Psychotherapie (GwG), seit 2006 tätig im Beratungs- und Behandlungszentrum des Caritasverbandes Schaumberg-Blies e. V. Seit 2011 Gastdozentin an der Hochschule für Technik und Wirtschaft (HTW) des Saarlandes, Studiengang „Pädagogik der Kindheit". Seit 2019 im Vorstand von NACOA Deutschland – Interessenvertretung für Kinder aus Suchtfamilien e. V.

Janina Meeß, Jg. 1982, Diplom-Sozialarbeiterin/Sozialpädagogin, Weiterbildung zur systemischen Therapeutin und Beraterin (SGST), seit 2005 tätig im Beratungs- und Behandlungszentrum des Caritasverbandes Schaumberg-Blies e. V., u. a. als Sozialpädagogische Familienhelferin. Seit 2011 Gastdozentin an der Hochschule für Technik und Wirtschaft (HTW) des Saarlandes, Studiengang „Pädagogik der Kindheit".